昭和初期
浜口雄幸の政治構想

川田 稔
Kawada Minoru

昭和初期　浜口雄幸の政治構想

目次

序　戦間期政党政治の再検討

一

　現代日本の政治システムの主要な特徴として、議院内閣制、国際的平和主義、象徴天皇制などが挙げられることが多い。これらは第二次世界大戦後、連合軍の占領下で制定された昭和憲法によってはじめて導入されたような理解が、なお一般にはみられる。

　しかし、これらは両大戦間期における、いわゆる政党政治の時期に事実上形成されつつあったものであり、昭和憲法はそれを再建したものといえる。政党政治の時期とは、一九一八年（大正七年）九月の原政友会内閣の成立から、一九三二年（昭和七年）五・一五事件によって犬養毅政友会内閣が崩壊するまでである。

　その間、内政では、基本的に議会をベースとする政党が政権を掌握した。その国政運営のもとで、外交上は、国際的平和協調をおしすすめ、国際連盟においても常任理事国として重要な位置を占めることとなった。天皇制についても、議会政党によって政権運営がおこなわれるため、事実上イギリス型の議会制的君主制に近づき、象徴的な性格の強いものとなっていった。なお、この時期、政党内閣については約二年間の中断があるが、国際的な平和協調政策は基本的には維持された。

だが、この戦間期の政党政治について、これまで一般に否定的な厳しい評価がなされてきた。藩閥官僚から政党への政権の移行の事実は認めながらも、そのことがそれほど大きな社会的混乱なしにおこなわれたこともあって、政策の内実や政権の方向性はそれ以前とあまり変わりないのではないかとみられたのである。旧勢力との妥協的姿勢、政治的民主化への消極的態度、近代天皇制への無批判性、社会経済政策における守旧性などがいわれてきた。さらに、その期間が、わずか一〇数年と短く、しかも絶頂期とされる浜口内閣から五・一五事件による崩壊まであまりにも急激であったため、きわめて脆弱な体制であり簡単に自壊したとされた。

しかし、近年の研究が明らかにしつつあるように、実際には、その政策は外交内政にわたって従来のものを大きく転換するものであり、また、その体制はかなり安定したものとなってきていたのである。

二

たとえば、最初の本格的な政党内閣である原敬政友会内閣は、第一次世界大戦を背景に成立するが、その経過と内外政策の内容は次のようなものだった。

一九一四年、第一次大戦が始まると、日本は対独開戦に踏み切る。そして、元老山県有朋を頂点とする藩閥官僚制力主導のもとに、対華二十一箇条要求など軍事的政略的圧力によって、満蒙ばかりでなく中国全土にその影響力を拡大しようとした。しかし、そのような日本の行動は、当然ドイツや中国との関係を悪化させたばかりでなく、中国中央部を勢力圏とするイギリスや、中国の門戸開放とそこでの機会均等を主張するアメリカの利害とも対立し、厳しい緊張関係をひきおこした。このような政策展開は、四次にわたる日露協約によるロシアとの関係の緊密化を背景としておこなわれたものだった。

しかし大戦末期、ロシア革命（一九一七年）による日露協約の失効によって日本は事実上の有力な同盟国を失い、さらにシベリア出兵によってソヴィエト・ロシアとも対立する。そして、ソヴィエト政府によって公表された第四次日露協約秘密協定における中国本土への勢力拡大企図、さらにはその延長線上にある西原借款などの援段政策は、米英との国際的緊張を一段と強め、日本に対する強い警戒心をいだかせることとなった。こうして日本は、大戦中のため直接には表面化しないが、実質的には国際的な孤立状態に陥る。

このような事態は、藩閥官僚勢力が主導する国策の基本方向が国際的な有効性を失ったことを意味した。したがって従来の外交政策とは異なる新たな方向が必要となっていた。そこで元老筆頭として実質的な首相決定権をもつ山県は、かねてから対英米協調ことに対米関係重視を主張し、この間のアグレッシブな対中国政策や日露提携に危惧を表明していた、政友会総裁の原敬に、好むと好まざるとにかかわらず、ひとまず国政をゆだねるほかなくなっていく。これが、藩閥官僚勢力から議会政党への政権移行が、比較的大きな社会的混乱を伴わずにおこなわれた一つの理由だった。

こうして大戦終結直前の一九一八年（大正七年）、それまで国政をリードしてきた藩閥官僚勢力に代わって、政友会総裁原敬が日本最初の本格的な政党内閣を組織する。原は、日清日露両戦争以来の、軍事力そのものによって、もしくは軍事的政略的プレッシャーによって、大陸での権益を拡大しようとする方向を修正し、中国内政不干渉政策をうちだすことによって、国際的な平和協調、ことに対米英協調を軸とする外交路線に転換する。

そのことは同時に、中国本土において、経済的競争力に重点をおいた市場拡大の方向、すなわちアメリカ、イギリスなど、欧米諸国と本格的に経済レベルで競争をおこない、通商投資の拡大をはかる方向をおしすすめることを意味した。だがそのためには、国民経済の国際競争力の抜本的な強化が必要だった。

当時の日本は、その自然的地理的条件からばかりでなく、地主制など国内の社会経済的編成から国内市場が狭隘で、近代的な産業発展を進めていくには輸出貿易のための海外市場の拡大を必須としていた。だが後発資本主義として日本経済の対外競争力は弱く、純粋に経済的なレベルでは国際市場で欧米諸国と対抗できる水準にはなかった。したがって日清日露戦争により台湾、朝鮮、満蒙などを植民地や勢力圏として確保し、軍事力を背景にそこを独占的な輸出市場とすることによって、さらなる産業発展が可能となったのである。対華二一ヵ条要求や第四次日露協約もその延長線上に立つもので、軍事的政略的プレッシャーによって、満蒙ばかりでなく中国全土を日本の勢力下におき、鉄・石炭などの原料資源とともに、産業発展のための輸出市場を確保するねらいをふくんでいた。

しかしそれが、ロシア革命による日露提携の崩壊などによって行き詰まり、原内閣はそれまでの路線を転換して、対米英協調と中国への内政不干渉にもとづく日中親善に、外交の基本戦略を設定したのである。そのことはもはや中国にたいして軍事的政略的プレッシャーを背景とした進出政策をとらないことを意味し、海外市場の確保は純粋に経済レベルでの競争によらねばならないこととなった。したがって、世界市場とりわけ中国市場で通商・投資両面において欧米諸国と経済的に競合できるだけの国民経済の国際競争力をつけることが、必須の課題となったのである。

そしてそのための方策が、この時期の原内閣の戦後経営政策中心内容をしめるものだった。そこでは、中国市場での国際競争力強化を念頭においた産業育成政策と、それをささえる交通機関（鉄道）の全国的な整備、さらにそれらのための人材育成を主眼とする高等教育の拡充などが、重要施策として設定されていた。

また原は、選挙権の拡大や社会政策の導入によって、国民的支持基盤を拡大し、それを背景に、山県系官僚勢力の地方的基盤となっている郡制の廃止や、植民地長官武官専任制の文武官併用制への移行など、それまで国家権力の中枢にあった藩閥官僚勢力を抑え込みながら、議会政党の権力的地位を確立しようとした。これらのことはまた、旧来のドイツ型の立憲制的君主制からイギリス型の議会制的君主制への移行をはかることを意味した。

それとともに、国際協調の観点および軍事費負担を軽減するねらいから、ワシントン海軍軍縮会議に積極的にコミットしていく。そして新たに創設された国際連盟の常任理事国のポストについたことともあいまって、日本は国際社会で軽視しえない発言力をもつ国とみなされるようになる（拙著『原敬　転

換期の構想』、未来社、一九九五年、参照)。

三

このような原内閣によって設定された政党政治と国際協調の方向をもっとも徹底させたのが、一九二九年(昭和四年)に成立した浜口雄幸民政党内閣だった。

浜口は、外相に幣原喜重郎を、蔵相に井上準之助を起用し、一方で、中国の関税自主権の承認、ロンドン海軍軍縮会議への参加など、対米英協調と中国内政不干渉を中心とする国際協調路線、いわゆる幣原外交をおしすすめるとともに、他方、井上財政ともよばれる一連の経済政策を遂行した。

まず、産業合理化政策によって、企業の合同や組織化をおしすすめ経営体の資本規模の拡大、機械化の進展をはかり、産業構成を高度化して国民経済の国際競争力をさらに強化しようとした。そして金解禁すなわち金本位制への復帰によって、国際貿易を安定化させ中国での通商投資活動にとって不利な条件の解消を実現しようとした。よく知られている緊縮財政政策も、単なる財政再建をめざすものではなく、産業構成の合理的再編と経営体の体質強化によって、国際競争力の上昇をはかることを主なねらいとしていた。

そのことを通じて、非軍事的なかたちでの市場拡大、とりわけ中国での輸出市場の拡大をはかり、日本経済の安定的発展、国民生活の安定化を実現しようとしたのである。

さらに浜口は、ロンドン海軍条約を締結することによって軍縮をおしすすめ、それに反対しようとした枢密院を、世論および元老西園寺の支持を背景に力で屈伏させ、軍事費を削減して財政負担をおさえるとともに国際協調へのリーダーシップをとろうとする。枢密院は藩閥勢力最後の砦だった。こうして、政党政治による国家システムの全体的なコントロールがほぼ可能となる体制――別の観点からいえば議会制的君主制の仕組――ができあがってくる。そしてそれとともに、日本は、アメリカ、イギリスとならんで国際社会をリードしていく国の一つとなったのである。

また、浜口内閣は、財政緊縮や産業合理化など国民経済の再編過程が社会不安をもたらさないよう、また労働運動や農民運動に対応するため、労働組合法や小作法の制定、失業対策などさまざまな社会政策を実施しようとした。

四

このように、戦間期政党政治において、議会政党による政権運営と国際的平和協調の路線がほぼ定着した。しかし、このような方向は世界恐慌によって崩壊する。政党政治がめざした国際協調下での安定的な通商投資の前提条件が解体したからである。その後日本はふたたび、永田鉄山ら陸軍中央の国家改造グループ主導のもとに大陸膨張へと進んでいくこととなる。

以上みてきたように、戦間期政党政治の方向は、昭和憲法体制における議会政治と国際的平和協調という大きな枠組の原型をなしているといえる。天皇制の問題についても、ドイツ型の立憲制的君主制からイギリス型の議会制的君主制への移行を追求した点において、原や浜口などこの時期の代表的な政党政治家の姿勢は一貫している。ただ、当時原や浜口が志向した国際協調とりわけ対米協調の方向は、よく誤解されているが、現在の安保条約下の日米関係のようなもの（たとえば、かなり大規模な米軍基地の存在など）を想定していたわけではなく、日米間での比較的対等な関係を構想していた。この点は、戦後の政治外交の枠組と相違するところである。

日本は現在大きな転換期にあり、経済大国化と冷戦構造の解体によって、敗戦後はじめて独自の判断で国際社会でのみずからの方向性を設定していかなければならなくなってきている。その意味でも今、この時期の政治的経験を、そこでの問題点もふくめて、あらためてふりかえってみることは有益なのではないだろうか。

また、歴史認識の問題が議論になっている現在、戦間期の歴史的意義を考えるうえでも、原や浜口ら政党政治を担った人々の構想の方向性がもつ意味は、その前後の時期と比較して再検討される必要があるのではないだろうか。

そのような観点から、本書は、戦間期政党政治を最も徹底して推し進めたとされる浜口民政党内閣を率いた浜口雄幸の昭和初期の政治構想を検討しようとするものである。

浜口雄幸は、一八七〇年（明治三年）高知県に生まれ、東京帝国大学卒業後、大蔵省に入る。専売局長官在任中、第三次桂内閣の逓相後藤新平に請われ逓信次官に就任、政界に転じた。その後、衆議院議員に選出され、立憲同志会、憲政会を経て、立憲民政党初代総裁となる。その間、蔵相、内相などを務めた。一九二九年（昭和四年）七月、首相に就任、浜口民政党内閣を組織する。翌年一一月、東京駅で狙撃され、一九三一年（昭和六年）四月、総辞職。同年八月に死去した。その翌月、満州事変が勃発する。

第一章　戦間期政党政治と議会制的君主制の構想

一、はじめに

近年、戦前政党政治期について、新しい観点からの研究が進んでいることはすでに述べた。このことは天皇制、君主制の研究についても同様である。

かつては、君主制に関わる政党政治の評価は、近代天皇制に対し無批判的姿勢だったとされ、政治的民主化や議会主義化の面でも厳しいものだった。

しかし、昭和天皇没後、宮中側近周辺の資料が新たに公にされ、大正・昭和期の天皇制・君主制に関する研究が活発になってきている。それに刺激され、比較的多くの研究蓄積がある、この時期のさまざまな思想家の天皇制論・君主制論についても、新たな議論の展開がみられる。だが、戦間期政党政治を実際に担った、原敬や加藤高明、浜口雄幸など主要な政党政治家の君主制論・天皇論は、本格的には、ほとんど検討されていない。

そこで、本章では、近代日本最初の本格的政党内閣である原政友会内閣を成立させた原敬と、戦間期において政党政治の方向をもっとも徹底させたとされる浜口民政党内閣を率いた浜口雄幸をとりあげ、その天皇に関する議論を、おもに君主制論の観点から検討したいと思う。

戦間期の政党政治は、君主制論の観点からみれば、明治国家体制における立憲制的君主制を、議会制的君主制に移行させようとしたものだった。

原、浜口は、大正中期から昭和初期にかけての政党政治をリードした政治家として、日本における議会制的君主制の実現を構想していた。この時期の政党政治家について、往々にして政治的民主化や議会主義化の面で厳しい評価がされているが、少なくとも原や浜口自身の構想は議会制的君主制を追求する点ではきわめてはっきりしたものだった。ただ、現実の政治過程においては、さまざまな旧勢力の抵抗やそれらとの政治的力関係により、その構想は充全には実現されなかったのである。

なお筆者は、さまざまな政治家、ことに国政に重要な影響力をもった政治家の政治行動をみる場合、その過程や結果からのみならず、その意図や構想のレベルから、いいかえればその思想のレベルからも検討をくわえる必要があるのではないかと考えている。そのことが、これまでの歴史研究、政治外交史研究の可能性をより豊かなものにしていく一つの方法だと思われるからである。

さて、ここでいう議会制的君主制とは、ドイツ型の立憲制的君主制と対比されるもので、おもにマックス・ウェーバーの概念規定によっている。ウェーバーは、近代ヨーロッパにおける君主制の類型を、大きく「立憲制的君主制」(die konstitutionelle Monarchie) と「議会制的君主制」(die parlamentarishe Monarchie) にわけ、それぞれを次のように規定している。

立憲制的君主制は、プロイセン憲法下の君主制やドイツ第二帝政などのように、議会政党による権力の掌握が十分でなく、君主が「大臣任命をはじめとする官職任命権および軍統帥権の占有」など「固有の権力」をなお保持している統治形態である。そこでは、いわゆる絶対主義的君主制とはことなり、たとえば法律の制定や予算の決定においては、君主と議会の一致が必要とされる。しかし上記の官職任命権や軍統帥権のほか、憲法上の規定か欠けているような問題で、君主の任命による行政府と立法府である議会とのあいだの妥協が成立しない場合のような限界状況において、君主はその「決定権を有する」のである。

議会制的君主制は、イギリスに典型的にみられるような、議院内閣制を実質的内容とする君主制である。そこでは、君主は「形式的なヘル《〔統治者〕》」として存在しているが、多数党の「政党指導者」と「彼によって指名される行政幹部——大臣、次官および時として局長——」とが、実質的な「政治的国家指導者」である。彼らの国家指導者としての地位は、君主の意志にかかわらず、もっぱら彼らの政党の選挙戦の勝利に依存しており、選挙の敗北すれば退陣を余儀なくされる。つまり、議会への政党選挙をつうじて、多数党からなる内閣（もしくは連立内閣）が君主にたいして「押しつけられる」のである。この場合、君主の主要な役割は、諸政党との協議をつうじて指導的な政党首領を国家指導者に任命することによって形式的に彼を正統化すること、また彼の処置を合法化する機関として機能することに限定される。したがって、もしも「国王が内外の政治に関して誤った口出しをしたり、そうでなくても君主の権能をはきちがえて、みずからの個人的力量のおよばない……政治的所行をおこなった場合には、彼は王冠を失いかねない」ことになる（……は中略。以下同じ）。

そしてウェーバーは、第一次世界大戦の敗北によって第二帝政が崩壊するまでは、ドイツにおける立憲制的君主制から議会制的君主制への移行を構想したのである。[1]

この概念規定からすれば、明治国家における近代天皇制は、立憲制的君主制の範疇にはいる。明治憲法では、第一条および第四条において、天皇にいわゆる国家統治の大権を帰属せしめている。そして天皇は、国家権力の実質的な最高責任者である内閣総理大臣をはじめとする官職任命権を保持し（第一〇条）、陸海軍を統帥する権限をもつと定められている（第一一条）。しかし、他方で、法律の制定、新規予算の決定などについては、議会の議決を必要とし（第三七条、第六四条）、貴族院とならんでその議会を構成する衆議院は、公選による、つまり国民から選出されなければならないことになっていた（第三五条）。

このように、明治憲法下の君主制は、単純に絶対王政的な君主制ではなく、ウェーバー的な意味での立憲制的君主制といえる。ただ日本の場合、実際の政治においては、内閣総理大臣の任命は、薩長藩閥集団のトップ・メンバーの推薦にもとづいておこなわれており、しかも、その推薦は君主にたいする単なるアドバイスにとどまるものではなく、実質的には彼らがその決定権を保持していた。したがって、官職任命権も実際上は彼らの手にあり、また陸海軍の上層部も藩閥集団によって握られていた。君主は、彼らのあいだでの意見対立を調整したりする場合もあったが、基本的には彼らに国家統治の正統性を付与する存在だった。この点は、君主がしばしば独自の意志でじっさいに統治権を行使するドイツ帝政などヨーロッパの立憲制的君主制にたいして日本の特徴をなしているところである。

原や浜口は、このような立憲制的君主制を、議会制的君主制に移行させようとしたのである。

なお、イギリス近代王制やドイツ帝政、日本の明治天皇制をふくめて、しばしば立憲君主制との言い方がなされているが、それは、ここでの立憲制的君主制と議会制的君主制の両者の概念をともに含意している場合が多い。ただ、最近の研究で、近代日本の君主制についての論争が活発化しているにもかかわらず、この概念をめぐって多少議論の行き違いが見られるので、この点に少しふれておきたい。

立憲君主制は、イギリスの表現では、constitutional monarchyに、ドイツの表現では、konstitutionelle Monarchieに対応する。しかし、実際の概念内容においては、イギリスではconstitutional monarchyは、ウェーバーのいうparlamentarishe Monarchieと同様の意味で一般に使用されている。逆に、ドイツ国法学では、イギリス型の議会主義的なconstitutional monarchyは、konstitutionelle Monarchieと区別されて意味でのparlamentarishe Monarchieとされている。これは、ドイツ国法学では、自国のドイツ帝政こそkonstitutionelle Monarchieの典型だと位置づけているからである。ウェーバーも、用語法としては、そのようなドイツ国法学の概念上の区別を継承しているといえる。また、イギリスからみれば、ドイツ帝政はconstitutional monarchyの範疇には含められないものであり、constitutional monarchyは当然に自国のような議会主義的なそれを意味した。したがって、立憲君主制の用語を使用する場合は、それが、イギリス型であるのか、ドイツ型であるのか、もしくはその双方を包含するようなものか、または全く別の概念構成によるのかを、はっきり意識しておく必要があるのではないだろうか。

そのような考慮から、本稿では、ウェーバーの用語法によっていることを明示するため、「立憲君主制」の用語は避け、「立憲制的君主制」「議会制的君主制」の表現を用いた。

第一節　原敬の構想

原敬（一八五六年―一九二一年、安政三年―大正一〇年）は、戊辰戦争において維新政府に抵抗した東北南部藩の出身で、新聞記者をへて外務省にはいり次官にまで累進。退官後、立憲政友会の結党に参画した。その後衆議院に議席を得、第二代政友会総裁西園寺公望のもとで党務の中枢にすわり、二度にわたって内務大臣に就任。西園寺辞任後は、そのあとをついで政友会総裁となった。そして、一九一八年（大正七年）九月、最初の本格的政党内閣を組織し、外交政策をそれまでの大陸への軍事的膨張の方向から国際的な平和協調に転換するとともに、議会政党による政権運営を軌道にのせた。以後、一九二一年（大正一〇年）一一月、東京駅で暗殺されるまで、外交・内政にわたって国政を主導し、その後の政党政治の基本方向を設定した。[2]

原は、政友会創立入党以前から、議会を基礎にした政党内閣を実現すべきであり、議会で多数を制した政党によって内閣が構成されるべきだとの主張をもっていた。

たとえば、政友会創設二年前の一八九八年（明治三一年）に原は次のように述べている。

「今日の要は、政党をして成るべく政党らしく発達せしめ、以て真正なる政党内閣に馴致せしむるに在りて、政党内閣は早晩免がるべからざるものと覚悟すること肝要なるべし。……立憲政治の下にある内閣は、議会に多数を制せざれば、其内閣を維持すること能わざるものなり……。政党内閣なるものは、……議会に多数を制したるの党員に依りて組織せらるべきものにして、其党にして、議会内の多数を失するに至れば、更に多数を制したるの政党に譲りて、其内閣を去るべき筈のものなり」[3]。

これは、政友会創設二年前の一八九八年（明治三一年）の発言であるが、このような考えはかねてからのものだった。ただ、この頃の板垣や大隈らの自由党・憲政党、進歩党・憲政本党など当時の政党そのものについては、「今日の政党は、欧米に於けるものとは大に趣を異にし、極めて雑駁なるものにして、主義も綱領も殆んど明らかならざるもの」[4]、と批判的だった。ちなみに、当時原は、外務省退官後、大阪毎日新聞編集総理となっていた。

では原はなぜ政党内閣が必要だと考えていたのであろうか。この点について原はつぎのように述べている。

「何れの国を見渡しましても国力の発展といふことには非常に力を用いて居る。其国力の発展は……

近年に至つては国民の力によつて之を成功することに何れの国も傾いて居る。……国民一致の力でなければ到底国家の進運は図る事の出来ぬ……。その所謂国民一致の力なるものは何によつて生ずるかと申せば……政治上一定の主義方針によつて結合致したところの政党の力によつて、始めて国民一致の力が茲に表彰さるるのであります」[5]。

「何れの国に於ても国民一致の力に依り国民多数の世論に依て政治の動いて居るということは明らかである。……政党の力に依て始めて政治は動く」[6]。

「憲法政治となって以来、国民の意思を発表するところが如何なる所であるかと顧みるに、議会を除いては外にその場所はない。……故に憲法政治においては議会程必要なものはない」[7]。

いまや国力の発展は国民一致の力によらなければならず、それには立憲政治が必要であり、国民の意思が直接反映される、そしてその支持を背景とした政治が必要である。すなわち国民によって選出される議会を基礎にした、衆議院で多数をしめる政党が政権を担当する政党内閣、「政党を基礎とする内閣」[8]でなければならない、というのである。そして、ロシアですら今や「民意に聴き」、ドイツも「帝国議会に其権力を奪はれん」としている[9]、と。

このように政党内閣の実現をはかり、政党によって国政の運用をおこなおうとすれば、藩閥官僚勢力を政権中枢から退かせなければならない。藩閥官僚勢力のもっとも中心的なよりどころは、天皇の国家統治大権にもとづいて、国民・議会とは無関係に自己の勢力内の、もしくはその影響下にある人物を内閣総理大臣とすることにあり、それを軸に、枢密院、貴族院、軍部、官僚機構などを掌握していた。したがって原は、とりわけ西園寺のもとで党務を掌握するようになるとともに、政党内閣の実現に全力を投入していったのである。

したがってまた原は、天皇と内閣との関係もつぎのように考えていた。

「皇室を政争の外に置くには、甲党たると乙党たるとに拘らず多数を得たる者を常に［首相に］お召に相成る様になさば皇室は全く政争の外に立たることを得べし。然るに元老等は政党を無視し政党の消長を助勢するが如き処置をなし、政党以外より人を得んとするは将来皇室を思ふ所以の道にあらざるべし」[10]（［　］内は引用者。以下同じ）。

このような、君主が議会で多数をしめた政党から首相を任命する方式は、いうまでもなく事実上イギリス型の議院内閣制の方向、さきに述べた議会制的君主制の方向を志向するものだった。

原は皇室の公的な存在としての意義は認めていたが、天皇の国家統治大権のもとに藩閥官僚勢力が、議会の意志したがって国民の意思とは無関係に内閣を構成し、その正統性の根拠としていくことには反対だった。したがって、現実の政争の場面ではこの問題にかかわる事柄についてさまざまなニュアンスの発言をしているが、基本的には、「皇室は政事に直接御関係なく、慈善恩賞等の府たる事とならば安泰なり」[11]との態度だった。

たとえば、一九一五年（大正四年）七月下旬、大浦内相の議員買収事件によって大隈内閣が総辞職したが、山県ら元老の工作によって、大隈は内閣改造のうえで留任した。原はこの件について、「口を聖旨に藉《か》りて留任」したものであり、内閣自らが「御信任」あるゆえの留任である旨を表明するなど、「政府が好んで［天皇の］御信任を振廻すのは甚だ遺憾」[12]だとして、自らの政治的進退に天皇の意志をもちだす大隈の姿勢を批判している。なお、翌年六月下旬から七月下旬、大隈首相が再び天皇に辞意を内奏し、寺内正毅・加藤高明の両人を後継に上奏したが、寺内が大隈より申し入れた加藤との連立を拒否。大隈は辞意の内奏を取り消した。原はこの際には、首相が職を退くにあたって、「其後継者を自ら選んで後継者たるべき人に協議をして、協議の調つた時には職を退く、調はざる場合は退かぬ」というのでは、「天皇の大権が何れの所に在るか分らぬ。憲法上由々敷《ゆゆしき》大事」[13]だ、としている。ここでは逆に原自身が天皇の大権をもちだしているかのようであるが、原が言わんとしているのは、辞職する首相に後任を奏薦する権限したがって事実上決定する権限はないという点にあった。その権限は憲法上は天皇にあるが、実際上は辞職する首相の意志ではなく、イギリスのように野党第一党（政友会）への政権移行、さらには総選挙すなわち国民の意志によるべきだと含意だった。したがってまた、いったん辞職を内奏しながら自分の都合のいい後継が決まらないので留任するというのは、憲政上容易ならぬ問題だとして、大隈の行動を非難している。要は、自己の政治的利害関心のために天皇の権威を利用すべきではない、ということにあった。

また原は、軍のいわゆる統帥権の問題についても、イギリスの軍制のように、陸海軍ともに参謀本部などの軍令機関もふくめて、実質的には、議会を基礎とする内閣の統率下におくべきだと考えていた。

「参謀本部は山県の後援にて、今は時世を悟らず、……統率権云々を振廻すは前途のため危険なり。政府は皇室に累の及ばざる様に全責任の衝るは即ち憲政の趣旨にて、又皇室の御為めと思ふ。皇室は政事に直接御関係なく、慈善恩賞等の府たる事とならば安泰なりと思ふて其方針を取りつつあるも、参謀本部の軍人は此点を解せず、動もすれば皇室を担ぎ出して政界に臨まんとす、誤れるの甚だしきものなり」[14]。

「是迄は［山県らは］独逸の例とか言う事にて何もかも皇室中心にて統率権など極端に振り廻さんとするも、……政府は政事上全責任を以て国政に当たるの方針に改めざれば、将来累の皇室に及ぶの虞あり。然るに参謀本部などが天皇に直隷すとて、政府の外にでもある様に一にも二にも統率権を振廻さんとするは如何にも思慮の足らざるものなり」[15]。

ワシントン会議のさい、会議出席のため不在となった加藤友三郎海軍大臣にかわって、原がみずから臨時海相事務管理を兼摂したのは、そのような観点からだった。

したがって原においては、軍部が本来の職務以外の問題で政治に容喙することなどは当然許されるべきことではなく、いわんやその勢力をほしいままにすることは問題外のことだった。

「軍部が政治を支配し、対外政策を強行すると云ふが如きは、今日に於ては断じて有り得べからざる所である。既に議会政治が発達し、政府は国民の多数党を基礎として組織せられ、完全なる責任政治の行はるる今日、軍人が軍務以外に容喙し、其の勢力を壇《ほしいまま》にするが如きは、第一国民の許さざる所である」[16]。

このように原は、原則として天皇を直接の政治過程から距離をおく存在とし、国政の最高責任者たる内閣総理大臣の決定過程や軍事の問題に実質的にはかかわらない、いわば象徴的な位置におくほうが好ましいと考えていた。国政の運用は、軍事の問題も含めて、「国民を代表致したる者」[17]である議会を基礎とした内閣、政党内閣によっておこなわれるべきだとのはっきりとした見地にたっており、その意味で基本的にはイギリス型の議会制的君主制の方向をめざしていたといえる。

この時期じっさいには山県ら元老の独自の判断で首相が決定されており、原はそれを基本的には議会の意思で決定されるべきだと考えていたのである。そのことは、イギリスでも慣行として確立されていったように、明治憲法下でも慣行としてじゅうぶん可能なことであるとみていたのではないだろうか。

原について、しばしば藩閥勢力との妥協的姿勢、政治的民主化への否定的姿勢、近代天皇制への無批判性が指摘されているが、この点では、必ずしもそうとはいえないように思われる。

なお、原は辞職後の後継内閣について政党内閣を慣行化したいとは考えていなかった、すなわち藩閥官僚勢力へ再び政権委譲する意志をもっていたとの見解がある。おもに、一九二〇年（大正九年）六月の西園寺との会談での発言を根拠にしたものである。そこで原は、「他日内閣を組織すべきもの」として、山県系から求めるとすれば、田健次郎や後藤新平に比して、清浦奎吾がすぐれている。政党からとしては、加藤高明は対華二一ヶ条の責任者であるがゆえに外交上困難を生じ、また党員によって動かされる傾向があるので危険である旨の意見を表明している。[18]しかし、これは原暗殺の一年以上も前のことであり、現実に辞職を想定しての発言ではなく、しかも一般論として述べたものである。もし原が暗殺されず、自ら辞職することとなった場合に同様に考えたかどうかは、必ずしもここからは判断できないであろう。原は、加藤や憲政会に敵意をもっていたわけではなく、かつて大隈内閣時に山県派が同志会と連合して政友会の勢力打破をめざしたように、再び山県が彼らと結び、政友会に立ち向かってくることを警戒していた。山県は、そのおり積年の政敵だった大隈と提携したように、現在敵対している加藤とも手を結ぶ可能性は十分あると、原は考えていたと思われる。当時なお山県派藩閥官僚勢力の政治的影響力は相当強く、原は政党政治確立のためには、彼らの勢力の削減が必須のこととみており、その影響力が再び強化されることをもっとも警戒していたのである。ただ、原はその政治的価値関心、めざすべき方向として、議会主義的な政党政治の確立とともに、中国政策を米英協調のもとで、したがって中国の領土保全、機会均等、門戸開放、内政不干渉を前提に遂行しようと考えており、双方の観点のうち、後者の点で加藤に危惧をもっていたことは確かである。

また、同年八月に、山県に近い田中義一にたいして、後継内閣について加藤に否定的な文脈の発言をしていることが指摘されているが、[19]これは、山県が原内閣の崩壊を策しているのではないかと疑っているときであり、その動きを封じるため加藤後継に否定的なスタンスをみせたのである。そのほかに、原死後、政友会有力者野田卯太郎が、松本剛吉に原は後継として田健次郎を考えていた旨を話していることがあげられるが[20]、これは先の原の発言と矛盾し、かつ松本は田の腹心であることから、野田のリップサービス的な意味あいが強いのではないかと思われる。これらの発言から原が政党内閣の継続を考えていなかったとは即断はできないであろう。いずれにせよ、この問題についての原の意志は、必ずしも明らかでない。

このように原は、日本において立憲制的君主制から議会制的君主制への移行を実現しようとしたのであるが、昭和初期に、政党政治の方向をもっとも徹底させた浜口民政党内閣をひきいた浜口雄幸も、同様の方向を構想していた。

第二節　浜口雄幸の構想

浜口も、原と同様、かねてから議院内閣制の実現、したがっていわゆる立憲制的君主制から議会制的君主制への転換を主張していた。

たとえば、一九一七年（大正六年）、寺内内閣下の総選挙での立候補演説において、浜口は次のように述べている。

「現内閣のごとき超然内閣を作つたのは頗る非合理な話で、之では憲法政治の運用を滑らかにすることは出来ぬ。……彼等［元老や官僚政治家］は政党が議会にて民意を基礎として政治を行ふと云へば目を円くして愕く。……。［しかし］民意を本とせず、議会を基礎とせずして如何にして合理的政治が行ひ得ませう乎。……政党内閣論は憲法の運用問題である。……一層代議政治の理想に向つて進歩せしめる即ち、陛下が多数党の首領に向つて大権を発動せしめるという事実を作るべしといふのが我々の理想とする処であります」[21]。

憲法政治の運用を円滑におこなうには、民意にもとづいた議会政治、議会を基礎とした政党内閣が必要だというのである。ここで主張されている、天皇が議会で多数を占める政党の党首を、いわば自動的に首相に任命する方式は、イギリス型の議会制的君主制の方向を意味するものだった。

では、浜口にとってなぜ代議政治、議会を基礎とする政治が望ましいのであろうか。浜口は、一九二四年（大正一三年）、当時の清浦内閣を批判して、次のような発言を残している。

「政府並び政友本党の人々［は］……『政治は実質さへよければそれでよいではないか、其の政策がよければよいのではないか』と云ふけれども我々は決してさうは考へないのであります。大凡代議政体は形式の政治であります。……代議士の当選は多數の投票に依つて決せられる。かくの如くにして当選したる代議士は議会に於ても亦多数に依つて事を定めるは、即ち形式の政治であるのであります。譬へそのことが神様が見れば間違つて居ることであつても、多数の意見に依つて事を決する。……代議政体立憲政治を廃すればそれは取りも直さず君主専制の政治となるのであります。我々は一人の英雄によつて支配されるよりは、平凡でも宜い多数の常識に依つて御互いが自身に依つて支配することを希望する。又我々は軍国主義の政治よりも侵略主義の国家よりも文化的の国家にして多数に依つて事を決する所の政治を欲する。……然るに政治の形式はどうでも善政を行へばよいではないかと云ふ人もあるかも知れないが、何が善政であるか何が悪政であるかと云ふことは何に依つてこれを定めるか。……唯一人に依つて善なりと信じた政治を受ける国民こそ誠に迷惑である」[22]。

すなわち、「一人の英雄」によって「支配」をうけるよりは、たとえ平凡でも多数の常識にもとづいて「御互いが自身に依つて支配する」政治、すなわち議会政治を希望し、その実現を追求するという。そして、国の政治は多数の意見によって事を決すべきであり、仮にその決定が「神様が見れば間違つて居ること」があつても、政治的にはその方が望ましいとまで極言するのである。そこには、何が善政で何が悪政であるかを、いわば絶対的な基準から、神ならぬ人間がどのようにして決定できるのか、したがって国民自身の多数の意志によって政治をすすめていく以外にはないではないか、という見方が背景にあった。したがって、「唯一人に依つて善なりと信じた政治を受ける国民こそ誠に迷惑である」というのである。そのような考え方はまた、浜口の主観においては、旧来の「軍国主義」や「侵略主義」と対抗することとつながっていた。

したがって浜口は、イギリス型の議院内閣制、議会制的君主制の方向を追求しようとし、そのことは明治憲法下においても充分実現可能なことであると考えていたようである。この点、原と同じスタンスだった。

そこからまた浜口は、衆議院こそ「国民の与論の府」であり、「自然の勢ひとして政党が出来、それに依って政府が組織せられる」という。「政府の実体」はあくまでも公選によって国民から選出される衆議院を基本として構成されるべきで、「内閣の組織は何処までも衆議院に基礎を置くことが憲法の本義なり」[23]とするのである。

したがって浜口は、政党政治をめざす以上、みずからも国民によって選出される衆議院に議席を置かなければならないと考えいた。

「自分は予て政党生活をする以上は衆議院に議席を置くのが正当なりと確信しているもので、嘗て逓信次官になった際から、内閣更迭の際は必ず政党生活に入り、五十歳にして衆議院に入らんことを期して居た」[24]。

したがって浜口は、一九一五年（大正四年）の総選挙で初当選して以後、寺内内閣下での総選挙で落選し原内閣下での補欠選挙で再び当選するまでの約二年間を除いて、終生衆議院に議席をおいた。加藤高明、若槻礼次郎、田中義一など、同時代の憲政会、民政党の官僚軍人出身者の多くが、爵位をえて貴族院議員となったのにたいして、浜口は、原と同様、衆議院議員であることにこだわった。

田中政友会内閣時の一九二七年（昭和二年）、浜口は民政党総裁となり、最大野党の党首として、外交内政にわたる国政全般について自らの構想、日本をどのように導いていこうとするのかの政治構想について精力的に発言する。

そのなかで浜口は君主制の問題についても憲政論のかたちで言及している。まず、永年追求されてきた政党内閣制の確立がいまや徐々に実現されつつあり、今後の展開への政治担当者の責任が重大であることを指摘する。

「憲政布かれて殆んど四十年、……最近に到り、二大政党の対立の勢成り、政党内閣交立の原則も略々確定を致し、国民は茲に始めて公正なる政治の実現を期待し、漸く憲政有終の美を翹望《ぎょうぼう》するに至つたのであります。

政党内閣運用の始に於て、若し当局の態度と姿勢宜しきを得ず、其の誠意と能力とを疑はるるに至つたならば、議会政治の信用を失墜し、国民は失望の結果如何なる事態を発生するに至るやも測り難いのであります。実に今日は我国民の能力が、果たして政党内閣制の運用に堪ゆるや否やの試験を受けつつある最も大切なる場合でありまして、政治家の責任極めて重大なりと謂はなければなりません」[25]。

議会を基礎とする政党内閣は、原敬政友会内閣以来、高橋是清政友会内閣、二年間の中断をはさんで、加藤高明護憲三派内閣、加藤高明憲政会内閣、若槻礼次郎憲政会内閣、田中義一政友会内閣とつづき、ほぼ政治的慣行として制度的に定着しつつあった。議会政治の確立、議会を基礎にした政党内閣制の確立は、君主制論のレベルでいえば、さきの議会制的君主制への移行を意味した。なおその間、議会の政治勢力は、政友会と民政党の二大政党にほぼ集約される状況となった。

ここで浜口は、そのような歴史的展開を背景に、「最近に到り二大政党の対立の勢成り、政党内閣交立の原則も略々確定を致し」、ようやく「憲政有終の美を翹望するに至つた」として、そのような方向が今や現実のものとなりつつあるとする。そして、このような重要な時期に、もし政党内閣の運用を誤り、政党がその統治能力を疑われるような事態にたちいたれば、議会政治の信用は失墜し、その結果どのような事態が起こるか予測できないことになるというのである。

ただ、ここでの表現では、「二大政党の対立の勢」ができあがることが、「政党内閣交立の原則」の確定にどのようにつながっていくのかかならずしも明らかでない。また同時期、「政局転換の基準が確立せられて居ります今日、野党として堂々と声明した所は、他日必ず廟堂に立ちて之を実行せねばなりません」[26]との発言もあるが、ここでの「政局転換の基準」すなわち「政党内閣交立の原則」の具体的内容には言及しておらず、その意味するところは判然としない。いわゆる二大政党制は政党政治の確立とどのような関係にあるとみられていたのであろうか。浜口にとってなぜ多党制ではなく、二大政党制が必要だと考えられていたのであろうか。

この点について、のちの浜口に、「[この間]二大政党樹立の大勢には何ら変化を見ず、随つて政権の移動する時[その]帰着するところは明白である」[27]、との発言がある。すなわち二大政党制によって、政変時の政党間の政権移動が、元老らの恣意によらず、それまでの与党から野党であった政党へ、ある意味で自動的になされうると考えていたのである。したがって、この頃、民政党と政友会による二大政党システムの成立によって、「政局転換の基準が確立」し、政権交代の透明性のあるルールが一応可能になったとみていたと思われる。浜口にとって二大政党制は、一般的な理論から導き出されたというよりは、議会制的君主制下における政権交代のあり方に相対的に適合的なものとして考えられていたといえよう。

なお浜口は、一般に「現代国家」が、きわめて強固な「統率力」を有するのは、「各人の自由と独創とを尊重」し、そのような「国民を基礎として」国のさまざまな機関が構成されているからであるとする。議会政治、政党内閣制は、そのような観点からも必要なものだった。

「進歩せる現代国家が非常に強固なる統率力を有するのは、各人の自由と独創とを尊重し闊達有為の国民を基礎として、其の上に諸般の機関を構成するからであります。個人の自由と独創とを抑圧することを以て、強力なる団体を組織するの条件となすのは、時代錯誤の見解であります」[28]。

こうして浜口は、「国民の総意」を議会に反映するとともに、国政における「議会中心主義の徹底」

を実現すべく、議会をベースとする政党内閣制の確立とその安定的発展を追求しようとしたのである。

「立憲民政党は国民の総意を帝国議会に反映し、之を基礎として議会中心主義の徹底を期するものであります」[29]。

戦間期政党政治について、議会主義的志向がきわめて不徹底なものだったとの見方があるが、浜口のみならず原敬や加藤高明などにおいても、それまでの立憲制的君主制からイギリス型の議会制的君主制への移行をはかろうという志向性はきわめてはっきりとしており、その実現のために様々な政治的施策をおこなっている[30]。

一九二九年(昭和四年)、田中政友会内閣総辞職の後、浜口は内閣総理大臣に任命され、浜口雄幸民政党内閣が成立する。後任首班について天皇より下問をうけた元老西園寺公望は、このころほぼ定着しつつあった、衆議院第一党の内閣が政治的な理由で総辞職した場合、第二党の党首が組閣するとの方針にしたがって、民政党の浜口を後継首相に奏薦し、浜口組閣となったのである。この時期の前後に、浜口は憲政論についても言及しており、それらは多かれ少なかれ君主制の問題にかかわる面をもっているので少しみておこう[31]。

浜口は、組閣直後に発表した一〇大政綱の第一に「政治の公明」をかかげた。それが「立憲政治の根本用件」であるとし、かねてから「政治をして国民思想の最高標的たらしむる」ようなレベルにまで、政治のモラルを高めていかなければならないと主張していた。浜口によれば、「我国に於て政党内閣制が確立せられたのは僅かに最近の事」であり、もし国民に政党政治が信用されないようになれば、「折角発達の途に就きかけたる我国の憲政は、再び逆転せざるを得ない」こととなる。もしそのようにして「憲政の逆転を繰り返す」ような事態にたちいたったならば、「其結果は真に恐るべきものがあるであろう」。我国の憲政はまだ安定の域に達しているとはいえない。しかし、「理論はともかく、実際の上に政党政治以外に執るべき道はない」のであり、もし国民が政党政治を信頼しなくなれば、「日本の政治の将来は暗黒」であり、国の将来がどうなっていくか「慄然として膚に粟を生ずる感」をもたざるをえない。そう考えていた。したがって浜口は、「憲政有終の美を濟《な》すは実に我党の重大なる責任である」、というのである。[32]

ここでの憲政の逆転とは、いうまでもなく政党政治以前の状況、君主制論のレベルでいえば、立憲制的君主制にもどることを意味している。ただ、それが繰り返される結果生じるかもしれない「真に恐るべき」事態とは、何を念頭においていたのかについては直接には語っていない。

なお浜口は、「政党政治の完全なる発達」には、「有力なる反対党が正面に立っているといふことが必要」[33]であるとしており、強力な野党の存在は憲政の発展には欠かせないものとみていた。したがって、民政党のみで「憲政有終の美をなす」ことができるとも、自党による圧倒的な政権運営を望ましいものとも、考えていなかった。

このように浜口は、議会政党による政権運営、議会を基礎とした政党内閣による一元的な国政運営の実現を追求しようとしており、君主の役割の角度からいえば、天皇を政治過程には直接かかわらないに象徴的位置におこうとしていた。したがって浜口は、具体的な政治課題の処理の局面に天皇や皇室がもちだされること、皇室が政治的に利用され政争に巻き込まれることを極度に警戒していた。

たとえば、田中内閣時のいわゆる水野文相優諚問題での田中首相の対応について浜口は、「累を皇室に及ぼす」ものであり、「立憲の本義」に反するとして非難している。一九二八年(昭和三年)の総選挙における鈴木喜三郎内相の露骨な選挙干渉が議会内外で問題となり鈴木内相が辞任、望月逓相が内相にまわり、かわりに久原房之助が逓相に任命された。久原は、実業界では名が知られていたが、さきの総選挙直前に入党、初当選した新人議員で、これといった官歴もなく、党内から強い反発をうけた。しかし、田中とは同じ長州出身で以前から深い関係にあり、その政治資金提供者と目されていた。この久原の入閣にたいして、水野錬太郎文相が強硬に反対して辞表を提出。しかし天皇との接見後、慰留の優諚があったかのような談話を発表して辞意を撤回した。だが辞意撤回の経緯について、自己の進退について天皇の優諚を引き合いにだしたとして各方面から非難をうけ、水野文相は辞職。勝田主計が後任となった。その間、天皇に慰留を奏請したのではないかとの疑惑をむけられた田中首相が、水野留任は天皇との接見前にすでに決定しており、優諚によるものはない旨の声明[34]をだすなど、水野と田中の言い分がくいちがい、互いに相手を批判した[35](久原はのちに政友会において有力派閥を形成し、超国家主義の方向に傾斜する)。

この水野文相優諚事件に関して、浜口はもっぱら田中首相の措置を問題とし、その一連の言動は「輔弼の責任を誤り」「立憲の本義と国政運用の根本原則とを蹂躙するもの」であるという。この場合、水野文相から進退を一任されていた田中首相が、天皇との接見前にすでに文相を留任させることに決定していたならば、「其の辞表は即座に之を水野文相に返却すべきもの」であり、決して辞表を「陛下に執奏すべき」ものではないとする。つまり、文相の辞表は、首相が天皇に執奏すれば内閣として正式の決定であり、また、首相が文相に進退を一任され、しかも留任させることに決めていたとすれば、辞表を返却し執奏すべきではなかったと批判するである。浜口は、閣僚人事をふくめ政治権力の行使は、首相および内閣が処理すべきことで、「累を皇室に及ぼす」べきではないと考えていた。すなわち、議会をベースとする内閣総理大臣が政治の最高責任を負っているのであり、天皇の名によって、それとは別のルートで閣僚の進退など重要な政治決定がなされるなどは許されないことであり、「立憲の本義」に反するとのスタンスだったのである。[36]

また、浜口内閣成立後、議会において、政友会の前蔵相三土忠造より、首相の施政方針演説、蔵相の財政方針演説はあらかじめ天皇に奏上したはずである。その内容は楽観的説明ばかりだったが、その後経済界は悪化の一途をたどっている。「斯の如き重大問題に対して、上陛下に対し奉り、下国民に向ひ、誤つた予断をして、此経済界を何と考へられるのであるか」、との質問がなされた。それにたいして浜口は、この問題での天皇への言及は、「実に遺憾千万」であるとし、「総て内外の国政にたいする責任は、内閣が絶対的に全然之を取つて居る。斯の如き席上に於て、皇室のことを申すことは、御互に深く慎みたいと思ふのであります」[37]、と答えている。

このように浜口は、実質的に議会から選出される首相・内閣が政治の全責任を負い、天皇は基本的に政治とはかかわらないシステム、政党政治を基本とする議会制的君主制のシステムが、憲政のあるべき姿であり、「憲政有終の美を済す」[38]ものだと考えていたのである。

なお、いわゆる統帥権問題にかかわって、ロンドン海軍軍縮条約調印時の政府の回訓案決定手続きのさい、内閣が帷幄機関の意見を無視して回訓を決定したのは統帥権侵犯ではないかとの非難が枢密院審議において出されたが、浜口はそれに次のように反論している。憲法上、統帥権も兵力量決定権もともに天皇の大権である。したがって、同じく天皇に属する「一の大権が他の大権を如何にして侵犯することを得べきや」。そのようなことは想定できないことである。いま問題となっているのは、行政上の輔弼機関たる政府が、統帥事項を補弼する帷幄機関の権限を侵したかどうかであり、これは大権の侵犯という問題とはまったく別の事柄である。しかも、軍令部長は当時政府の処置に異議をとなえたわけではなく、その権限の侵害云々の問題はありえないことである[39]、と。

さらに、海軍軍縮の場合などの兵力量決定に関し海軍省と軍令部との意見が一致しない場合は内閣はどう取り扱うのかとの質問にたいし、浜口はこう答えている。従来の慣行からして一致しない意見が内閣に提出されるはずがなく、たとえ一致した意見であっても内閣として反対ならば軍部に再考をうながすこととなる。これまでにも政府が「財政上外交上等の見地」から軍部の意見に「同意せず」、そのため「取止」ないし「重要なる変更」をくわえられた「実例」は多い[40]、と。つまり、これまでの実例によって内閣の判断が軍部の上位にあることを示そうとしているのである。

また浜口は、かねてから文官軍相制を主張しており、ロンドン海軍軍縮会議のさい、原の例を踏襲して、会議出席のため不在となった財部彪海相にかわって臨時海相事務管理についたのも、そのような観点からだった。臨時海相事務管理として浜口は、軍令事項をのぞいて、副書をはじめ海相のほとんどすべての職務を代行しており、海軍省を指揮命令する権限を有していた。したがって軍縮問題時、山梨海軍次官が頻繁に首相官邸を訪れているが、それは単に海軍と内閣との調整のためのみではなく、官制上浜口の指揮下にあったためでもある。

浜口は、以上のように、議会を基礎とする政党政治、議会制的君主制の確立を追求しようとしたのであるが、天皇そのもの、皇室の存在そのものを軽視していたわけではない。彼の場合、近代天皇制の仕組自体を事実上自分たちの手で作り上げたとの自負をもつ伊藤博文や山県有朋などとは異なり、天皇や皇室にたいして、かなり強い尊崇と畏敬の念をもっていたようである。たとえば、一九三〇年（昭和五年）三月二七日の日記には、ロンドン海軍軍縮条約問題にかかわって次のような記述がある。

「単独拝謁被仰付、軍縮問題の経過大要を言上、次で本問題解決に干する自己の所信を申上げたる所、陛下より『世界の平和の為め早く纏める様努力せよ』との有り難き御言葉を拝し、恐縮して『聖意を体して努力する旨』奉答して退下、……於是自分の決心益々強固となれり」[41]。

浜口においては、議会の意志したがってまた国民の意思とは別のルートで、藩閥官僚や軍部などの勢力が、天皇をその権力的地位の正統性の根拠とすることが問題なのであり、皇室は直接政治的決定にかかわらない位置にあるべきだが、国家的国民的統一を体現する存在として、自分もふくめ国民が当然尊敬すべきものと考え、かつそのような感情をもっていたものと思われる。[42]

だが、すでにみたように、政党内閣が国政を統一的に運用する観点から、具体的な政治問題へ天皇が直接かかわることにはあくまでも否定的で、天皇の意向を実際の政策決定の場にもちだそうとはしていないし、また絶対にそうすべきでないと考えていたのである。したがって浜口は、天皇に拝謁し「優渥なる御諚を承る」と、個人としては「精神凛乎」として「何とも言ふことの出来ない感じが胸中に満ちてくる」としながらも、「如何なる御下問を蒙り、如何なる御諚を賜つたかということは、仮令親子兄弟の間と雖も固く洩らすことを慎むべきであると信じている」[43]、というのである。それは、天皇の意向を、個々の政治機関や政治勢力が自分に有利なようにもちだせば、ひいては天皇に政治的責任を負わせる結果となり、「累を皇室に及ぼす」ことになるとの見地からでもあった。

むすびに

以上のように、原や浜口は、政党政治、すなわち議会を基礎とする政党内閣制とそれによる国政の統一的運用のシステムを確立させることによって、立憲制的君主制から議会制的君主制への移行をおこなおうとしたといえる。この点においては、吉野作造や美濃部達吉、柳田国男、津田左右吉など当時のリベラルな思想家たちも同様だった。

ちなみに、丸山真男も終戦直後までは、議会制的君主制の方向を考えていたようである。

「民主主義っていうのはそれを君主制と反するように教え込んだところに今までの間違いがある。君主制は共和制と対立する概念で、日本を共和制にすると誰も言ってないいんだ。民主主義にするということは日本の政治形態を独裁的なものから民主主義的なものに変えるということであって、必ずしも天皇をどうしようということじゃない……。僕自身当時［敗戦直後］そう思っていたんです」[44]。

しかし、現実の政治過程としては、政党政治の時代においても、さまざまな抵抗や障害のなかで、十全なかたちでの議会制的君主制の実現にはなお至っていなかった。たとえば、議会制的君主制の一つのポイントである、政党が君主に（日本の場合実際上は元老に）内閣を「押しつける」レベルにまで達しておらず、この問題が、満州事変から五・一五事件前後の時期に表面化する。当時の政党内閣制の実現が、議会政党の政治的影響力の拡大にもかかわらず、なお、一面で、首相候補者を天皇に推薦する権限をもつ元老西園寺公望の意志によるものでもあったからである。

原敬政友会内閣をついだ高橋是清政友会内閣の総辞職後約二年間の中断ののち、一九二四年（大正一三年）の加藤高明護憲三派内閣の成立から、一九三二七年（昭和七年）の犬養毅政友会内閣の崩壊まで、政党内閣制がおこなわれ、政党間での政権交代のルールもほぼ定着していた。

だが、このような政党内閣制とそこでの政権交代ルールの定着は、かならずしも議会の政治的リーダーシップのみによるものではなく、元老西園寺の意志にもよっていた。西園寺は、最高位の公家出身で、維新以来明治政府の要職を歴任し、政友会総裁として二度にわたって内閣を組織したのち元老となった。彼は、イギリス型の、君主制のもとでの議院内閣制を望ましいと考えており、山県存命中の元老会議でも、はっきりと「将来は英国流に多数党政権を取る事」にしてはどうかと発言していた。そして、他の元老が死去し、唯一人の元老となってからは、政党内閣制を定着させようとしたのである。

もちろん西園寺がそのような決定を必要かつ妥当なことと判断するまでには議会の政治的影響力は拡大していた。だが、この時期においても、政党はなお最重要な官職任命権を十全には把握してはいなかった。イギリスのように、議会がそれ自身の力で「多数党からなる内閣」を君主にたいして「押しつける」（ウェーバー）ことができるような権力状況にはなっていなかったのである。まだそこまで議会政党の権力的地位は上昇していなかったといえる。

この問題は、五・一五事件による犬養内閣崩壊ののち政党内閣制がとだえ、海軍出身の枢密顧問官斉藤実を首班とするいわゆる挙国一致内閣が成立する時点で決定的に表明化する。だが、それ以前にも、すでに満州事変後の第二次若槻礼次郎民政党内閣総辞職から犬養政友会内閣成立にかけての時期に象徴的なかたちであらわれる。

若槻内閣末期、民政党の安達謙蔵内相が政友会との協力内閣論を主張して閣議への出席を拒否、やむなく若槻内閣は辞表を提出する。このときの西園寺の動きについて、彼の側近だった原田熊雄は次のように述べている。

「若槻内閣の外交に対していかに非難が多くとも、やはり原則としては幣原のやり方がよい、また財政は、不景気で困る、消極的で浮かばれない、といふ声がいかに国民の間に多くあつても、大体において井上の方針の方がいいのではないか、といふ感じが〔西園寺〕公爵にあつたらしい。……であるからあの際にも、安達内務大臣の辞職のみを勅許されて、あのまま若槻内閣の続く方が更によかつたのではないかと思はれたらしいのだけれども、もしさうなれば、既に今までにも為にする宣伝、無理解な中傷によつて〔天皇〕側近に対する空気が頗る悪くなつていた事実や、官僚出身の一部の先輩および軍部に一種の陰謀のあることなどを承知しておられる公爵としては、これと政友会が合流して、側近攻撃、宮中に対する非難中傷が起きることは、今日の場合、頗る憂慮すべき結果を惹起しはしないか、といふ懸念が、相当強く公爵の頭を支配していたわけである。……勿論財政や外交も重大ではあるけれども、遺憾ながら、この際宮中のことのためには、何物をも犠牲に供さなければならない国情であると考へられたのであつた」[45]。

すなわち、西園寺は、この間の慣例からしても、若槻に内閣改造のうえで政権を維持させる方法もありえたが、「財政や外交も重大ではあるけれども、遺憾ながら、この際宮中のことのためには、何物をも犠牲に供さなければならない」との判断を一つの重要な要因として、政友会に政権を移動させたのである。そして、このような決定の延長線上に、五・一五事件ののち政党内閣制の継続を断念することとなる。

だが、少なくとも、原や浜口自身はきわめてはっきりとした議会制的君主制の構想をもっており、その姿勢も一貫していた。彼らは、君主側（元老）に内閣を「押しつける」レベルまでの議会制的君主制を志向していたのである。

例えば原は次のように述べている。

「山県は出来る丈けは政友会に政権の帰する事を妨ぐべく、百計尽きたる後にあらざれば余を推薦する如き事なし。故に後継内閣のことなどは眼中に置くの必要なし。如何なる内閣にても来るべし。其内閣官僚系ならば全力を挙げて之を打破すべし。此時は憲政会とも提携すべし。斯くする時は官僚系を一掃して政局の一新を来す事を得べしと思ふ。去りながら如此き手段は必らずしも国家に利益の事のみに非ずと思ふに付き、可成は其荒療治なくして政局を一新する事を希望す。但官僚等悟る所なければ、不得已ここに出づるの外、国を救ふの手段なし」[46]。

浜口もまた、かねてから元老について、「其頭は已に古びて、其思想は極めて固陋旧式で、毫も日進の政治世界に適合せぬ」ような「奇怪なる」存在だとの認識だった。[47] そのうえで、「最近に到り［昭和初期］……政党内閣交立の原則も略々確定を致し……漸く憲政有終の美を翹望するに至つた」との見方を示し、さらに「議会中心主義の徹底を期する」としているところからも、ほぼ同様の姿勢だったといえよう。

しかしそのような試みも、その後、世界恐慌の衝撃のなかで満州事変と五・一五事件によって挫折し、斎藤実内閣以降、官僚・軍部主導の立憲制的君主制へ、さらには超国家主義な国家総動員体制へと推移していく。そのような転回への一つの有力な動因となったものは、永田鉄山ら陸軍中堅幕僚層を構成員とする一夕会の国家改造と対中国政策転換の構想である。その点については、第六章でふれる。

注

1　Max Weber, Wirtschaft Und Gesellschaft, 5.Aufl.,Tubingen, 1976, s.166, s.173-174. 世良晃志郎訳『支配の諸類型』（創文社、一九七〇年）一七五頁、一九六―七頁。雀部幸隆『ウェーバーと政治の世界』（恒星社恒星閣、一九九九年）一一三―二四頁。

2　原の政治構想の全体像については、拙著『原敬　転換期の構想』（未来社、一九九五年）、参照。なお原内閣期の天皇をめぐる具体的な政治動向の詳細については、伊藤之雄「原敬内閣と立憲君主制」（『法学論叢』一四三巻四・五・六号、一四四巻一号）、参照。

3　「政党内閣」『原敬全集』上巻三九二―六頁。一八九八年。

4　同四〇三頁。

5　「我党の責任（原敬氏の演説）」『政友』第一一九号一六頁。一九一〇年。

6　「伊藤公を悼む」『原敬全集』下巻七六四頁。一九〇九年。

7 「憲政の本領」同七一〇―二頁。一九〇二年。

8 「大隈内閣更迭について」同八二七頁。一九二一年。

9 『原敬日記』第二巻三四二頁。一九〇九年。

10 『原敬日記』第三巻四一四―五頁。一九一四年。

11 『原敬日記』第五巻二七六頁。一九二〇年。

12 「第三十七議会閉会に就て」『原敬全集』下巻八一一頁。一九一六年。

13 「黙視すべからざる事態」同八一六頁。一九一六年。

14 『原敬日記』第五巻二七六頁。一九二〇年。

15 同二八〇頁。一九二〇年。

16 「世界に誤解されたる日本の国民性」『原敬全集』上巻一一三四頁。一九二〇年。

17 「第一七議会顛末」『原敬全集』下巻七二四頁。一九〇三年。

18 『原敬日記』第五巻二五五頁。一九二〇年。

19 同二六五―六頁。一九二〇年。

20 岡義武・林茂校訂『大正デモクラシー期の政治――松本剛吉政治日誌』(岩波書店、一九五九年)三七一頁。一九二五年。

21 「寺内内閣果たして信任すべきか」筆者編『浜口雄幸集　論述・講演篇』(未来社、二〇〇〇年)三四一―五頁、一九一七年。

22 「清浦内閣の四大罪悪」同四五五―六頁、一九二四年。

23 同右。

24 『東京朝日新聞』一九一五年三月七日。

25 「政党内閣試練の時代」『浜口雄幸集　論述・講演篇』四二頁、一九二七年。

26 「正しきを踏んで懼れず」同二五頁、一九二七年。

27 「民政党臨時議員総会での演説」同九一頁、一九二八年。
28 「正しきを踏んで懼れず」同二六頁、一九二七年。
29 「不義の圧迫に屈する勿れ」同二七頁、一九二七年。
30 前掲拙著『原敬　転換期の構想』、奈良岡聰智『加藤高明と政党政治』（山川出版社、二〇〇六年）、参照。
31 浜口内閣期の天皇をめぐる具体的な政治動向の詳細については、伊藤之雄「浜口内閣と立憲君主制の動揺」（『法学論叢』一四九巻六号、一五〇巻一・二・四、六号。同『昭和天皇と立憲君主制の崩壊』、名古屋大学出版会、二〇〇五年、所収）、参照。
32 「施政方針に関する首相声明」『浜口雄幸集　論述・講演篇』一三五頁、一九二九年。「経済難局打開の使命」同一八六頁、一九二九年。「政党政治の美果を収めむ」同二四三頁、一九二九年。「当面の国情と金解禁後の対策」同二〇〇頁、一九二九年。
33 「政党政治の美果を収めむ」同二四四頁、一九二九年。
34 『東京朝日新聞』昭和三年五月二五日。
35 立命館大学編『西園寺公望伝』（岩波書店、一九九六年）四巻一四〇—五頁、など参照。
36 「輔弼の責任を誤り立憲の本義を紊る」『浜口雄幸集　論述・講演篇』八六頁、一九二八年。
37 『浜口雄幸集　議会演説篇』二〇頁、一九三〇年。
38 『浜口雄幸集　論述・講演篇』一八六頁、一九二九年。
39 『浜口雄幸集　議会演説篇』五六頁、一九三〇年。
40 同七七頁、一九三〇年。
41 「浜口雄幸日記」池井優・波多野勝・黒沢文貴編『浜口雄幸　日記・随想録』（みすず書房、一九九一年）三一八頁。
42 「随感録」同四九六—七頁。
43 同右。
44 『丸山真男座談』第二巻（岩波書店、一九九八年）二〇六—七頁。一九五八年。

45　原田熊雄『西園寺公と政局』第二巻（岩波書店、一九五〇年）一六八―九頁。一九三一年口述。
46　『原敬日記』第四巻四三二頁。一九一八年。
47　「寺内内閣果たして信任すべきか」『浜口雄幸集　論述・講演篇』三四二頁。一九一七年。

第二章　戦間期政党政治の外交政策と浜口雄幸の外交構想

はじめに

近年、両大戦間期における政党政治の外交・内政上の政治的経験があらためて注目されている。日本は現在大きな転換期にあり、政治的にも、経済大国化と冷戦構造の解体によって、敗戦後はじめて独自の判断で国際社会でのみずからの方向性を設定していかなければならなくなってきた。しかも世界は、きわめて先行き不透明な、見とおしのたちにくい状況にあり、したがって日本もまた、めざすべきモデルをもたない、まったく未経験の局面に突入している。

両大戦間の政党内閣期は、議会をベースとする政党が主導する体制下で、まがりなりにも日本が国際的な平和協調を軸にしながら、さまざまな困難のなかで自前の道をあゆもうと模索した唯一の経験である。そのような方向は、世界恐慌下での国際的国内的な諸条件の変動のなかで、陸軍を中心とする超国家主義勢力の主導のもとに、満州事変、五・一五事件、日中戦争、さらには第二次世界大戦への突入というかたちで崩壊し、最終的には失敗におわってしまった。だが、その経過や当時の政党政治それ自体がもっていた問題点をもふくめて貴重な政治的遺産といえる。

また、満州事変以降第二次世界大戦までの東アジアにおける、あまりにも厖大かつ悲惨な犠牲をいかにして回避しえたのかという関心から、この時期のもつ歴史的な可能性が模索されている。

その意味で今、どのような立場であれ、この時期の政治的経験をあらためてふりかえってみることは有益なのではないだろうか。したがって、この時代をリードした人々を、その政治構想の観点から、すなわち将来の日本についてどのような構想をもっていたのかという観点から、本格的に検討する必要があるのではないだろうか。そのことはまた、最近内外で議論になっている歴史認識の問題についても、示唆するところ多いように思われる。


さて、第一次世界大戦（一九一四年—一九一八年）を契機に、日本はそれまでの藩閥官僚勢力主導の政治体制から、議会政党主導の体制に移行していき、外交的にもその方向性を転換させる。この時期、元老山県有朋を中心とする旧来の方向に対抗して、そのような新しい政策展開の道をリードしたのが、最初の本格的な政党内閣を組織した政友会の原敬であり、そして、その方向をもっとも徹底させたのが、昭和初期に組閣した浜口雄幸だった。浜口はそのような位置にある。そこで、彼の構想の具体的な検討にはいるまえに、その前提となっている、山県有朋と原敬の構想を簡単にみておこう。

第一節　第一次大戦期の山県有朋と原敬

第一次世界大戦がはじまると、日本は、藩閥官僚勢力主導のもとに、対独開戦とそれによる青島占領につづいて、対華二一ヵ条要求や反袁世凱政権工作など軍事的政略的プレッシャーによって、「南満州」や「東部内蒙古」ばかりでなく中国全土にその影響力を拡大しようとした。そのことは、当然ドイツや中国との関係を悪化させたばかりでなく、中国中央部に権益をもつイギリス、および中国の門戸開放とそこでの機会均等を主張するアメリカの利害とも対立し、きびしい緊張をひきおこした。

このような政策展開は、四次にわたる日露協約によるロシアとの関係の緊密化を背景としておこなわれたのであるが、それらは、基本的な方向性において、当時藩閥官僚勢力の頂点にあった元老山県有朋の構想を一つの有力は要因とするものだった。[1]

山県は次のように述べている。

「今や欧州に大乱起り、所謂一等強国は皆交戦状態に在り。……是れ寔《まこと》に帝国が其の対支政策を確立し……更始一新を策するの好機にあらんや。……今日の計は先《ま》づ……彼れ［北京政府］の為めに有力なる援助を与へ、彼れをして……政事上に於て日本に信頼するは勿論経済上に於ても亦《また》相倚り相援《たす》くるの必要なるを悟らしめ、之をして其の従前の態度を改め、自今政事上及び経済上の問題にして苟《いやし》くも外国に関係ある者は必ず先ず我に謀りて而して後ち之を決せしむる。今日は実に千載一遇の好機に非ずや」[2]。

「日本は彼れの為めに多少金融の便を図るが如き恩恵を施し、将来は重大なる事皆な先ず日本に協議して行ふことを約せしむを努べし」[3]。

「我が日本帝国は遺憾ながら未だ独力を以て支那の大陸を保全する能はざるなり。……之が保全と発達を期し以て我が国運興隆の基を固くせんと欲せば、支那をして我に信頼せしむるの外、又欧州の或る強国と同盟して今後支那に於ける列国の競争をして我国の為に甚しき不利の形勢に立ち至らしめざる……の策を講ずること必要なるべし。……日英同盟のみに由りて将来永く東亜の平和を保持せんとするは恐らく策の全きものに非ざるべし。便ち日英同盟の外に更に日露の同盟を締結し我が目的を達成するは豈《あ》に今日の任務にあらずや」[4]。

日露戦争まで、日本の外交政策の基軸は日英同盟におかれ、対米関係も良好な状態をたもっていた。しかし日露戦争後、おもに満州市場の問題をめぐって日米関係が緊張をはらんだものになってくると、対米考慮からイギリスの対日態度が変化し、日英同盟は事実上空洞化されたものとなっていく。日本政府は、そのような事態の展開とともに、これまで敵対関係にあったロシアとの提携をはかろうとして、とりわけ一九一〇年（明治四三年）の第二次日露協約いらい、その関係を強化する方向にすすんできたのである。

このころ山県は、アメリカについて次のような認識をもっていた。

「近時米国太平洋政策は往々帝国の利権と相抵牾するものあり。今日の勢にて進行すれば早晩互に衝突に避くべからざる虞ある」[5]。

「対支政策を確定し之を実行するに当りて最も意を用ひざる可からざるは即ち対米政策なり。米国は富裕にして支那に於ける商工業と貿易とは近頃其の最も注目する所なり。……支那の政府が……帝国を疎んじて米国に趨るや……米国も亦之を好機として益々勢力を支那に伸ぶるに至らん」[6]。

山県も、イギリスの対日感情はすでに頼むにたりないものになっているとみていた。そして、アメリカの東アジア政策は日本の権益の展開と抵触するところがあり、アメリカとの対立は慎重に避けなければならないが、このまま事態が進行すれば互いに衝突するおそれがあると考えていた。それに対処するには、日露の提携を強化し、それによって東アジアにおいて米英などに拮抗しながら、対華二一ヵ条要求にしめされたような中国本土への勢力圏拡大の企図を実現させようとしていた。東アジアに最大の軍事力を展開している日露協同のプレッシャーによって、英米との決定的な対立はさけながらも、そのことが可能だとみなしていたのである。

しかし、大戦末期、ロシア革命による日露協約の失効によって日本は事実上の有力な同盟国をうしない、さらにシベリア出兵によって、ソヴィエト・ロシア政府と対立するばかりでなく、その問題をめぐってアメリカともフリクションを拡大する。ことに、対華二一ヵ条要求や、ソヴィエト政府によって公表された第四次日露協約秘密協定、さらには西原借款その他の段祺瑞政権への援助政策（いわゆる援段政策）などに示された中国全土への日本の勢力拡大意図は、中国をめぐってアメリカ、イギリスとの国際的緊張を醸成し、日本にたいする強い警戒心をいだかせることとなった。対華二一ヵ条要求は、日本の勢力圏を満蒙のみならず中国全土にその影響力をひろげる内容をふくみ、また第四次日露協約秘密協定は、両国の共同防衛の対象範囲をそれまでの満蒙から中国全土に拡大し、事実上全中国を日露のコントロール下におこうとする方向にふみだすことを含意するものだった。

このころ山県は、援段政策にかかわって次のように述べている。

「近年北米合衆国漸《ようや》く其帝国主義の鋒鋩を露《あら》はし、言を支那の門戸開放に托して自ら利権の扶植を図らんとするあり。……我と露国と相倚りて北米合衆国の勢力扶植に当たらんとし、拮据綢繆《きっちょちゅうびゅう》三たび露国と協商を重ぬ。然るに偶々昨年露国の瓦解あり。此方策は全く水泡に帰し我帝国の負担之に依りて益其重を加う。……果して然らば此の危機に応ずるの途如何。曰く日支親善互いに其力を戮《あわ》せて此強大圧力に当たるの一途あるのみ。奚《なん》そ他策あらんや。而して日支親善の実を挙げんと欲せば、我帝国自ら支那を擁護指導せざる可からず。……是を以て我帝国の国防は独り帝国の領土を守備するに止まらず、又更に進んで支那全土を防衛するものならざるべからず」[7]。

「帝国の可採《とるべき》政策は支那と提携し、……国中の鬩牆《げきしょう》の非を説諭し、……同時に大に干渉して之を解決すべし。万一渠等《かれら》執拗するに於ては兵力を以て鎮定する外策なし。……我政府は常に亜細亜人をして誘導向上の地に立たざる可らず。……万一約諾に背馳するの挙動あらば支那政府をして更迭せしむるの方略と勢力は常に把持せざる可からず」[8]。

すなわち、アメリカの東アジアでの攻勢にたいして、これまでロシアとの提携によって対抗しようとしてきた。しかしそのような方策はロシア帝国の崩壊によって「水泡に帰し」た。大戦後のアジアは、ロシアという対抗力をうしなって米英独など欧米列強の圧迫をストレートにうけることになる。日本がそのような状況に対処していくには、中国を「指導擁護」して「日支親善」をはかる必要があり、それには強大な軍事力を擁して中国本土の防衛も日本がひきうけなければならない、というのである。

しかしそのような方向も、日本が援助する段政権の武力統一政策が失敗し、結局蹉跌する。

こうして日本は、ドイツ、中国、ソヴィエト・ロシアのみならず、アメリカ、イギリスとの関係も悪化し、大戦中のため直接には表面化しないが、実質的には国際的な孤立状態におちいるのである。

それにたいして議会をベースとする政友会の原敬は、もともとアメリカのこれからの国際社会での位置を重くみており、今後の対外政策ことに中国問題において、アメリカとの関係をもっとも重視していた。そして米英との国際協調の観点から、対華二一カ条要求などのアグレッシブな大陸政策には批判的で、外交政策とりわけ対中国政策の転換が必要であることを強く主張していた。

「支那問題の解決は単に支那のみ見るべからず。日露同盟又は露仏日英同盟等の説あるも皆一時的のものにて恃《たの》むに足らず。……日米の間に親交を保たば支那問題は自ら解決せらるべし。支那は英独にも倚れども動《やや》もすれば米国を頼みとするの傾あり。……将来は日英同盟すら恃むに足らず。一朝米国と事あるに際し欧州は毫も恃むに足らざれば米国の感情は多少の犠牲を払ふも之を緩和するの方針をとらざるべからず」[9]。

「此度の事件［対華二一カ条要求］は親善なるべき支那の反感を買ひ、また親密なるべき列国の誤解を招いた。……最も親密なるべき支那の同情を失ひ列国の猜疑を深からしむれば、取りも直さず日本は将来孤立の地位に立つのである。……斯様なる状態であるが故に、日本の今日の地位に於ては此状態を脱することを考へなければならぬ」[10]。

「日本は欧州の戦乱に乗じて欧州各国が東洋に向つて手も足も出せない今日の境遇にあるのを利用致して、支那に向て野心を逞うするのであるといふ、此猜疑の念は各国に於て少しも去らぬのである。……斯くの如き情況では日本が将来孤立に陥るの虞がある。故に茲に外交の方針を一変する事は刻下の必要で、茲に此方針を一変致して所謂日支親善を図らなければならぬ」[11]。

原は、アメリカについて、その国際社会での一般的なポテンシャルからのみならず、その中国にたいする影響力からして、将来の日本にとって重要な位置をしめていたとみていた。したがって、中国との関係においてさまざまな問題を処理するにあたって、アメリカとの関係の安定化、緊密化がもっとも重要なことがらであり、現在困難な状況にあるアメリカとの関係を良好なものにしていき、できれば緊密な提携関係をうちたてなければならない。そう原は考えていたのである。

当時、日米関係は緊張をはらんだ状態になっていた。アメリカは、日露戦争中（一九〇四―五年）まで一般的に日本にたいして友好的だった。だが、戦後、アメリカの有力な鉄道経営者ハリマンの満州鉄道買収計画が日本から拒否され、さらに日本の勢力圏となった南満州における市場の閉鎖性が問題となり、アメリカの綿製品が日本製のものに駆逐されるなどの事態が顕在化してくると、日本との関係にきしみが生じることとなった。日露戦争において、アメリカが資金を提供するなど事実上日本を支援したのは、ロシアの満州市場独占をはばもうとしたからであったが、こんどは日本によって南満州でのアメリカの通商・投資活動が制約されることとなったからである。その後、一九〇九年（明治四二年）米国務長官ノックスの満州鉄道中立化案が日露両国の拒絶によって挫折し、さらにカリフォルニア州における日本人移民排斥問題などが加わって、日米関係は対立をはらんだ状態におちいった。そして、第一次大戦参戦直後の日本の対華二十一カ条要求にたいしてアメリカは、日本による、中国にたいする政治的軍事的または経済的支配権の獲得を意味するものであり、中国の政治的独立をそこない、機会均等の原則に反するものである、との強い抗議と警告を日本に発していたのである。

ただ、原は、アメリカとの提携といっても、現在の日米安保条約下の対米関係のようなものを想定していたわけではなく、「米国の為すが儘《まま》に置くこと固より国家のために不利益なり」として、中国人留学生への優遇処置や、南方勢力とアメリカとの結びつきを弱める方策などが必要だと考えていた。[12]すなわち比較的対等な協調関係を構想していたのである。

ちなみに、後に原は次のように述べている。

「世界は英米勢力の支配となりたるが東洋に於ては之に日本を加ふ。日本が英に傾くと米に傾くとは彼等に取りても重大なる事件なれば云はば引張凧となるの感あり。而して我国は毎々云ふ通り日英米の協調を必要とするに因り此の傾向に乗じて相当の処置を要す」[13]。

世界は事実上アメリカ、イギリスのヘゲモニーのもとにおかれることとなったが、アジアにおいてはそれに日本がくわわり、これからの動きかたしだいでは、日本は米英の間でいわばキャスティング・ボートをにぎる位置にたちうる状況にある。すなわち米英と対立するのではなく、それと協調しながら、むしろ両者の間隙を日本に有利な方向に働かさなければならないというのである。

また、援段政策についても原は、中国が南北両派に分裂している今、北方政権（段祺瑞）を一方的に援助することは明白な内政干渉であり、米英から疑惑をまねく結果となるとして、批判的なスタンスをとっていた（当時中国は、北京の北方政権と、それに反対する南方グループに分裂していた）。

「段を助くるは即ち北方を助くるものなり。之に金と武器を給するは即ち南方を圧抑するものなり。

其関係重大なり。……単に段内閣と外交上の交渉を開くと云はば極めて平凡にて夫迄《それまで》の事なれども、金を貸し武器を与ふると云ふことは篤と考慮すべく決して急を要せず。支那の現況は将来如何に相成るや全く不定の情況なれば、或は南北妥協一致するか又は有力者出て統一するか、兎に角帰着点を見た上にて援助すること得策なり。今は其時期にあらず」[14]。

山県の考えは、日露の提携によって、英米に拮抗しながら大陸での勢力圏の拡大をおしすすめていこうとするものであったが、しかしその戦略はロシア革命によって一挙に崩壊し、列強間での外交的孤立をもたらした。しかもその後の援段政策の失敗によって、山県は外交上完全に手づまりの状態になったのである。

このことはいわばこれまでの山県系藩閥官僚勢力が主導する国策の基本方向が国際的な有効性を失ったことを意味した。したがって、従来の外交政策の基本ラインとはことなる新しい方向が必要となっていた。そこで山県は、これまでの自身の方向とは異なり、かねてから対米英協調ことに対米重視を主張し、日露提携やこれまでの対中国政策に危惧を表明していた原に、好むと好まざるとにかかわらず、ひとまず国政をゆだねるほかはなくなっていく。

ちなみに、明治憲法では内閣総理大臣の任命権は天皇にあったが、実質的には元老の奏薦にもとづいて首班決定がなされており、この時期、元老筆頭の地位にある山県が、事実上の首相決定権をもっていた。それまで山県は、藩閥官僚勢力の総帥として政党内閣を拒否しつづけており、他方、原は、政友会党首として衆議院を基礎とする政党内閣の実現をめざしていた。

こうして大戦末期の一九一八年（大正七年）、元老として実質的な首相決定権をもつ山県らの奏薦によって、それまで国政をリードしてきた藩閥勢力にかわって政友会党首の原敬が内閣を組織する。首相をはじめ、陸海相、外相以外のすべての閣僚が政党員（政友会）によって構成される、近代日本最初の本格的な政党内閣だった。

原は、日清日露両戦争以来の、軍事力そのものによって、もしくは軍事的政略的プレッシャーを背景として、大陸での権益を拡大しようとする方向を修正し、いわゆる中国内政不干渉政策をうちだすことによって、国際的な平和協調ことに対米英協調を軸とする外交路線に転換する。そのことは、中国中央部においては、当地との政治的友好を前提に、非軍事的な、経済的競争力に重点をおいた市場拡大の方向、すなわちアメリカ、イギリスと本格的に経済レベルで競争をおこない、商品・資本輸出の拡大をはかる方向をおしすすめることを意味した。

だがそのためには、国民経済の国際競争力の抜本的な強化が必要だった。よく知られているように、当時の日本は、その自然的地理的条件からばかりでなく、地主制など国内の社会構成と経済構造の独特の編成から国内市場が狭隘で、近代的な産業発展をさらにはかっていくためには輸出貿易のための海外市場の拡大を必須としていた。だが後進資本主義として日本経済の対外競争力はよわく、純粋に経済的なレベルでは国際市場で欧米諸国と対抗できる水準にはなかった。したがって日清日露の戦争によって台湾や朝鮮ならびに南満州を植民地ないし勢力圏として確保し、軍事力を背景にそこを独占的な輸出市場とすることによって、さらなる産業発展が可能となったのである。対華二一ヵ条要求や第四次日露協約もその延長線上にたつもので、軍事的政略的プレッシャーによって、南満州ばかりでなく中国全土を日本の勢力下におき、鉄・石炭などの原料資源とともに、産業発展のための輸出市場を確保するねらいをふくんでいた。

しかしそれが、ロシア革命による日露提携の崩壊などによっていきづまり、原内閣はそれまでの路線を転換して、対米英協調と中国への内政不干渉にもとづく日中親善に、外交の基本戦略を設定したのである。そのことはもはや中国にたいして軍事的政略的プレッシャーを背景とした進出政策をとらないことを意味し、海外市場の確保は純粋に経済レベルでの競争によらねばならないこととなった。したがって、世界市場とりわけ中国市場で通商・投資両面において欧米諸国と経済的に競合できるだけの国民経済の国際競争力をつけることが、必須の課題となったのである。そしてそのための方策が、この時期の政友会の戦後経営政策、すなわち原内閣の四大政綱の中心内容をしめるものだった。

四大政綱とは、教育の振興、交通機関の整備、産業の育成、国防の充実をはかろうというものである。そこでは、次期大戦にそなえての軍備の機械化とともに、中国市場での国際競争力を念頭においた産業育成政策と、それをささえる交通機関の全国的な整備、さらにそれらのための人材育成を主眼とする高等教育の拡充が、重要施策として設定され、その実現がはかられた。

一方、山県は、外交政策については独自の構想をうしない、基本的には原のラインをうけいれていたが、内政上は、元老として首相任命権をにぎっているばかりでなく、なお軍部や宮中、枢密院を中心に、貴族院、官僚機構などにそうとうな勢力をたもっており、かつその影響力を維持しようとしていた。

それにたいして原は、選挙権の拡大や一定の社会政策の導入などによって、国民的支持基盤を拡大するとともに、議会、政党のプレステージを高めようとした。そしてそれらを背景に、山県閥系の官僚勢力の地方的基盤となっている郡制の廃止、植民地長官武官専任制の文武官併用制への移行、さらには両院縦断政策などにみられるように、それまで国家権力の中枢にあった藩閥官僚勢力をおさえこみながら、政党勢力の権力的地位を確立していこうとしたのである。

それとともに、国際的にも、大戦による世界の総力戦・機械戦段階への移行にある程度対応しながらも、アメリカから提議のあったワシントン会議において軍縮問題がとりあげられることが決まったとき、財政上軍事費負担を軽減するねらいから、それを実現させる方向で積極的に対応しようとした。[15]

だが、原は、一九二一年（大正一〇年）一一月、東京駅で暗殺され、翌年二月、山県も病没する。

なお、山県はかねてから、「我が日本は島国である。然も狭小なる島国である。人口の増殖につれて如何にしてもこの島中に生存することができぬから、是非なく満州その他に発展する外ない」としていた。それにたいして原は、「我内地には人口を容るるの余地は甚だ多く、決して人口の過剰を憂へず、現に先頃少々工業繁栄すれば忽ち人の不足を生ずるにても知るを得べき」との認識だった。[16] その後山県のような過剰人口からの大陸膨張論がくりかえし現れるのにたいして、原のこのような見方はあまり知られていない。しかし、後にも大陸膨張の是非をめぐってさまざまな議論がなされていくことを考えると、このような見解の対立は興味深いところである。

さて、この時期の原の対中国政策について補足的にもう少しふれておこう。前述のように、その基本方針は、前述のように、援段政策の停止・南北両派への不介入など内政不干渉を原則とするものだった。

「吾人は［中国において］現在有する権利は保持せんとするも決して現在以上に何等の獲得を試むるを欲せざるなり。……吾人が支那より得んとするものは実に商業的性質のものにして斯は他の何者より必要とする所なり。……吾人は各国が均等なる立場にて競争せんとする地域に於て支那の通商を独占せんと試むるものに非ず」[17]。

もちろん原にとって中国市場の安定は必要であり、南北両派の妥協による統一政府の樹立が望ましいと考えていた。したがって、その観点から、各国共同による南北妥協の勧告など、一定の働きかけはしていた。

しかし、そのような内政不干渉の原則は、植民地や満蒙を除いてのことだった。たとえば原は、満蒙での特殊権益は維持しようと考えていた。また、満州経営について、そこで実権をにぎる軍閥張作霖と提携することが得策だとみていた。それらのことは、これまでの歴史的経緯からして、米英などにも了解を得られうることだと判断していたのである。

「我国民の感情到底［満蒙］除外を求むるの外なし……。日清日露の戦役已来《いらい》我国民は一歩も他に譲る考なし。故に総ての利益を壟断する意志なきも既得の鉄道案まで新借款団に出す訳には往かず」[18]。

「張作霖は飽くまで日本に頼らんとし決心確かなる事にて、此際有形無形の後援を望み、……［日本も］朝鮮領有及満州に経営する事今日の如き場合には、自衛上彼と結ぶ事必要なり」[19]。

原暗殺後、一九二一年（大正一〇年）一一月、原内閣の後継として高橋是清政友会内閣が成立し、基本的に原の内外政策を継承する。そして、ワシントン会議（一九二一―二二年）に参加。そこおいて、ワシントン海軍軍縮条約（米英日仏伊）、中国の領土保全・門戸開放に関する九カ国条約（米英日仏伊中ほか）、太平洋の平和維持に関する四カ国条約（米英日仏）などが締結される。これによって日本は、いわゆるワシントン体制の重要な一翼をになうこととなった。なお、ワシントン体制とは、ワシントン会議で締結された諸条約を基本とする、一九二〇年代の東アジアをめぐる国際関係の枠組をいう。

これ以後、原によって設定された、議会を基礎とする政党政治と、国際的な平和協調という方向性は、政党内閣期の内政と外交の基本的枠組みとして継承されていく。

高橋内閣後、約二年間の中断をはさんで、加藤高明護憲三派内閣、加藤高明憲政会単独内閣、第一次若槻礼次郎憲政会内閣と政党内閣がつづく。その間、基本的には（二年間の中断期をふくめて）国際的な平和協調と大陸への膨張を抑制する政策がとられた。

そのような原敬によって設定された戦前政党政治期の内外政策の基本方向をもっとも徹底させたの

が、一九二九年（昭和四年）に民政党内閣を組織した浜口雄幸だった。[20]

以下、まず、民政党総裁に就任した田中内閣期における浜口の外交構想を検討し、つぎに、首相在任中のそれをみていこう。[21]

第二節　田中義一政友会内閣の外交と浜口

一九二七年（昭和二年）四月、若槻憲政会内閣が総辞職し、田中義一政友会内閣が成立した。同年六月、浜口が初代民政党総裁となった（その経緯については、第三章参照。なお民政党は憲政会の後身）。

浜口の民政党総裁就任直前の五月下旬、田中内閣は、山東出兵を決定、約五千名を派兵した。いわゆる第一次山東出兵である。[22]大陸において中国国民政府の北伐軍が、約一万五千人の日本人が居住している山東地方にせまったため、当該地域とりわけ北伐軍の進攻が予想される済南の居留民保護を目的とするものだった。

中国では、一九二五年七月、国民党が広州に広東国民政府を樹立。翌年七月国民党・国民政府は北伐を開始。一九二七年二月には国民政府を武漢に移した。しかし同年四月、蔣介石が上海クーデターを決行し、武漢政府とは別に南京政府をうち立て、国民党軍（国民革命軍）は武漢・南京両政府に分かれたままで北伐を継続していた。

田中首相は、それまでの憲政会内閣でのいわゆる幣原外交とは異なり、大陸での日本人居留民に関して、軍事力による現地保護の方針をうちだしていた。幣原は北伐の進行にともなって生じる軍事的混乱にたいしては、基本的に居留民ひき上げでもって対処してきていたのである。

なお、このころ田中内閣は満蒙に関して、日本の影響下にある張作霖勢力を温存し、その支配のもとで日本の特殊権益を維持強化しようとしていた。

田中首相は、主観的には、原内閣以来の国際協調を堅持する意思だった。したがって、山東出兵にあたっても、事前に外交ルートで周到な説明をおこなうなど、列強諸国ことに米英との協調を重視していた。米英も日本の山東出兵決定を容認し、両国とも、北京・天津地域に一千名から二千名規模の派兵（兵力増強）を実施している。

ただ、田中は、満蒙政策においても、原内閣における張作霖との提携方針を、中国情勢が大きく変化した北伐開始後のこの時期にも、踏襲しようとしていた。

張作霖は、南満州を勢力圏とする日本と密接な関係をもっており、一九一〇年代後半には、奉天省のみならず、吉林省、黒竜江省の東三省（満州全域）をその支配圏にいれた。その後、一九二〇年代にはいると、満州から長城をこえて、北京・天津周辺のいわゆる直隷地域に進出。北洋軍閥直隷派呉佩孚（ごはいふ）らと中華民国北京政府の主導権を争い、北京政府の実権を掌握するとともに、華北地域一帯に勢力を広げていた。そこに北伐軍が北上してきたのである。

したがって、山東出兵は、居留民保護のみならず、その張作霖温存政策とも関連していた。

この山東出兵にたいして浜口は、民政党総裁として次のように批判している。

「我国の対支政策は、一党一派に偏することなく全支那民衆を対手とせねばならぬことは、我党の支那に対する基礎的信念であります。今日の支那は、不幸にして混乱の極に達し、軍事上政治上幾多の重要人物が活躍して居りますが、併しながら、之等の諸人物や各勢力は、之を大なる全支那民衆の流れに比較致しまするとに洵《まこ》とに極限的のものに過ぎないのであります。……全支那の国際的、社会的、経済的環境を大観し、総体的に、現代支那の苦悶に同情しながら、時宜に応じて我国の有する権利利益を擁護しなければならぬのであります。

曩《さき》きに蒋介石氏は、南京、上海に其の勢力を樹立すると共に、決して日本に他意なきを表明して、支那の内政に干渉せざらんことを懇請したのであります。田中内閣は、青島出兵によらずして、蒋介石氏が我国の了解をもとめて来た時、我国の権利利益を彼の勢力範囲内に於て保護せしむるの手段に出づるべきであつたのである。我国は支那の内政に干渉するの必要はなく、唯支那民衆の反感を挑発することなくして我国の権益を擁護すればよいのである。済南の居留民を保護するには、南北両軍の首脳者と、外交上の交渉によりて適当の方法を講ずることも出来たのであります。

然るに田中内閣は、何等の手段も尽くさずして出兵を断行し、非常の誤解を支那人に与へ、非常の反感を南軍に挑発し、折角前内閣以来培養し来つた日支間の好感情を、一朝にして蹂躙し去つたことは、遺憾の極《きわみ》でありますヿ[23]。

このころ田中内閣は、満蒙に関して、これまで日本の影響下にあった張作霖の勢力を温存し、その支配のもとで日本の特殊権益を維持強化しようとしていた。浜口は、まず、対中国政策は「一党一派に偏する」べきではなく「全支那民衆を対手とせねばならぬ」として、暗にそのような田中内閣の張作霖支援政策を批判したうえで、山東出兵について、軽々に兵を動かす前に、北伐軍の最高責任者である蒋介石に治安維持を保証させるか、もしくは南北両軍の責任者との外交交渉によって適当な処置を講ずるべきであったとする。そして、出兵は、「支那民衆の反感を挑発」し、これまで培ってきた「日支間の好感情を、一朝にして蹂躙し去つた」というのである。じじつ日本の出兵は、北京政府、武漢・南京両国民政府から強い抗議をうけ、排日ボイコット運動が中国全土に広がった。

当時、山東出兵は、居留民保護のみならず、張作霖支援政策とも何らかのつながりがあるものとみられていた。張作霖は、第二次奉直戦争（一九二四年）ののち華北地域一帯をほぼ掌握し、北京に進出していた。しかし張の奉天軍は、北伐の進行によって国民政府軍の圧力をうけ、山東・直隷地域防衛の線まで後退せざるをえない状況にあった。そのようなときに山東出兵がおこなわれたのである。

さて、この山東出兵のさなか、田中内閣は、六月二七日から七月七日まで、東京で東方会議を開催した。主要メンバーは、田中義一首相兼外相を委員長として、森格外務政務次官のほか、外務省・陸海軍首脳、駐華公使、奉天・漢口・上海各総領事、関東長官、関東軍司令官、朝鮮総督府総務局長らで、おもに今後の対中国政策が検討された。そして、会議最終日の七月七日には、田中外相訓示のかたちで、八カ条からなる「対支政策綱領」が発表された。

そこでは、中国の内乱政争にさいし「一党一派に偏せず」、中国国内における政情の安定と秩序の回復とは、「支那国民自ら之に当たる」ことが最善の方法であるとしながらも、「不逞分子」が、中国における日本の権益および在留邦人の生命財産を不法に侵害するおそれがある場合には、「断固として自衛の措置に出で之を擁護する」とされている。また、満蒙について、「万一満蒙に動乱が波及し、我特殊の地位権益が侵害される虞がある時は、それがどの方面から来るを問はず之を防護し、且つ内外人安住発展の地として保持される様、機を逸せず適当の措置を執る覚悟を有する」[24]としていた。

この東方会議にたいして、ことに満蒙政策について浜口は、「如何にも現内閣が満蒙に対して異常なる積極政策を計画し、既得の権益以外新たに特種の要求を為すものの如く内外に宣伝し」たこととなり、奉天の排日運動にみられるように「内外に向かって非常なる誤解と反感とを生ぜしめ」、日本にとってきわめて不利な効果をもたらすとみていた。[25]

「満蒙地方に於ける帝国特殊の権利利益を擁護し、各種の懸案の解決を図るは、固より当然のことで［あるが］、……東方会議と称する大袈裟なる会議を興し、……所謂積極政策なるものを定めたりと宣伝し、当時恰《あたか》も現内閣が満蒙に対し大積極の政策を計画し、或は既得権以外新たに種々の要求を持出すかの如く、内外に伝へられたのである。此の事柄が支那人に、非常なる誤解と疑惧心を生ぜしめ、其結果愈々《いよいよ》［懸案解決の］実際の交渉を為すに当つて、其の交渉が如何に妥当にして、既得権に基く懸案の解決に過ぎないものであつても、談判成功の上に非常なる不利を招来するものと思ふのであります」[26]。

一方、中国側では、さきにふれたように、国民党勢力は、汪兆銘らの武漢政府と、それから分立した蒋介石らの南京政府とに分裂していた。しかしその後、武漢政府も中国共産党およびコミンテルンと決別し（第一次国共合作崩壊）、蒋介石の下野を条件に、南京政府と合体した。蒋介石は下野とともに訪日し、北伐も中断された。

北伐の停止により、一九二八年（昭和三年）八月、田中内閣は山東からの撤兵を声明、山東出兵は約三ヶ月で終了した。しかし、この出兵により中国の対日感情は急速に悪化し、ことに日貨排斥運動によって日本の対中国貿易は大きな損失をこうむった。また、満蒙鉄道問題、商租権問題など、いわゆる満蒙をめぐる懸案事項の交渉も、中国側の抵抗をうけ、暗礁に乗り上げた。

このような事態にたいして、浜口は、「山東の出兵は、大なる失敗である。為に我国の公正なる態度に対して、内外の疑念を招き、随《したが》て国交の上に、一点の陰影を投じたるもの[27]」だとして出兵をつよく非難し、あらためて田中内閣の対中国政策への対抗姿勢を明らかにした。そして、当時の中国にたいして日本のとるべき態度の原則について、次のように述べている。

「支那の動乱は、隣邦の為に洵《まこと》に同情に堪へざる所であります。只動乱相次ぎ形勢の変化窮まりなき間に於て、支那国民の間に所謂国民的自覚が自然に起つて来て、其の自覚せる国民の真面目なる努力に依り、諸般の建設的事業が順調に進捗して、国情自ら帰著すべき所に帰著し、我国との間に共存共栄の関係を益々増進するに至らんことを希望する次第であります。

　而して此の支那人の国民的努力に対しては、外部より妄りに干渉すべき限りでありません。却て善意と寛容とを以て之に臨み、其合理的要求に対しては、事情の許す限り漸を以て之を認容するの態度を取るべきである。之と同時に我国正当の権利利益は、飽くまで之を擁護すべきは、固より当然のことであります」[28]。

「内政不干渉の方針は……これを変更する事を許さないのであります。吾人は唯支那国民自身の自覚的奮起に依り、速に平和の回復せられ……ん事を、切望する次第であります。所謂革命運動の是非に就ては……直接に帝国の利害に関係ない限りは、妄りに之に対して妨害を加へ、又は之に助力を与ふるが如きは、厳に之を戒めなければならぬ」[29]。

　すなわち、内政不干渉を原則とし、国民的統一と国内平和の回復への動き、いわゆる国民革命の進展にたいしては、「善意と寛容」をもって見まもり、中国国民の「合理的要求」にたいしては「事情の許す限り」漸次的なかたちで容認していくべきである。そして、その「建設的事業」が順調に進捗し、日本との関係においても「共存共栄」の方向がさらに展開してくことを希望するというのである。

　ただし、その内政不干渉の方針については、引用にあるように、「直接に帝国の利害に関係ない限り」との留保がついており、「我国正当の権利利益は、飽くまでも之を擁護すべきは、固より当然のこと」

との態度を堅持していた。中国ナショナリズムの進展にたいして、浜口のいう内政不干渉の原則と既得権益の擁護はどのようにして両立可能なのか。浜口自身はその点をどう考えていたのか。この点は興味深いところであるが、ここではこれ以上立ち入らず、もう少し事態の進展にたいする浜口の対応をみていきたい。

このように浜口は、田中内閣の山東出兵や東方会議、そしてこれらのベースにある張作霖提携を軸とする満蒙政策を非難し、「我々は堅き信念の下に一切の小策を排し、支那の和平統一に向つて充分の機会を与ふるの用意がなければなりません」[30]として、国民政府による満蒙をふくめた中国統一を基本的にうけいれるべきだとの立場をとっていた。ちなみに、田中の張作霖提携を軸とする満蒙政策は、北伐以前の原内閣の政策を、大きく状況の変化したこの時期にもそのまま適用したものといえよう。

一方、旧武漢・南京両政府が合体した南京国民政府は、蒋介石の帰国を要請して国民革命軍の最高責任者に復帰させ、一九二八年二月北伐を再開。国民党軍は北進して再び山東地方にせまった。田中内閣は、同年四月再度山東出兵を決定、天津支那駐屯軍および熊本第六師団より計約五五〇〇名を派遣し、うち約三五〇〇名が済南に入った（第二次山東出兵）。当時、済南には約二〇〇〇人の日本人が居留しており、蒋介石ら国民党軍主力が接近していた。

国民党軍の進出に対して、済南の北京政府側兵力は一戦も交えることなく撤退したが、五月三日、済南に入った国民党軍と日本軍とのあいだで小規模な戦闘が起こり、日本兵九名、在留邦人一二名が死亡した。これに対して田中内閣は日本軍を増派して一万五〇〇〇名とし、五月八日から一一日にかけて、済南駐留の国民党軍に総攻撃を加えた。その結果、国民党軍は済南から一時撤退、迂回して北京に向かうこととなった。その間、日本軍の戦死は二六名、中国側は、戦渦に巻き込まれた一般市民をふくめて約三六〇〇名が死亡したとされている。この済南事件にたいし、国民政府は日本の軍事干渉を強く非難し、中国の一般世論も激高して、日貨排斥運動が一段と高まった。

浜口は、このような事態に対して、「山東出兵は……我国が支那の一党一派［張作霖派］を援助するものの如き誤解を与へ、無用の反感を挑発し、……我居留民中多数の犠牲を出し、……其居留民保護の途を誤りたる責任は断じて免るること能はず」[31]として、田中内閣の責任を追及するとともに、第一次出兵時と同様すみやかな撤兵を主張している。

その後、国民政府軍は済南を迂回して北上、北京・天津地区に迫った。田中内閣はそのような状況をみて、五月一八日、「戦乱京津地方に進展し其の禍乱満州に及ばんとする場合には帝国政府としては満州治安維持の為適当にして且つ有効なる処置を執らざるを得ざる事あるべし」[32]との警告をふくむ覚書、いわゆる五・一八覚書を、張作霖・蒋介石側双方に通告した。そのさい、「満州治安維持の為適当にして且つ有効なる処置」の具体的内容として、次のようなことが田中外相より訓令された。

すなわち、国民党軍が京津地方にまで侵入する以前に、張作霖軍が満州に引き上げる場合には、これを許容し、かつ国民党軍の長城以北への進出を阻止する。また、南北両軍が京津地方で交戦状態に入るかもしくは両軍が近接した状態で北軍が満州に退却する場合は、南北両軍いずれも、武装解除せずに満州に入ることを許さない、というものだった。[33]

北伐の進行のなかで、田中首相は、基本的な対中国政策として、中国本土（長城以南＝関内）は、蔣介石ら国民政府による統治を容認するが、満蒙については、一種の特殊地域としてそれを認めず、張の勢力を温存し、それによって満蒙での日本の権益を維持しようと考えていた。満蒙特殊地域論である。その方針のもと、田中は張作霖に満州への早期の撤退を勧告するとともに、もし戦乱が京津地方におよんだのちに張作霖軍が満州に後退する場合は、日本軍によって武装解除をおこなうとの意志を示したのである。ただ田中は、やむをえず武装解除にいたった場合でも、ある程度は張の勢力を満州に残すつもりだった。

この実行には、条約で駐兵を認められている満鉄付属地の外部となる長城線への大規模派兵、および武装解除のための相当の武力行使を必要とすることが想定されていた。

この満州の治安維持に関する覚書は、明らかに中国への内政干渉を含むものといえた。だが、アメリカ、イギリスなどは、かつて第一次大戦中、日本の対華二一ヶ条要求にたいして示した抗議のような、表立った外交上の動きはみせなかった。

アメリカは、日露戦争後、日本との間で軋轢が生じてきていた。その後、第一次大戦中の大隈内閣の対華二一ヶ条要求にたいして、当時のウイルソン民主党政権ブライアン国務長官から、中国にたいする政治的経済的支配権の獲得を意味するものだとの強い抗議がなされ、日米間の緊張は拡大した。さらに、寺内内閣の援段政策やシベリア全面出兵によって、アメリカ政府の対日不信は増大した。

しかし、原内閣における外交政策の対米英協調への転換によって日米関係は好転しはじめる。アメリカ政府は、自らが提議した新四国借款団に原内閣が加入を決定したころから、対日不信をやわらげはじめ、パリ講和条約、ワシントン会議などによって、紆余曲折をへながらも、日米関係は比較的安定的なものとなってきていた。とりわけ九カ国条約、ワシントン海軍軍縮条約の締結は、アメリカの対日観の好転をもたらす重要な契機となった。その後も日米の良好な関係は継続し、田中内閣も対米英協調の姿勢を維持していた。

したがって、アメリカ政府（クーリッジ共和党政権）としても、対中政策について日本との協調を重視する観点から、五・一八覚書を外交上は黙認する態度をとったのである。ただ、政権内部では、ケロッグ国務長官よりマクマレー駐華大使に、日本のいかなる行動にも同調しないよう厳重な訓令がだされるなど、日本政府の動向を注視していた。

イギリスにおいても、ロンドン・タイムスなどの報道機関は、五・一八覚書に批判的な見解を示していたが、ボールドウィン保守党内閣（外相チェンバレン）は事態を静観していた。

対華二一ヶ条要求時、イギリスもアスキス自由党内閣のグレー外相が、日本にたいして批判的な見解を明らかにしたが、大戦後、アメリカと同様、対日姿勢を変化させ、東アジアでの日本との協調を重視することとなった。ただ、北伐初期におこった南京での国民政府軍による外国人殺傷・略奪事件時に、日本政府（若槻内閣・幣原喜重郎外相）はイギリスの南京市街砲撃要請に同意せず、その後上海共同出兵にも応じなかった。このように日英の足並みは必ずしも揃ってはいなかったが、両国の協調関係は維持されていた。それゆえ、イギリス政府内部でも、日本の対中政策がアグレッシブな方向に変化しているのではないかとの危惧はだされていたが、全体としては、協調維持の観点から静観することとなったのである。

この時、田中内閣は、満蒙における張の勢力温存を基本方針としていた。たとえば田中は、第二次山東出兵前、満鉄社長山本丈太郎と張作霖のあいだで、ひそかに交渉をおこなわせ、吉会線・延海線・張大線などいわゆる満蒙五鉄道についての建設を張に認めさせている。

だが、関東軍首脳は内閣の方針と異なり、張の下野と日本の実権掌握下で彼に代わる人物を擁立することを考えており、張作霖軍の武装解除を企図して、そのための軍事出動を準備していた。関東軍首脳は、すでに東方会議において、政友会の森格外交政務次官らとともに、張の排除と満蒙における日本の実権掌握下での独立政権による満蒙分離を主張していたのである。そして、政府のこれまでの張作霖を相手とした外交手段による鉄道敷設や商租権など満蒙懸案事項の解決交渉の失敗を批判していた。

しかし、張作霖は、田中首相の勧告を入れて満州への撤退を決意、関東軍の企図は実現しなかった。だが、奉天への引き上げ途中で、六月四日、張搭乗の列車が関東軍高級参謀河本大作らによって爆破され、張は死亡した。このことは田中内閣に大きな衝撃を与えた。

その満蒙政策の根幹が崩れたからである。当初、日本側はこの事件を革命派ゲリラの仕業と発表したが、日本軍によるものであることが間もなく国際的に知られるようになる。

張作霖の死後まもなく、国民政府軍は北京に入り、蔣介石ら国民党は長城以南の中国統一を成し遂げた。また東三省の実権は張作霖の息子・張学良に移り、張学良は国民政府との合流すなわち南北妥協の意向だった。

これに対し田中内閣は、従前の対張作霖方針を踏襲して、長城以南を統一した国民政府と切り離すかたちで、張学良の奉天政府を支援・温存し、これと満蒙懸案事項の解決をはかるべく、七月一九日、いわゆる南北妥協延期の勧告を張学良に対しておこなった。

この田中内閣による南北妥協延期の勧告について浜口は、「策の最も拙劣なるものであり、まして、不用意の甚だしきもの」[34]だとして、次のように強く批判している。

「我国が支那の内政に干渉し、或る党派を支持して、其の反対派を排斥するが如き態度に出づることは、決して支那の和平統一を助ける所以に非ざるのみならず、若し我が支持する党派が倒れて、我が排斥せんとする党派が支那の政権を掌握するに至つたならば、我国は将来外交上非常なる苦境に陥るべきは、極めて見易き道理であります。……東三省と国民政府との間には既に一脈の情意相通ずるものの如く……早晩南北の妥協が成立し、国民政府の号令が公然東三省に及ぶに至つたならば、政府は……如何にして将来の対支外交に善処せんとするのであるか」[35]。

すなわち、延期勧告は中国への内政干渉であり、日本の勧告にもかかわらず合流がおこなわれ、国民政府が実際に東三省をふくめた中国全土を掌握することとなった場合には、日本は外交上において「非常なる苦境」に陥ることとなる。しかも、国民政府と張学良はもはや「情意相通」じている形跡があり、すでに実質的な合意はできていると考えてよく、南北妥協は早晩実現するだろうと浜口はみていたのである。

そもそも満蒙における日本の権益について浜口は次のように考えていた。

「東三省に於ける我権利々益は、……主として条約の保証の下に漸次発展し来たったものでありまして、帝国自身の康寧亦之に懸《かか》る所大なるものがあります。……我権益に対する侵略破壊の行為あるに於いては、我国民は挙国一致固く自ら衛《まも》るの覚悟を有することは言を俟《ま》たざる所であります。苟《いやし》くも此決心がある以上、何人が東三省の政権を掌握するも、吾人は毫も惧《おそ》るる所はないのであります。徒《いたずら》に現在の東三省官憲に依頼して、我権益の擁護を計らんとする如きは、自ら侮るの甚だしきものであるのみならず、却て我権益の基礎を薄弱ならしめるものであります。……或は同地方の独立を策し、或は同地方に保護権を設定せんとするが如き意図あるを疑う者がある様でありまするけれども、吾人は之を絶対に否認するものであります[36]」。

つまり、満蒙における条約にもとずく権益は日本の安定的発展にとって重要な意味をもつものであり、「自ら衛る」覚悟をもたなければならないが、その決意があれば、「何人が東三省の政権を掌握」しても、「毫も惧るる所はない」。したがって、国民党の支配が満蒙におよぶのをおそれ、国民政府への張学良の合流を延期させ、満蒙を日本の事実上の影響下にある特殊地域として維持しようとする田中内閣の政策は問題がある、とするのである。また、満蒙の「独立」をはかろうとする動きや、そこに日本の「保護権」を設定しようというような動きがとりざたされているが、そのようなことは自分たちは絶対に考えていないと浜口は強く主張している。

この最後の部分は、直接には、アメリカやイギリスのジャーナリズムなどで、日本の満蒙独立やそこでの保護権設定の意図を疑う記事が出されていたことを念頭においた発言であるが、そればかりではなく、関東軍や森格ら政友会の一部の満蒙分離論への批判も暗に意図されたものだった。これらの動きは、すでにふれたように、田中内閣の満蒙をこれまでのように特殊地域として維持しようとする政策に不満をいだき、一段と満蒙への日本の影響力を強めようとするもので、そのほか民間右翼や陸軍中堅幕僚の一部でもそのような方向が考えられていた。

そしてさらに浜口はいう。

「支那の領土保全を尊重するは、帝国多年の一貫せる国策であります。……此原則にして一たび破棄せられんか、支那は忽ち収拾すべからざる国際紛糾の禍源となり、極東平和の維持亦期すべからざるに到ることは、極めて明瞭であります。……東三省に於て、何等か陰密の政治的策動を試みるとせば、世界の大勢は到底之を許さず、我国は之がために全然其威信を失墜するの結果に立到るべきは必然の勢である」[37]。

東三省をふくめ中国の領土保全は、日本の対中国政策の基本であり、満蒙をめぐる「陰密の政治的策動」によってこの原則が破られれば、「収拾すべからざる国際紛糾」をひきおこし、東アジアの平和維持は困難となるであろう。そのようなことは世界の大勢が許さないし、日本にとっても、国際的に大きな損失となる、というのである。これは、言外に張作霖爆殺やその背景にある、関東軍、陸軍中堅幕僚層、政友会の一部、民間右翼などの、さまざまな満蒙独立の動きを批判するものだった。

一九二二年（大正一一年）、ワシントン会議において調印された、中国の領土保全と機会均等などを定めた九カ国条約（日米英仏伊中など）に、日本政府も加わっていた。浜口の発言は、それらを念頭におきながら、満蒙地域における中国の主権を拒否しようとする動きにたいして、国際的に重大な結果を引き起こすとして強い危惧を表明したものであった（ちなみに、九カ国条約は、のちの不戦条約とともに、これ以降の東アジアの国際政治の展開において軽視しえない意味をもつ）。

そのうえで浜口は、民政党の対中国政策の原則について、こう述べている。

「我党の対支方針は極めて直截簡明であります。支那の和平統一のために十分の機会を与ふること、其一であります。支那の正当なる国民的宿望に対しては、及ぶ限り之が実現に協力すること、其二であります。支那に於ける我権利利益は合理的手段を以て極力之を擁護すると共に、特に経済上に於ける有無相通じ、輔車相依るの関係を益々増進すること、其三であります。第一に支那の和平統一は、啻《ただ》に支那自身の為めのみならず、又支那に於ける在留邦人の生命財産の安固を期し、更に進んで経済上の発展を図るが為めに、衷心より之を希望するものであります。………我国として之に何らの掣肘を加ふることなく、其自由なる活動に十分の機会を与ふることを以て、外交の方針となすべきである」[38]。

浜口からみて、中国の和平統一は、中国自身にとって必要なことであるが、日本にとっても、日中間の経済関係の発展をはかるために希望すべきものだった。したがって、中国の国民的統一などその「正当なる国民的宿望」にたいしては可能な限り協力し、日本の権益の擁護については、「合理的手段」によっておこなうべきであり、両国の経済上の相互関係、すなわち通商・投資など経済的関係の発展を積極的にはかるべきだというのである。このような発言の背景には、日中関係の将来についての次のような考えがあった。

「将来外交の方針を定むるに当たりては、重きを経済上貿易上の利益増進に置かなければなりませぬ。従て帝国の対支外交は、単に満蒙に於ける特殊地位の確保のみをもつて満足すべきに非ず。支那全体、特に其の豊穣の中心地たる長江流域に対する貿易の伸長に力を尽し、以て両国共通の利益を増進せねばならぬと思ふのであります」[39]。

すなわち、将来の中国との関係は、経済的な関係を重視し、貿易の発展強化をはかるべきであり、それには満蒙のみならず、中国全体ことに経済的に豊かな揚子江流域の中国中央部との貿易の発展に重点を置かなければならない。対中国外交は、そのような観点から、満蒙の権益のみではなく、より視野を広げ、中国全体との関係の緊密化をはかる必要がある。そのことは、日本のみならず、中国にとっても国益にかなうことだというのである。

ではなぜ、日中間の経済関係、貿易上の関係の緊密化が両国の国益の発展につながるのだろうか。そのような見方は、次のような考えに支えられていた。

「支那の進歩と繁栄とが尽《ことごと》く帝国の利益と合致する所に日支親善の楔子は存在するのであります。而して支那を進歩せしめ繁栄ならしむるの前提は、其の平和と秩序との確立であります。若し支那が平和と秩序を確立して外国の資本と技術を招来する様になりますれば、支那の資源は自ら開発せられ支那人の産業能力は次第に訓練せられ、支那の繁栄を来すべきは自然の結果であります。支那が繁栄に赴いて其の購買力を増加すれば、自《おのずか》ら我が対支貿易を有利に導くべきは理の当然であります。加之《しかのみならず》我国は工業発達の程度において支那に数歩を先んじているのでありますから、支那自身の産業が其の初歩の発達を示すことは、却て我が製造品に対する購買力を増加して、我国の製造工業を振興せしむる所以となるのであります。我が国は支那の産業化により決して脅威を受くるものではなく、却て之によりて工業の進歩貿易の振興を促進せらるるのであります。所謂日支共存共栄の根本義は、両国の進歩繁栄が両国相互の利益に合致する所に存するのであります」[40]。

つまり、中国が統一され、平和と秩序が回復されれば、原料資源の採取と工業生産の発展が本格的に緒につき、それらが展開する揚子江流域を中心に日本の通商・投資の重要な市場となるだろうというのである。そのことはまた中国の産業発達と国民生活の向上に資するとみていた。そして、将来の日中関係の安定的発展は、両国間の経済的な相互関係の緊密化、相互の貿易関係の深化・発展によって可能となるものであり、そのことが日中両国の共存共栄につながるというのである。それには、何よりも中国全土に平和と秩序が確立されることが必要であり、そのことによってはじめて、中国の資源の開発と産業発展が進展し、その繁栄と進歩がもたらされる。そして、日中関係が安定していれば、中国社会の発展と繁栄、そこでの産業需要の拡大と購買力の増加は、日本の工業にとっても豊かな輸出市場となり、日本の経済発展と国民生活の安定化に寄与するだろう。なぜなら、日本は「工業発達の程度において支那に数歩を先んじて」おり、それゆえ、中国の産業がその初歩の発達を示すことは、むしろ日本の工業製品にたいする購買力を増加させ、日本の製造工業を振興させることとなる。そう浜口は考えていた。そして、中国の産業化は、日本にとっても有益な結果をもたらすものであり、当時一部でいわれていた危惧を念頭におきながら、「決して脅威を受くる」ものではない、というのである。

「支那に和平が実現さるる時、我国の対支貿易は無限の販路をそこに拡張し、支那の統一が完成せらるる時、我国は統一せる支那と初めて全民族的の握手を実現すべき機会を捉えることが出来るのであります」[41]。

このように、中国が統一され平和と秩序がもたらされるならば、日中関係が安定しさえしていれば、日本の工業にとって「無限の販路」が開かれることとなると浜口は考えていたのである。このことは重要な意味をもっていた。中国全土とりわけ揚子江流域との通商関係への経済的利害関心が、満蒙の既得権益の維持とはまた別の独自の観点からの論理の背景をなし、またそのような論理からの彼の政策構想を支えるものであったからである。

また以上のことは、これまでの浜口の発言からして、中国との経済関係を日本が独占しようとするものではなく、対米英をふくめた国際協調の基本ラインを前提としたうえのことだった。それが、九カ国条約に示されたような、中国の門戸開放、機会均等下での、したがって多国間関係のなかでの日中関係の安定化による経済的関係の拡大、米英などとの経済レベルでの競争による通商・投資の拡大を意味することは、いうまでもないことだった。ただ、日本経済にとって中国は、他の欧米諸国にとってのそれと比較して、はるかに重要な位置を占めていた。浜口が次のように言うのはそのような観点からだった。

「帝国は独り満蒙地方に止まらず支那全体に対して特殊の利害関係を有するものであり、特殊の利害関係とは畢竟隣邦の政治上経済上に於ける事態の発展が我国民生活に対し最も直接にして且つ緊切なる影響を及ぼすといふ現実なる関係に立脚するものであります。随て我一切の対支関係は常に支那全体に対する此の特殊の関係を考慮して決定することを必要とするのであります。……遠く我国運の将来を慮《おもんばか》り、日支共存の基礎の上に益《ますます》両国民の親善融合を画《はか》ることを目標とせねばならぬと思ふのであります」[42]。

日本は、満蒙のみではなく、中国全体にたいして「特殊の利害関係」があり、それはそこでの政治上経済上における事態の発展が、日本の国民生活に「最も直接」かつ「緊切」な影響をおよぼすからだというのである。このような日中関係の重要性の指摘は、すでにみたような、中国中央部との通商・投資のもつ意義を重要視する観点からのものだった。

したがって、中国本土市場、とりわけ豊かな揚子江流域を包含する中央部において、純粋に経済レベルでの競争によって通商・投資を拡大していこうとすれば、日本の国際的な経済競争力をさらに上昇させなければならない、中国本土において欧米諸国と本格的に経済レベルで競合しうるだけの国際競争力をもつ国民経済の編成を作り上げる必要がある。また国際的な経済活動を有利に展開しうる諸条件を整備しなければならない。のちの浜口内閣の産業合理化政策や、金解禁による国際的金本位制への復帰、財政緊縮政策、ロンドン海軍軍縮条約の締結による財政負担の軽減などは、後述するように、そのような狙いをもつものだった。

さて、一九二八年（昭和三年）一二月、張学良は東三省の「易幟」（掲揚旗の変更）を実行して国民政府に合流、中国全土の統一が実現した。北伐開始から約二年、田中内閣による延期勧告から三ヶ月後だった。[43]

浜口は、さきにふれたように、国民政府による満蒙地方をふくめた中国統一は大きな流れであり、張作霖死後張学良が国民政府へ合流することを延期させようとした田中内閣の政策も妥当でない、との考えをもっていたが、このような東三省易幟の事態をうけて、次のように田中内閣の外交的対応をあらためて批判している。

「此［南北妥協延期の］勧告こそ実に現代支那に於ける国民的潮流に逆行し、隣邦の和平統一を妨げる行動でありまして、……満蒙問題の解決に急なるの余り、支那全体との関係を無視して、凡《あら》ゆる交渉の上に意外の齟齬を来し、……遂に昨年の暮れ……青天白日旗は卒然として全東三省に翻へるに至り、……［南北］妥協成立、統一成就の暁、徒に支那官民の感情を害し、永く国交の将来に累を貽《のこ》すに至りたる……［の］であります」[44]。

「青天白日旗は全東三省に翻るのみならず、東三省の外交権は挙げて、国民政府に移動せらるるの形勢を馴致するに至つた……。支那の大勢が今日あるに至るべきは、最初より予見し得べき事態でありまして、吾人が……政府に勧告したる所であつたのであります。……肝要なるは、支那の正当なる国民的要望に対しては、及ぶ限りこれが実現に協力することであります。」[45]。

そして、中国が国内での統一の達成のみならず、「国際上に於ける正当なる地位」を確保して、「新支那建設の大業」を成し遂げることを衷心より希望するというのである。[46]

そのような観点から浜口は、田中内閣成立以来のその外交政策を、次のように批判し、現内閣には「外交を担当する資格」がないという。

「顧《かえり》みれば現内閣成立以来、或は東方会議を開催して満蒙積極政策を高調し、或は兵を山東に出して対支強硬政策を標榜し、或は不用意なる南北妥協中止の勧告を試みて和平統一に反対するものの如き態度を示す等、何ら帝国の実益を収むることなくして徒《いたずら》に隣邦の感情を刺激し、其動揺して定まらざる態度方針と驚くべき時代錯誤の軍閥外交とは、益々彼の軽侮と疑惑とを招くの原因となり、遂に一切の対支外交をして今日の状態に陥らしめたるは、現内閣が外交を担任する資格なきを立証するものであります」。[47]

このような田中内閣の外交政策を、浜口はまた「武力偏重の外交」[48]「恫喝外交」[49]であるとして、自らの見地を次のように対置している。

「我国の権益は之を更正支那の新秩序の中に於ても完全に確保発育せしむべきものでありまして、特に退廃せんとする旧組織の中に於てのみ我権益安住の地を見出さんとするが如きは、時代錯誤の謬見であると思ひます」[50]。

「政府は、我既得の権利利益を擁護するに止まらず、更に進んで両国間に於ける経済上利害共通の関係を増進するに努むべきであります。独り支那の一地方に於ける我経済的利益の保護に止まらず、広く支那全体との経済的接近を図り、之に依りて我国民を利すると共に、又支那国民を利するの途を講じ、以て両国民共存共栄の基礎を補充することが、外交上最も重要視すべき着眼点でなければならぬと思ひます」[51]。

このように浜口は、いわゆる田中外交を、退廃しつつある「旧組織」の中に「権益安住の地」を見出そうとする「時代錯誤」のものだとみていた。そして、国民革命による「新秩序」のもとでも、日本の権益を保持していくことは可能であり、かつまたそれにとどまらず、「支那全体との経済的接近」をはかるべきだと考えていた。すなわち、中国の「正当なる国民的宿望」にたいしては可能なかぎり協力し、日本の権益の擁護については「合理的手段」によっておこなうべきで、両国の通商・投資など経済的関係の発展を重視しなければならないというのである。

では、中国の「正当なる国民的宿望」への協力として具体的にどのような内実が浜口の念頭に置かれており、日本の権益を擁護するための「合理的手段」とは実際にはどのような事態と方法が想定されていたのであろうか。

周知のように国民政府は、中国全土の統一、関税自主権の回復と治外法権の撤廃、さらには租借地・鉄道利権の回収などをその方針としていた。まず、国民政府による満蒙もふくめた全中国の統一について浜口は、すでにみたように、その実現をむしろ歓迎する姿勢であり、一貫して内政不干渉を主張していた。すなわち、「妄《みだ》りに支那の一党一派に偏倚し、其内争に干渉」すれば、かえって内乱を深刻なものとし、その和平統一を妨げるのみならず、いたずらに中国民衆全体の反感を激発するとし、さらに「権利々益の擁護と内争不干渉の方針」とは何ら抵触するところはないとの態度をとっていたのである。[52]

しかし他方で浜口は、「東三省における……我権益に対する侵略破壊の行為あるに於いては、我国民は挙国一致固く自ら衛るの覚悟を有する」との発言も残している。それを前提に、「苟くも此決心がある以上、何人が東三省の政権を掌握するも、吾人は毫も惧るる所はない」[53]との姿勢をとっていたのである。このことは何を意味するのであろうか。

ここで浜口が言わんとしていることは、中国の「正当なる国民的宿望」の実現に可能なかぎり協力するとしても、条約にもとづいた満蒙権益にたいして「侵略破壊の行為」がおこなわれた場合には、「自ら衛る」必要があるということである。その場合は内政干渉にはあたらないと考えられていたといえよう。

では「侵略破壊の行為」とは具体的には例えばどのような事態を想定し、かつ「自ら衛る」とはどのような対処が念頭におかれているのであろうか。残念ながら、浜口自身の発言のなかでその点に直接言及したものは見あたらない。したがって、浜口にそくしてそのことを確定することはできない。ただ、のちの時期のものであるが、次のような幣原喜重郎（のちの浜口内閣外相）の発言が残されている。

「東支鉄道に於ける露支の地位は対等なるも、支那は満鉄に付いては何等の権利を有せず。且帝国は満鉄の警備権を有するを以て、支那側が同鉄道を回収せむとせば、勢ひ日本の軍隊を駆逐する為、先ず軍事行動を採るの外なかるべく、之に対する帝国の自衛的処置は明に不戦条約に違反するものに非ず」[54]。

これは、のちに浜口内閣成立直後の一九二九年（昭和四年）七月、張学良がそれまでロシアが管理していた中東鉄道の実力回収を強行したのにたいして、ソヴィエト側が軍事的に反撃した、いわゆる中ソ紛争のさいにおこなった幣原の発言である。ここで幣原は、もし中国側が、南満州鉄道を武力で回収しようとしたならば、日本もそれにたいしては軍事行動をとらざるをえず、その場合には国際法上も正当な自衛のための武力行使となるというのである。いうまでもなく南満州鉄道およびその付属地の管理権は条約にもとづく日本の権益とされていた。このころ浜口と幣原は外交政策についてきわめて近い考えをもっており、浜口の場合も、おそらく例えばこのような場合が念頭におかれていたものと思われる。

一方、関税自主権の問題については、このころ日中間での通商条約の改定問題が問題となっていた。一九二八年（昭和三年）七月七日、国民政府の王正廷外交部長は、いわゆる不平等条約撤廃方針を発表し、関係各国に通告した。そこでは、不平等条約のなかで満期となったものは、いったん廃棄のうえ新たな条約を締結すること、旧条約がすでに満期となっているが新条約が締結されていない場合には国民政府の制定する臨時弁法を適用するとされた。この方針にもとづき七月一九日、国民政府は日本政府にたいし、すでに満期をむかえていた日中通商航海条約の無効を通告し、臨時弁法を適用する旨をつたえてきた。

これにたいし田中内閣は、国民政府からの通告は一方的なものであるとして承認しなかった。通商航海条約二六条において、締結国は本条約締結の一〇年後において改正を要求することができるが、その六ヶ月以内に「両締結国の何れよりも右要求を為さず改正を行はざるとき」は、さらに一〇年間その効力を継続する旨規定されていた。[55] 田中内閣はそこでの「改正を行はざるとき」との文言を根拠に、六ヶ月以内に改正商議が完了しない場合は、さらに一〇年間効力を有するとの見解をとっていた。しかし中国国民政府はその規定の解釈として、一方の締結国が改正の「要求を為」した場合は、改正商議が成立しなかったとしても条約は効力を失うとの見解を主張していた。

日中通商航海条約は、一八九六年（明治二九年）一〇月に締結され、二度の延長をへて一九二六年（大正一五年）一〇月に満期となり、すでに中国側（北京政府）から改正の申し入れがなされていたのである。[56]

この問題について、浜口は、「隣邦国民にたいする友誼」の観点から、中国側から申し入れのあった「日支通商条約の改定を商議」すべきだとの意向をもっていた。しかし、それは、「決して［国民政府が主張するような」現行条約の失効を認めた為ではない」とし、「国民政府が主張する条約の解釈又は国際法上の理論」は「不条理」であり、「現行条約の失効を前提として新条約の締結を商議せんとするは、国民政府の信用のため頗る遺憾とする」[57]という立場だった。だが、国民政府が、いたずらに現行条約の失効を主張するのではなく、「両国民間の交誼」にもとづいて条約改訂の交渉を求めるならば、申し入れに応じ、その「国民的宿望」を達成する機会を現実のものとする必要がある。それによって、中国の国民感情のなかに「両国親善の基礎を確立」していかなければならないというのである。[58]

一方、アメリカは、王正廷外交部長の不平等条約撤廃声明をうけて、一九二八年七月米中関税条約を締結して中国の関税自主権を認め、一一月国民政府を正式に承認した。またイギリスも、一二月に国民政府を正式承認するとともに、英中関税条約を締結して中国の関税自主権を認めた。ただし少なくとも一年間は、北京特別関税会議（一九二五―二六年）において了承された七種差等税率を国定税率として採用することが合意された。[59]ドイツ、イタリア、オランダ、フランスなどの欧米諸国も、相前後して中国の関税自主権を認めた。

この間、田中首相は、不戦条約調印のためフランスにおもむく元外相内田康哉全権に、英米にたいして関税問題などでの日本の立場に理解を求めるよう交渉を指示した（いわゆる内田ミッション）。しかし、イギリスは、日英協調には原則的には賛成したが、関税問題での日本の立場を支持することには冷淡だった。またアメリカも同様で、むしろ国民政府育成に向けての米英日の協調を求めた。

同じ頃、中国側から、関税自主権の承認に消極的な日本政府に、その問題とは別に、北京特別関税会議合意の七種差等税率を輸入付加税として実施したいとの意向が示された。田中内閣は、日本の輸出品の約六割が最低税率の二分五厘のランクにふくまれるので、その実施には特段の問題はないとしながらも、新関税収入の一部を対外的な不確実債務（寺内正毅内閣時の西原借款など対日債務が最大）の返済に充当するよう求めた。しかし国民政府はこれを認めず、一一月末には日中間の関税交渉は頓挫するにいたった。こうして日本は対中国関税問題について、関税自主権を承認した列国からとりのこされ、この点では全く孤立することとなったのである。その後、同年一二月二五日、国民政府は暫定的処置として、北京特別関税会議で承認された差等税率を翌年二月一日より実施することを実際に提議してきた。

このような状況下田中内閣は、張学良の東三省易幟以降の対中関係の行き詰まりと、中国政策において列強諸国からとりのこされた状況のなかで、方針を転換し、国民政府の提議に応じ、一九二九年（昭和四年）一月三〇日、中国の新関税率実施を承認した。不確実債務の整理については、新関税による増収分より少なくとも年間五〇〇万元を支出することが取り決められた（不確実債務総額は約一〇億元）。しかし、このことは新関税率の実施を認めただけで、中国の関税自主権を承認したわけではなかった。そして、その問題の決着は、次の浜口内閣にもちこされることとなる。

関税問題のこのような推移について浜口は、それは田中内閣の「非常なる失態」[60]であり、内閣が中国の事態を「明察するの見識を欠き」、その外交政策が「常に時宜を失つて居る」ことを証明するものだとして、次のように批判している。

「元来、今回の関税の協定は、支那の関税の増収を図り、其財政の整理に資せんとすることを主眼とするものでありまするに依て、是が為に最大の恩恵に浴するものは、固より支那自身であるに相違はありませぬけれども、我が国といたしましては、日支両国の特殊の関係に顧みて、其成立に協力すべきは言ふまでもなく、更に進んで支那と列国との間に斡旋を致しまして其実現の機会を促進を致し、以て支那全国民の福利の増進に努むることが、即ち日支親善の基礎を確立する所以でありまず。然るに政府は今回の関税協定に際し、関係列国が何れも帝国に先んじて支那と新条約を締結したる後を承け、漸く列国に追随して最後に調印を了し、我が国が支那の国民的宿望の達成に深甚なる同情を有すると云ふ、其実を示すべき所の絶好の機会を空しく逸し去りたることは、現内閣の最初より如何に支那の事態を明察するの見識を欠き、其外交が常に時宜を失つて居るかと云ふことを立派に証明するものと謂はなければならぬ[61]」。

すなわち、日本としては、新たな関税協定について、「日支両国の特殊の関係」からしてその成立に協力すべきであることはもちろん、むしろ積極的に「支那と列国との間に斡旋」し、もっと早く協定の「実現の機会を促進」すべきだった。しかるに田中内閣は、欧米諸国が中国とのあいだに関税自主権を認める新条約を結んだあとになって、ようやく中国側が提起してきた関税協定をうけいれた。これは、中国の「国民的宿望の達成」にたいする「同情」を実際に示す「絶好の機会」だったのに、それを「空しく逸し去り」、関税問題という「日中親善の基礎を確立する」一つのチャンスを失った、というのである。

関税問題にかかわる事態の推移と浜口の態度はこのようなものだった。治外法権や鉄道利権などの問題については後にふれる。

ところで、この田中内閣の関税問題をめぐる対中政策を批判した同じ演説のなかで、浜口は、さきの張作霖爆殺事件に言及し、次のように述べている。

「事件の性質と其の影響は固より重大でありますけれども、列車の爆破という事件其ものは極めて簡単なる出来事であります。……若し政府の当局に誠意と常識と能力とがあるならば、是が真相の調査は事件発生の直後敏速に行はれ、此事件は疾《と》うの昔に落着を致し、今更何等の問題も残つて居ない筈であります。然るに最近に至つて政府自ら問題を重大化し、議会に於ても総理大臣の口から公然調査中という言葉を承つて、吾々は甚だ意外千番に思ふのであります。外字新聞の記事を見、其他満州方面に於ても、該事件に関して種々なる所の風説を伝へ、此風説が大分世界に拡められ、帝国の名誉と信用とを傷くること少くないのであります。……全体斯《かく》の如き問題に対し、事件発生の当時、速やかに適切なる措置を執りて中外の疑惑を一掃する能はず、荏苒《じんぜん》今日に及び総理大臣自ら問題を重大化し、名を調査中と称して当面を糊塗し去らんとするが如き無責任なる内閣には、吾々は安心して国政を託することは出来ない」[62]。

要するに、事件の真相調査が発生直後に敏速におこなわれておれば、いまさら何の問題も残っていないはずなのに、政府は、「事件発生の当時、速やかに適切なる措置を執りて中外の疑惑を一掃する能はず」、今になって調査中として当面を湖塗しようとしているというのである。ここで、「最近に至つて政府自ら問題を重大化し」としているのは、一月下旬田中首相が、浜口、床次竹二郎（新党倶楽部党首）、貴族院各派に、事件への議会での質問を控えること要請、浜口らが拒否した件をさすと思われる。

張作霖爆殺事件は、周知のように、関東軍高級参謀河本大作らによって起こされたものであるが、関東軍司令部は中国南方便衣隊の犯行として発表していた。事件は、民政党が当時予定していた山東視察団の派遣直前に起き、視察団は当地で事件の内情をほぼ把握し、帰国後浜口に報告している。したがって、浜口は事件内情をある程度知っていたと思われるが、ここではその内実にはふれず、政府の事件への対処の仕方のレベルで問題するにとどめている。そのことについて、後に彼自身、「満州重大事件に関して……我々は国家のために考慮する所あつて、その有する調査材料を表示する所なく、之が取扱ひに深甚の注意を払ひました」[63]としている。なお、民政党は、六月二五日に、この件についての「声明書」を発表し、政府の調査その他の処置にたいして、「虚偽を国民に強いるもの」だとして、内閣の責任を追及している。[64]

また、浜口は同じ演説で、張作霖爆殺事件とともに、不戦条約の批准問題にもふれ、「恐らく政府は此二大事件の解決に堪える事は出来ますまい。又現内閣をして解決せしむる事は国家の不幸であります」[65]と述べている。

不戦条約は、よく知られているように、現行の昭和憲法第九条第一項の「戦争放棄」規定の原型となったものである。その第一条において、「締結国は国際紛争解決の為戦争に訴えることを非とし、且其の相互関係において国家の政策の手段としての戦争を放棄することを其の各自の人民の名に於て厳粛に宣言す」と規定している。この条約は、フランス外相ブリアンやアメリカ国務長官ケロッグによって推進され、一九二八年八月、パリで調印された（ケロッグ・ブリアン協定、パリ不戦条約ともいう）。田中内閣は国際協調の観点から条約締結にふみきった。国内では、条約の内容そのものには大きな異論はだされなかったが、条文中の「人民の名に於て」の文言が日本の国体に反するとの批判がなされ、ことに枢密院における条約批准過程においてそのことが問題となった。議会においても、民政党からは中村啓次郎や小泉又次郎がその旨の批判をおこなった。[66]

浜口自身は、不戦条約批准について、右に引用した簡単な発言以上には立ち入った意見や感想を残していない。ただ不戦条約の内容そのものには、のちに賛成の意を表している。

「帝国は東亜海陸の要衝に位して東洋の平和を確保し、世界の文化に貢献すべき重大なる責任を有するものである。……過般締結せられたる不戦条約の文面に表明せられたる如く、現代人類の間に磅《ほう》礴《はく》たる平和愛好の精神を具体化して、わが外交政策の基調と為し、以て世界の進運に寄与しつつ帝国の前途を開拓することは、実に吾人に与へられたる所の大なる使命であると信ずる」[67]。

しかし、民政党は、この問題にかかわって、「責を引いて天下に謝せ」とする党声明を一九二九年（昭和四年）六月二二日に発表している。[68] そこでは、「政府自ら認めて以て憲法の条章に抵触すとあるが如き条約」に調印した田中内閣の責任を追及し、引責辞任を要求している。その文面では、国体に反するとの断定的な表現はとられていないが、間接的ながら、憲法の条項に反するとの批判を内容に含むものだった。このころ浜口はあまり体調がすぐれなかったようで、連日医師の往診を受けており、それもあってか声明文を決定した幹部会には出席していない。だが、事前に原案の提示はうけており、それに承認を与えたものと思われる。この「人民の名において」の文言の問題について、イギリス型の議院内閣制・議会制的君主制の方向を追求しようとしていた浜口が、[69] どのように考えていたかは興味ぶかい問題であるが、それをうかがわせる直接的な資料は筆者の管見のかぎりではみあたらない。なお党声明においても、「不戦条約の趣旨そのものに対しては、満腔の賛意を表する」とされている。

結局、不戦条約は、政府が「人民の名において」の部分は日本には適用されない旨の留保宣言をおこなうことで、六月二六日に枢密院において批准された。

その間、さきのような内閣の方針転換のもと、同年三月二八日、国民政府との間で、済南事件の処理問題が解決し、五月二日には、第一次若槻礼次郎内閣期に起こった南京事件と漢口事件の処理案件についても、日中間で決着した。ちなみに、アメリカ、イギリスは、南京事件について、それぞれ前年の四月三日、八月九日に解決交渉が妥結していた（この漢口事件は日本単独案件）。そして、六月三日、田中内閣は正式に国民政府を承認したのである。

だが、七月二日、張作霖爆殺事件への対処をめぐって、田中内閣は総辞職する。このころ田中内閣は、衆議院において野党民政党と勢力が伯仲していただけでなく、貴族院との関係も悪化し、かねてからの懸案だった両税委譲案や小作農創定案などの重要法案が成立せず、困難な状況に陥っていた。このような状況のなかで、爆殺事件の処理についての上奏違約とそのさいの姿勢が、田中の内外政策や政治手法などに不信感をつのらせていた牧野伸顕内大臣ら宮中グループによって問題とされ、それを背景とする昭和天皇の発言が辞職の直接のきっかけとなった。

田中は、爆殺事件について当初、関東軍参謀河本大作ら事件関係者を軍法会議によって処分し、基本的な事実関係は公表するつもりで、その旨を天皇にも内奏していた。しかし、陸軍や政友会有力者の反対をうけ、それが実行できなくなったのである。

やむなく田中は、事件に日本将兵の関与した証拠はなく、警備上の責任者を行政処分とすることを奏上。昭和天皇は、先の内奏と矛盾するとして、それ以上の田中の説明を遮った。これにより田中は総辞職を決意したとされている。[70]

第三節　首相在任期浜口雄幸の外交構想

田中政友会内閣の総辞職をうけ、一九二九年（昭和四年）七月二日、浜口雄幸民政党内閣が発足した（その経緯については、第四章参照)。

政権についた浜口は、外交において、ロンドン海軍軍縮会議への参加、中国関税自主権の承認など、対米英協調と日中親善を中心とする国際的な平和協調路線をおしすすめた。

それとともに、内政においては、国際金本位制への復帰(金解禁)や産業構成の高度化(産業合理化政策)によって、通商の安定化と国民経済の国際競争力の強化をはかろうとした。そのことを通じて、非軍事的なかたちでの市場拡大、とりわけ中国との経済交流、通商投資の拡大を進め、日本経済の発展と国民生活の安定をもたらそうとしたのである。

これらの政策は、いわゆる幣原外交、井上財政として知られている。だが、首相就任以前からの浜口の考えでもあり、浜口はそのような自らの構想にしたがって、幣原・井上を外相・蔵相に起用したといえる。

さらに浜口は、ロンドン海軍軍縮条約を締結することによって軍縮を推進し、軍事費を削減して財政負担をおさえるとともに、平和的な国際協調へのリーダーシップをとろうとした。そしてこの時点で、日本はアメリカ、イギリスとならんで国際社会をリードしていく国の一つとなったのである。

また、金解禁や産業合理化が社会不安をもたらさないよう、一種のセーフティネットとして、労働組合法や小作法の制定、失業対策などの社会政策を実施しようとした。

まず外交政策全般についての浜口の考えをみていこう。組閣後早い時期に浜口は次のように述べている。

「我国は欧州大戦後、急速の変化を告げつつある世界の情勢に対しまして、国民的一大飛躍を為し、……東洋の平和を確保し、世界の文化に貢献すべき重大なる責任を有するものであります。現代人類の間に磅礴たる平和愛好の精神を象徴して、我が外交政策の基調と為し、以て世界の進運に貢献しながら、洋々たる帝国の前途を開拓することは、実に吾人の大なる使命であるのであります」[71]。

すなわち、日本は第一次世界大戦後大きな飛躍を遂げ、東洋の平和と世界文化の発展に寄与すべき大きな責任を担う国となった。今後は「平和愛好の精神」を外交の基調として、世界に貢献したいというのである。

そのうえで、欧米諸国や中国との関係において、「国際信義」を尊重し、「相互信頼」の醸成に努めていかなければならないとする。[72]

このように浜口は、平和的な国際協調を、その外交の基本方針とする旨を明らかにした。それは原内閣以来つづいてきた政党政治の外交路線を継承しようとするものだった。

次に、国際協調のなかでも、対米英協調の必要性について、浜口は次のように述べている。

「帝国と列国との親交を増進し、併せて相互通商及企業の振興を図るは、政府の重きを置く所なり」[73]。

「世界平和の維持増進、文化の発達は今日に於ても然るが如く、将来に於ては一層日英米三国の共同の力に依て之に当らざるべからず。若し非常緊急の理由なくして日本が故らに三国協調のリングを離れて孤立の地位に立つのみならず、日本自身の働きに依て英米との国際干係《かんけい》を悪化せしむるときは、我国は将来種々の関係に於て国際上云ふべからざる窮境に立つべし。例へば①支那に於ける各種問題の取扱方にしても、英米の反感を買ひ其妨害に遭ふときは、事毎に左支右吾して我国の正当なる権利を防護し経済上貿易上の利益を発展せしむる上に於て、言ふべからざる不便不利を蒙るべく、②日米の干係に就て言へば移民問題と称する不倫快なる問題の解決を益々不利に導く虞あるが如き、③日英の干係に就て言へば……英貨公債の借換問題を不利に導く……が如き、④気まぐれなる米国との造船競争発生の可能性の如き、……諸般の外交問題、国際問題の処理解決に当て生ずべき不利不便は極めて多かるべし」[74]。

このように浜口は、対米英協調を重視し、米英日間の「三国協調のリング」をはなれ、対米英関係を悪化されれば、日本は将来国際的な窮地に立つだろうという。アメリカ・イギリスとの関係は、対中国問題を処理するうえで重要な意味をもつものと位置づけられており、また、懸案となっている排日移民問題の解決、公債借り換え、建艦競争による財政負担増加の回避などのためにも、対米英協調は不可欠なことと考えられていたのである。

そして実際に、世界の主要な国々との関係は現在かなり良好なものとなってきており、「相互の通商関係」も安定的に発展し、外交関係は「今や極めて順調」な方向に進んでいると浜口はみていた。[75]
また、アメリカ、イギリスともに、当時は、東アジア秩序の安定の観点から、当該地域に軽視しえない影響力をもつ日本との協調を強く望んでいた。中国ナショナリズムの激発をコントロールし、ワシントン体制下の国際秩序に国民革命後の中国を組み入れていくためには、ワシントン体制の一翼を担う日本の協力を不可欠としていたからである。[76]
ちなみに、元老西園寺公望も次のように述べている。

「現在日本は米英とともに［世界の］采配の柄をもつことができる立場にある……。今日英米とともに采配の柄を握っていられるからこそ、日本はその間に立って適当に自国を有利に導くことができるのである。離れてしまってはどこに利益があるか」。[77]

浜口とほぼ同様の見方といえよう。
なお、浜口の対米英協調の考え方は、さかのぼると第一次世界大戦直後の評論にもあらわれている。

「［講和会議での］発言の権威者は矢張り、英米にある。それから、日本将来の態度如何と考ふるも、遺憾の次第であはるが、矢張り英米両国と歩調を共にするが肝要であると思ふ。……日本の方針は宜しく英米に親しむべしである。……英米を共とせよと云ふが我々の主張である」。[78]

浜口は大隈内閣（第一次大戦期）の大蔵次官・参政官時、対華二一箇条要求など内閣のかなりアグレッシブな大陸政策の方向に、それほど違和感をもっていなかったようである。それが、第二節でみたような中国政策の方向に変化した要因の一つとして、このような対米英協調の見方をとるようになったことが考えられる（なお、他の要因としては、中国における国民革命の進展などがある）。

また、浜口は国際連盟について、現在の日本の国際的位置からして、その活動に積極的に協力し、「世界の平和と人類の福祉」とに貢献することは日本の「崇高なる使命」だとして、連盟重視の姿勢を示している。

「今日帝国の列国間に於ける地位に顧み、進んで国際連盟の活動に協戮《きょうりく》し、以て世界の平和と人類の福祉とに貢献するは我国の崇高なる使命に属す。政府は国際聯盟を重視し、其の目的の遂行に鋭意努力せむことを期す」[79]。

浜口は早くから、国際連盟が、第一次大戦の教訓から「人類永久の平和を目的」とする集団的安全保障のための機関として創設されたとの認識をもっていた。それゆえ、もしそれが機能しなくなれば、世界は「一大修羅場」となり、人類に大きな不幸をもたらすことになる可能性があるとみていた[80]。その意味で浜口は連盟について、次期大戦防止のため枢要な役割を担っており、国際社会の安定にとって重要な意味をもつものと考えていた。

そもそも連盟は、パリ講和会議において創設され、日本も英仏伊とともに常任理事国の一員として地位を占めていた（原政友会内閣期）。

よく知られているように、国際連盟は、第一次世界大戦終結後、次期大戦の防止を主要目的として作られた最初の世界規模の国際機構である。

第一次世界大戦は、一九一四年（大正三年）七月から四年半近くの長期にわたって続き、膨大な人員と物資を投入し巨額の戦費を消尽した。そして、未曾有の規模の犠牲と破壊をもたらした。たとえば、戦死者九〇〇万人、負傷者二二〇〇万人、一般市民など非戦闘員の犠牲者も七〇〇万人に達した。

そこでは、戦車、航空機など機械化兵器の本格的な登場によって、戦闘において人力より機械のはたす役割が決定的となった。したがって、戦争の性格も従来のものから大きく変化して、機械戦ともいうべき様相を呈することとなる。そこから、兵員のみならず、兵器・機械生産工業とそれをささえる人的物的資源を総動員し、いわば国の総力をあげて戦争遂行をおこなう国家総力戦となった。

したがって今後、近代工業国間の戦争は不可避的に国家総力戦となると考えられた。同時にまた、先進列強が相互に全面戦争に入れば、第一次大戦と同様、その勢力圏の交錯や提携関係によって、長期にわたる世界戦争となっていくことが予想された。

それゆえ、欧米列強諸国にとっても次期大戦の防止は切実な課題であり、ナショナル・インタレストの観点からしても必須のことと考えられていた。大戦の経験から、ふたたび同様な世界戦争が起きれば、前回をはるかに超えるレベルで、新鋭の大量破壊兵器を大規模に使用する長期の総力戦となる。それは、これまで欧米社会が築き上げてきた文明を根底から破壊する可能性がある。そう予想されていた。そのような事態は、ナショナルな利害そのものを無意味化するものであり、列強諸国にとっても、国家理性の観点からして回避しなければならなかったからである。

国際連盟は、そのような次期大戦の防止を最優先の課題として設立された集団的安全保障のための国際機関だった。連盟規約は、その観点から国際紛争の平和的解決を義務化し、そのような規定に反する戦争を原則的に禁止した（当事者間での平和的解決が困難な場合は、連盟が裁定、勧告）。そして、その違反にたいしては共同の制裁処置を定めた。

それは、大戦の教訓から、連盟による一定の法的規制力によって、国際紛争の平和的解決をはかり、国家間の戦争を防止しようとするものだった。それまで国際法的には、戦争が国際紛争を解決する正当な手段の一つとされていた。連盟規約において、戦争が初めて原則的に違法とされたのである。

連盟創設について、一般には、ウィルソンの理想主義による面が強調されがちであるが、他面、このような国家理性に基づく極めて現実主義的な判断によるものでもあった。むしろヨーロッパ諸国にとっては、そのような判断が主要なファクターとなっていた。

後述するように、政権掌握後浜口は、中国の関税自主権の承認、ロンドン海軍軍縮会議への参加など、対米英協調と中国内政不干渉を中心とする国際的な平和協調路線をおしすすめる。それとともに、経済政策においては、金解禁や産業合理化政策によって、通商・投資環境の安定化と国民経済の国際競争力の一層の強化をはかり、さらなる産業発展を実現しようとした。そのことによって、非軍事的なかたちでの、経済的競争による市場拡大、とりわけ中国での通商・投資両面での輸出市場の拡大をはかり、日本経済の発展と国民生活の安定を実現しようとしたのである。これらの政策を遂行し、それをベースに日本の長期的発展をはかっていくには、国際社会とりわけ東アジアにおける平和維持、そこをめぐる国際環境の安定が必須であり、それが彼の全政策体系の実現の前提となっていた。[81]

このように浜口の構想にとっても、国際社会とりわけ東アジアの安定と平和の維持は不可欠の前提条件であり、その観点から、国際連盟の存在とその平和維持機能は、重要な意味をもつものとして位置づけられていた。

それゆえ浜口は、この首相就任時の声明において、日中関係の改善や国際協調の方針とともに、国際連盟に論及し、連盟重視の姿勢を示したのである。

そのような観点から、当時連盟もかかわって議論されていた軍縮問題について浜口は、国際協調の面からも積極的に対応しようとしている。

「軍備縮小問題……は、今や列国共に断固たる決意を以て、国際協定の成立を促進せしめざるべからず。其の目的とする所は単に軍備の制限に止まらず、更に進んで其の実質的縮小を期するにあり」[82]。

組閣三ヶ月後の一九二九年（昭和四年）一〇月七日、イギリス政府（マクドナルド労働党政権）から、ロンドンでの海軍軍備制限にかんする国際会議への正式の参加要請があり、一〇月一六日、浜口内閣は要請受諾を回答。首席全権に若槻礼次郎前首相、全権に財部彪海軍大臣ほか二名を任命し、一一月三〇日、全権団はアメリカ経由でイギリスにむけ出発した。翌年一月二一日より、英・米・日・仏・伊の参加のもと会議は開催された。

浜口の海軍軍備制限への基本態度は次のようなものだった。

日本の海軍力は、「世界の何れの国に対しても脅威を加へざる」とともに、「万一の場合、我が国が其の存立を脅かされざる自衛の力」を維持するレベルにあればよい。そのうえで、各国の「国民負担の軽減」をはかるために、たんに軍備を制限するだけでなく、さらにすすんで「軍備縮小」を実現することを会議の「要務」とすべきである。

そのためには、日本の艦艇保有比率が「米英より低き」ことも厭わない。今回の会議によって、各国が一律に軍備を縮小すれば、「国防の安固」を害することなく、国民負担を軽減することができ、同時に、「世界平和の保障」をいっそう強固なものとすることとなる。

海軍軍備制限協定の眼目は、「各国が相互に他国に対して脅威を与へず、又他国より脅威を受けぬと云ふ情勢」を確立することにあり、それによって列国がそれぞれ「国防上の安全保障」をえてはじめて国際間に真の「親善関係」を樹立することができる。

このように浜口は海軍軍縮によって、国民負担を軽減するとともに、国際協調をより安定的なものとし、「人類平和の事業」に協力したいと考えていた。[83]

ロンドン海軍軍縮会議は、三月にはいって、米英日の代表団のあいだでほぼ妥協が成立。三月一四日、日本全権団は本国政府にたいして条約締結の請訓をおこなった。当初の日本側の基本的な主張、いわゆる三大原則は、補助艦艇の総トン数対米七割、大型巡洋艦対米七割、潜水艦現有量七万八五〇〇トン保持だったが、妥協案では、補助艦艇総トン数の日米比率六・九七五割、大型巡洋艦対米六割（ただし一九三五年までは米の建艦抑制により実質対米七・二割で、一九三六年以降六割台となる）、潜水艦は日米均等五万二七〇〇トンとされた。米英間は全体としてほぼ均等となる内容だった。なお、条約期限は一九三六年までで、その前年に次回軍縮会議を開催することとされていた。浜口内閣は、国内の調整をへて、四月一日に妥協案による条約締結を閣議決定。四月二二日、米英日の間で軍縮条約が調印された。[84]

条約調印に際し、浜口は次のように述べている。

「本条約が、その目的たる競争的軍備に伴ふ危険を防止し、且つ国民負担の軽減を計るものたるは言をまたざる所なるも、吾人が特に祝意を表する所以のものは、その道徳的効果の重大なるところにあるのである。即ち本条約の成立は列強間の猜疑不安の念を一掃し、その相互信頼を増進せしめ得るのみならず、更に進んでは、一層効果ある平和事業の完成をも企図し得べしと信ずるがためである。……外は世界平和の確立に貢献し、内は国民負担の軽減を実行せむことを期すべきである」[85]。

この間、国内では、条約調印をめぐって、内閣と海軍軍令部とのあいだで意見の対立が表面化し、議会や枢密院でも大きな議論となる。このロンドン海軍軍縮条約問題は、外交内政両面にわたる問題なので、後にくわしく検討したい（第五章参照）。

ちなみに、英米日仏伊のあいだで主力艦の保有制限を定めたワシントン海軍軍縮条約（一九二二年）についても、かねてから浜口は、基本的には、「世界全体のため、ことに我が国前途のため、まことに天来の福音ともいうべく、吾人は双手をあげてこれに賛成せざるべからず」としていた。[86] 大戦後も列国同様に軍備を拡張していくことは、「とうてい国力の許さざるところ」だとの認識をもっていたからである。[87]

したがって、ワシントン海軍軍縮条約での協定は、「平和の確立」に資するとともに、軍備という「不生産的の事柄」に注ぎ込むべき経費を節減し、これを生産的ならびに文化的な方面に振り向けることができ、国民の「過重なる負担」を軽減することとなる。それゆえに浜口は、「すみやかに軍縮協定が円満に成立して世界平和のもとに文化的生産的の発展を世界とともに享有するに至らんことを切望する」、というのである。[88] 陸軍についても浜口は、「世界の大勢」を考え、「帝国の四囲の状況」に鑑みてみれば、必ずしも現状を維持する必要はなく、「相当の整理縮小を加えてしかるべき」として、軍縮を主張していた。[89]

また、一九二九年（昭和四年）七月、田中内閣時に調印した不戦条約が発効した。そのことについて浜口は、「世界平和のため人類幸福の上に慶賀に堪へざる所である。希くば原調印国はもとより参加列国はその本領に随ひ、その目的たる国家政策遂行の手段としての戦争放棄を永遠に遵守して世界平和の実を挙げんことを余は衷心より希望するものである」[90]、との談話を発表している。

不戦条約が、「国家の政策の手段としての戦争を放棄すること」を定めたもので、現行の昭和憲法第九条第一項の「戦争放棄」規定の原型であることは、すでにふれた。浜口は、その戦争放棄を「永遠に遵守」するとして、不戦条約の意味を重視していたのである。

現行憲法の戦争放棄規定は、一般には、第二次大戦の反省から始めて考え出されたものと理解されがちだが、じつは戦前政党政治の時期に日本自身も加わって締結された国際条約を一つの重要なベースとしているのである。また、第二次大戦への突入という、その後の歴史的展開から、不戦条約は、現実には無力な単なる紙上の取り決めで、簡単に一片の反故《ほご》と化したと思われがちである。だが、満州事変から日中戦争へと展開していく過程において、連盟脱退後も日本政府が、九カ国条約とともに、常にそれとの整合性を意識し、何らかの弁明を考慮せざるをえなかったものであり、当時においては軽視しえない存在感をもつものだった。

次に、対中国政策をみていこう。

内閣成立直後の七月九日、浜口は「施政方針に関する首相声明」を発表し、いわゆる浜口内閣の一〇大政綱を明らかにした。そこにおいて、対中国政策に関し次のように記されている。

「日支の国交を刷新して善隣の誼を敦くするは国家の一大急務に属す。所謂不平等条約の改廃に関し我国の支那に対する友好的協力の方針は……貫徹するの必要を認む。凡そ両国の案件については、雙方共に自他の特殊なる立場を理解して同情的考慮を加へ、以て中正公平なる調和点を求めざるべからず。徒に局部的の利害に跼蹐《きょくせき》するは大局を保全する所以に非ず。軽々しく兵を動かすは固より国威を発揚する所以に非ず。政府の求めるところは共存共栄にあり。殊に両国の経済関係に至りては、自由無碍の発展を期せざるべからず。我国は支那の何れの地方に於ても一切の侵略政策を排斥するのみならず、更に進んでその国民的宿望の達成に友好的協力を与ふるの覚悟を有すと雖、我国の生存又は繁栄に欠くべからざる正当且緊切なる権益を保持するは政府当然の職責に属す。支那国民亦能く之を諒とすべきことを信ず」[91]。

すなわち、日中間の「善隣の誼」を深めることが急務であり、中国のどのような地域においても「一切の侵略政策を排斥」するとともに、不平等条約の改廃などその「国民的宿望」の達成にはについては友好的協力の方針をとるとする。また、いたずらに「局部的の利害」にとらわれるのではなく、「大局」的な観点に立つべきであり、重要なことは、日中の経済関係において「自由無碍の発展」をはかり、両国の共存共栄を実現することだという。しかし、その一方でまた浜口は、「我国の生存又は繁栄に欠くべからざる正当且緊切なる権益」はこれを保持するとの姿勢も示しており、両国ともにその立場を相互に理解して「中正公平なる調和点」を求めるべきだとするのである。これは、これまでみてきたような対中国政策についての浜口の考えの基本をあらためて表明したものだった。

ここで浜口が、「徒に局部的の利害に踢蹐するは大局を保全する所以に非ず」としているのは、のちに田中政友会内閣の外交政策について、「常に、局部的又は局地的の問題に没頭して、大局の利害を誤るの傾」があると述べているように、田中内閣の外交を批判してのことであり、そこでの局地的な利害とは、いうまでもなく満蒙のそれをさすものだった。そして浜口は、田中内閣の一連の中国政策によって、「日支間の関係は極度に悪化」[92]したとみており、日中関係の改善が急務だと考えていたのである。

またこの声明のなかで浜口は、対中国のみならず対外関係一般において、「政治関係の見地に偏して、経済関係の考察を軽んずるは、深く戒めざるべからず」とし、「国際貸借の趨勢を改善するは、主として通商及海外企業の平和的発展に待つ」[93]、すなわち輸出市場の拡大は、軍事的政略的なプレッシャーによるのではなく、経済的な国際競争力の強化によるべきだとするのがその基本的姿勢だった。このことは、すでにふれたように、彼の対中国政策のみならず、その金解禁政策や産業合理化政策、財政緊縮政策、軍縮推進方針とも関連するものだった。

なお、七月一二日、浜口、宇垣陸相、幣原外相との三者協議において、さきの張作霖爆殺事件の調査結果については、「発表せざること」と決定した。[94]この件について、のちに議会での質問にたいして浜口は、「前内閣に於て事務的にも亦政治的にも処理の済んで居るものに対して、今更議会に於て論議すると云ふことは、是は全然有害無益であります」[95]、と答えている。

その後、浜口は、同年一二月におこなった演説のなかで、その外交上の基本姿勢を述べた。そこで、日本は「東洋の平和を確保し、世界の文化に貢献すべき重大なる責任を有する」ものであり、「現代人類の間に磅礴《ほうはく》たる平和愛好の精神」を「具体化」していくことを、日本の「外交政策の基調」にすえ、それによって「世界の進運に寄与しつつ帝国の前途を開拓する」ことが、「吾人に与へられたる所の大なる使命」だとする。そして対中国政策についても次のように言及している。

「我国に取りて最も重要なる外交問題は、支那に対する各種の案件であると信ずる。元来対支政策の要諦とする所は、日支両国に共通する根本利害に立脚して百年の長計を定め、之を基調として当面の各種問題に善処するにあると信ずる。……若し日支両国民が相戒めて互に侮らず疑わず、真個和気藹々《あいあい》たる親善関係を以て、相交はることが出来るならば、諸般の懸案も自ら解決の途を見出すことが出来る。……私は大体右述べるが如き方針を以て、対支外交の解決に当り度《た》いと思ふ次第である」[96]。

対中国政策こそが「最も重要なる外交問題」と位置づけ、日中両国の「共通する根本利害」に立脚して各種の両国間の問題に対処すべきだというのである。ここでいわれている両国の共通する利害とは、さきにふれたような、中国全体ことに揚子江流域の中国中部との貿易の進展、それによる日中間の経済関係とりわけ貿易関係の緊密化が、両国の産業発展と繁栄につながるとの見方を意味するものと思われる。

さらに、翌年一月の首相としての最初の議会施政方針演説でも、浜口は、一〇大政綱の内容をさらに敷衍しながら、さきの声明と同様の趣旨を述べている。

「大局の上に於ける日支の利害は毫も相反する所なく、政治上に於ても経済上に於ても、相互の提携協調が円滑に行はれてこそ、始めて両国民の繁栄並に極東の平和は保障せらるべきものであります。……随《したがつ》て我国としては一面我が正当なる権益は之を保持するの必要あることは言を俟たざる所でありまするが、是と同時に他面支那が健全なる進歩的政策に依りまして、庶政の改善と国際的地位の向上とを求める真面目なる努力に対しては、深き同情を以て其成功を祈るのみならず、更に進んでは、及ぶ限り之に対して友好的協力を与ふるの用意があるのであります。……

治外法権制度其他所謂不平等条項の撤廃問題に就きましても、……固より我国の生存発達に必要なるところの権益は之を犠牲に供し得るものではありませぬ。是と共に支那の正当なる立場も又十分に之を尊重する事が当然であると考へます。此両国の立場の間に公平中正なる調和点を求むる所に政府の方針が存するのであります」[97]。

ここでも浜口は、日本と中国の提携協調こそが、日中両国民の繁栄と東アジアの平和を保証することとなるとして、中国との友好的協力を主張し、不平等条約の撤廃問題など中国のいわゆる国権回復運動にたいしても一定の好意的理解を示している。そして、両国民の繁栄の観点から、「支那の正当なる立場」と、日本の「生存発達に必要なるところの権益」との間で、「公平中正なる調和点」を求めることが必要だとするのである。そして浜口自身それが可能だと考えていたのである。

また、ほぼ同じ時期に浜口は、中国のこれまでの混乱した事態をふりかえり、国民政府による国家統一、その今後の展開について、「同情と忍耐とをもって其の成功を祈る」との考えを表明している。

「隣邦支那に於ては、国内の争乱年々相踵ぎ、之が為同国民の艱難は云ふ迄もなく、我国に取つても同国との政治上並びに経済上の関係に於て極めて不利なる影響を受けたのである。然るに一昨年に至つて、国民政府の非常な努力に依り、国内統一の大事業が一段落を告げた……。固より支那の歴史地理上、其他諸般の事情を考慮すれば、其の全国に亘る和平統一の完成は、一朝一夕にして期待し得られるものではないのは勿論である。……此際我々としては、目下の時局の収集に当たる人々の一方ならざる苦心努力に対し、同情と忍耐とをもって其の成功を祈るの外ないのである」[98]。

ただそのさい、「何れの国でも同様の難局に直面すると、当局者は民衆の注意を、内政問題より外交問題に転ぜむが為に、対外関係に於て、冒険的の政策を採る誘惑が強くなる」傾向があるとして、近年においては、「妄りに横車を押す様な外交政策」は、かならずしも国家の威信を高めることとはならず、また「容易に其の目的を達し得らるるもの」ではなく、したがって、「支那の政治家が、斯かる誘惑に陥らず、飽く迄も堅実妥当な方法に依って其国運の前途を開拓せむことを切望せざるを得ない」[99]ともいうのである。

ここで浜口は、直接にはおそらく国民政府による通商条約の破棄政策や、後述する中東鉄道の武力回収などのことを念頭においていると思われるが、それだけではなく、ある意味では、中国ナショナリズムの展開と、彼のいう日本の「正当且緊切なる権益」との衝突の可能性にたいする懸念が表出されているともいえよう。

さて、このような観点から、浜口内閣は、田中内閣期に悪化した日中間の関係を改善するため、まず、両国間の緊張の原因となった満蒙問題を一時棚上げにして、関税問題など国民政府とのあいだで懸案となっている解決可能な事柄を処理し、両国間の感情を緩和していく方針をとった。国民政府側も、浜口はじめ民政党が田中政友会内閣の強硬な対中国政策に批判的だったことや幣原外交の再登場もあって、浜口民政党内閣の成立に対中政策の変化を期待し、田中内閣時の厳しい対日対抗姿勢をひかえるスタンスをとった。国民政府は、当然のことながら、日本の国内政局について、政友会と民政党が対抗関係にあり、その対中国政策がかなり相違していることを認識しており、山東出兵時、民政党による田中内閣の対中国政策への批判に歓迎の意をあらわすメッセージを、総裁の浜口らに送付していた。[100] そして、浜口内閣成立直後に中ソ紛争が勃発したこともあって、対日対ソ両面対立を避けるため、国民党中央部から排日禁止命令がだされ、排日運動は一時下火となった。このことによって田中内閣期に減少した日本の対中輸出貿易は次第に回復してくる。

首相就任直後から浜口は、当時焦眉の課題になっていた金解禁、そのための緊縮実行予算策定や官吏俸給削減の問題、さらにはロンドン海軍軍縮会議への参加準備などに忙殺されるが、それらの問題がようやく一段落したころから本格的に対中国政策にとりかかることとなる。

組閣から約六ヶ月後の翌一九三〇年（昭和五年）一月、浜口内閣は、国民政府にたいして基本的には関税自主権を承認する方向で閣議決定した。[101] そして、そのための交渉が駐華臨時代理公使重光葵と国民政府財政部長宋子文とのあいだで本格的に進められた。日本側は、当初、綿製品など中国への輸出品中一九品目について、現行税率を据え置くかたちで五年間の協定税率を設定することを主な条件に、関税自主権の承認する旨を提案した。それにたいして中国側は、相当数の品目を削減するとともに期間を三年間とすること、税率は現行のものに二・五ないし五パーセントの上乗せをすることなどを主張した。

しかし、双方ともにある程度譲歩し、三月には両国間でほぼ合意に達し、協定締結の閣議決定にもとづいて、[102] 新関税協定の仮調印がなされた。実質的な内容は、中国の関税自主権を認めるとともに、最恵国待遇が中国にも与えられるとするものである。ただ、それとともに、釐金など中国内国通過税の廃止や不確実債務の整理などが中国側に義務づけられ、また日本側が提起した品目の約八割のものについて基本的には三年間のあいだは、現行税率もしくはそれに二・五パーセント上乗せした協定税率が実施されることとなった。ちなみに、日本からの中国向け輸出総額のなかで協定税率適用商品のしめる割合は、約四四パーセントだった。そのほか、満州朝鮮間の物資移動について課税額の三分の一が免除されていた陸境特別関税が廃止された。この件は、かねてから国民政府が要求していたものだった。[103]

ここで関税自主権の承認をふくむ日中間の合意がなったのは、揚子江流域を中心とする中国中央部での通商・投資を重視し、中国社会の安定化をはかり国民政府との関係を改善しようとする浜口ら日本政府側の姿勢と、関税自主権の回復によって安定した関税収入を確保しようとする国民政府の観点とが、相互に妥協点をみいだすことを必要とし、またそのことを可能にしたからだったといえよう。

このように新関税協定交渉において関税自主権の承認や協定税率の設定が合意されたことについて浜口は、日中両国とって「祝賀すべきこと」として次のように述べている。

「日支通商条約改定問題に付きましては、昭和二年以来両国間に改定交渉を行つたことがありましたが、其後種々の事情の為め、其進捗を見るに至らなかつたのであります。政府は日支国交の大局上、成るべく速に本問題の解決を図ることを必要と認めまして、本年一月以来、先ず関税問題に付き交渉を開始しました所、其後交渉は順調に進捗しまして、去る三月一一日両国代表間に協定案文の妥結を見るに至りまして、目下御裁可奏請中であります。右協定成立の上は、支那は多年の要望たる関税自主権を回復し、我国といたしましては、其最も重要視して居りました税率協定の成立を見ることとなりましたので、彼我両国の為め真に祝賀すべきことと存じます」[104]。

そして、同年五月、枢密院の批准をへて新協定の正式調印がなされた。アメリカによる中国関税自主権承認から約二年、イギリスのそれから約一年半後のことだった。なお米中間では、内国税の廃止と不確実債務の整理については問題が残された状態だったが税率協定はなく、英中間では、内国税廃止のほか一年間の協定税率の設定（差等税率の据置）が定められていた。ちなみに、イギリスの対中債権には確実な担保が設定されているものが多く、日本やアメリカと異なり不確実債務問題はほとんど存在しなかった。

こうして、浜口の「対支外交の刷新」の方針のもと、中国側の永年の懸案だった関税自主権を承認したこと、また日貨排斥運動が下火となってきたことなどから、日本政府と国民政府との関係は相対的に安定化しつつあった。[105]

だが一方、中国の国内政治では、このころ国民政府内でかなり大規模な混乱が起こっていた。国民政府主席蔣介石が国家統合を強化し地方軍団の再編を強行しようとしたことを契機に、一九二九年三月ごろから、いわゆる新軍閥混戦とよばれる国民党内での軍事対立が本格化しはじめ、その後も断続的に抗争が続いていたが、日本との新関税協定が調印された一九三〇年五月から、主流派の蔣介石と反将派有力軍人の閻錫山（山西軍）、馮玉祥（西北系軍）、李宗仁（広西軍）らとのあいだで、動員兵力一〇〇万人規模の軍事衝突（いわゆる中原大戦）がはじまった。そして、同じく蔣介石と対立していた汪兆銘らの国民党改組派と閻錫山ら反将派軍人などが合流して、事実上の独立政権である「国民党中央部拡大会議」を北京（当時北平）に設立した。中原大戦は八ヶ月あまり続く激戦だったが、東北軍の張学良が蔣介石側に加わったことなどから蔣の勝利に帰した。[106]そして北平拡大会議政権も崩壊することとなる。この間、日本の対中貿易・投資はかなり阻害され、そこに世界恐慌が重なってくる。

この中原大戦による政治的混乱もあって、この間、国民政府との重要な外交問題についての交渉は事実上進展しなかった。たとえば、関税自主権の問題とならぶ日中間の重要懸案である治外法権の問題について、両国政府間で本格的な交渉が開始されるのは、浜口辞職後の翌年三月以降となる。しかし、浜口内閣自体の治外法権問題にかんする基本方針は、一九三〇年（昭和五年）一月二〇日に閣議決定されていた。その内容は、民事刑事とも段階的撤廃をはかろうとする「漸進的方法」を採用し、撤廃の対象から租界区域や鉄道付属地を除外するとともに、撤廃の条件として中国側に居住営業や土地利用の自由などの内地解放を求めるものだった。[107]

その後、一九三一年（昭和六年）四月に、オランダ、ノルウェーが撤廃を認める協定に調印したが、アメリカ、イギリスともに国民政府との交渉が決裂して撤廃に同意せず、日本（第二次若槻内閣）も、租界や満鉄付属地の適用除外、内地解放などを撤廃の条件として主張し、この問題での交渉はまとまらなかった。しかし同年五月国民政府は、翌一九三二年一月一日より治外法権を廃止することを一方的に公布するのである。[108]

以上述べたように、首相就任後浜口は、中国の関税自主権を基本的に承認し、治外法権問題についても段階的撤廃の方向で方針を決定した。また、組閣直後に起こった中東鉄道をめぐる中ソ紛争でも、スチムソン米国務長官からの関係列国による紛争調停の提議をうけいれず不介入政策をとった。ちなみに、浜口はこの問題について、「露支両国が紛擾を醸して国交断絶に至つたことは甚だ遺憾千万である。両国とも極東の平和並に開発に対し重大なる使命を有するものであるから、速かに平和的解決を告げんことを心から希望するものである」[109]旨の発言をおこなっている。

このように、かつての田中内閣の方針とは異なり、浜口は満蒙をふくむ国民政府による国家統一を早くから認めようとし、不平等条約の撤廃など「支那の正当なる国民的宿望」[110]「支那の正当なる立場」[111]にも理解と協力を表明するとともに、実際に関税自主権の承認を実現した。しかしなお、「東三省に於ける我権利々益」は、おもに「条約の保障の下に漸次発展し来たつたもの」[112]であり、「正当且緊切なる権益」[113]だとの認識は維持していた。このことと、中国ナショナリズムの展開とのあいだで、直接的にはまず国民政府の対外政策とのあいだで、どのようにして「公平中正なる調和点」[114]が可能となるのか、浜口の構想においては、当然そのことが問われることとなる。

さきにふれたように、浜口内閣は、田中内閣期に日中間の緊張の原因となってきた満蒙問題についてはひとまず積極的な交渉をさしひかえ、まず関税自主権の承認など国民政府とのあいだで解決可能な事柄を処理し、両国間の感情を緩和して両国の関係を修復する方針をとった。そのような方針を前提に、満蒙問題について、まず一九三〇年（昭和五年）一月、満鉄事業経営にかんして関係閣僚による協議をおこない、満鉄経営をふくめた満蒙政策についての基本的な方向を定めた。

「一月一四日　火

午後四時より官邸に於いて満鉄事業経営に干《かん》する重要会議を開き、仙石総裁の説明を聴き意見を交換す。六時まで正味二時間にして僅かに一小部分を済ませるのみ。残余は更に他日を期せることとせり。外、陸、蔵、拓相出席。」（「浜口雄幸日記」[115]）

「一月二九日　水……

午後一時より満鉄問題に就き官邸に協議会を開く。宇垣陸相、幣原外相、井上蔵相、松田拓相、仙石総裁列席。此会合にて大体を議了す。本日協議の趣旨に本《もと》づき満鉄より具体案を作成、更に正式に協議すべきことを申合す。」（同右[116]）

そこでは、仙石貢満鉄総裁より、「満蒙問題の真の解決を計るには……日本を利すると同時に支那国民をも利する、真の経済提携を行うの外《ほか》方法はない」、また満鉄の経営権についても、将来の条約期限終了後の対処について、中国側に引き渡す可能性も視野に入れながら、その方針を「日支両国の為め確立」しておかなければならないとの提起があり、了解された。つづいて、石炭採掘経営、昭和製鋼所設置その他の問題にかんして意見交換がおこなわれ、田中内閣以来懸案となっている鉄道交渉問題についても、「日支親善協調の根本義に基づき好意をもって支那側に臨むべく……苟も日支間に誤解の生ぜざる様に留意し、如上［これまでの］鉄道交渉の行詰まりを打開すること」などの基本方針が合意された。[117]

このような決定にもとづいて、三月中旬、満蒙鉄道問題に関する外務省・満鉄の合同協議が開催された。そこにおいて、田中内閣時におこなわれた新線敷設を強要するような政策はとらず、満鉄に大きな打撃を与えることが明らかな中国側路線の新設は防止するが、すでに敷設された満鉄平行線については、満鉄線との運輸連絡・運賃協定を締結するよう交渉をすすめ、満蒙での日中間の関係を改善することなどが議論された。[118]しかし、その後中国側は中原大戦など内政の混乱が深刻化し、日本側もロンドン海軍軍縮条約問題で忙殺され、実際の交渉は進展しなかった。そして、ようやく両国の体勢がととのい、この問題について本格的な交渉にとりかかるようになるのは、浜口狙撃直後の一一月以降となるのである。[119]

なお、その間、一九三〇年（昭和五年）一〇月、朝鮮国境に接する吉林省間島で日中官憲の衝突が発生したが、日本政府は張学良とのあいだで連絡弁法に合意し、日本側応援警察隊の引き揚げをおこなって事態は沈静化した。その後、中原大戦に勝利した蒋介石の中国全土への支配力が強化されるにともなって、満蒙でも三〇年末から三一年前半にかけて、日中政府間の関係は小康状態をたもつこととなる。[120]

このように、浜口の構想において、中国の「正当なる国民的宿望」と、日本の満蒙における「正当且緊切なる権益」の維持とのあいだで、具体的にどのようにして「公平中正なる調和点」が可能となるのか、という点については、満鉄平行線など満蒙権益にかかわる事柄をめぐって国民政府との具体的な外交交渉が本格化する前に、浜口が銃弾に倒れることとなったのである。[121]

むすびに

以上の検討から、この時期の代表的政治家が、それぞれ独自の政治構想をもっており、そこでの対中国政策をふくめた外交構想において、相互にかなりはっきりとした相違があることがわかる。そして、第一次世界大戦末期より、藩閥官僚勢力から議会政党への政権の移動と、それによる政治体制の再編成にともなって、対中国政策をはじめ外交政策においても相当の変化があり、いわゆる政党政治期においても、政党間の権力をめぐる競合のなかで、その変化が進行していたといえる。世界恐慌と満州事変によって、そのような方向は逆転するが、原や浜口ら戦間期政党政治を担った人々の構想の方向性がもつ意味は、あらためて再検討される必要があるのではないだろうか。

また歴史認識の問題についていえば、歴史上の個々の事件、出来事のみならず、それぞれの時期の政権の基本的方向、それをリードした政治家らの構想を具体的に明らかにし、それらを現在の地点から価値評価するだけでなく、それらの構想がその時代に対してもった歴史的意味をもう一度考えてみることは、現在の議論にまた新しい視角を導入することに役立つように思われるのである。

そして、以上のような浜口の構想は、テロによって瀕死の重傷を負い、自らそれを実現していくことが不可能となる。また、後述するように、世界恐慌の波及による昭和恐慌によって崩壊していく。この浜口構想の崩壊と国民経済の深刻な混乱は、同時に、国家改造と大陸への軍事的膨張をめざす陸軍の超国家主義勢力主導による、満州事変、五・一五事件、二・二六事件、日中戦争へとつづく、政党政治の解体、第二次世界大戦への道のはじまりでもあった。

原内閣によって設定され、浜口内閣によって頂点に達した、政党内閣と国際的平和協調という政党政治の大きな方向性は、世界恐慌のもとで、それが前提とした国際的な政治経済的な枠組が崩壊することによって解体していく。そのことは、陸軍を中心とする超国家勢力主導のもとに、政党政治とその国際的平和協調路線を突き崩すかたちで、大陸への軍事的膨張政策と国家改造がおしすすめられ、彼らが実質的に国家権力を掌握していくプロセスであった。一方、議会政党勢力は、それまでの方向の政治的経済的有効性の喪失によって、それに対抗するだけのオルタナティヴをうしない、またそれにかわる新たな方向性を提起できず、結局全体としてはそれに引きずられていくのである。

注

1 山県の構想の全体像については、拙著『原敬と山県有朋』(中央公論社、一九九八年)、参照。山県に関する研究としては、岡義武『山県有朋』(岩波新書、一九五八年)、藤村道生『山県有朋』(吉川弘文館、一九六一年)、伊藤隆編『山県有朋と近代日本』(吉川弘文館、二〇〇八年)、伊藤之雄『山県有朋』(文春新書、二〇〇九年)などがある。この時期の山県の対中国政策にふれたものとしては、北岡伸一『日本陸軍と大陸政策』(東京大学出版会、一九七八年)などがあるが、この時期の山県の外交構想を全体としてあつかったものは、ほとんど見あたらない。

2 山県有朋「対支政策意見書」大山梓編『山県有朋意見書』(原書房、一九六六年)三四二―三四四頁、一九一四年八月。

なお、山県は、一九一五年五月頃、対華二一ヵ条要求問題について、側近の入江貫一に次のように語っている(尚友倶楽部編『大正初期山県有朋談話筆記・政変思出草・続』、芙蓉書房、二〇一一年、二一頁)。

要求提出直前の一九一四年(大正三年)一二月三〇日に、加藤が山県邸椿山荘を訪れ、自ら要求内容を朗読した。それを聞いて自分(山県)は加藤に、こう意見を言っておいた。対華要求のなかには、「外交上重要なる事件は先ず日本に相談せよ」とか、「財政上の事は第一に日本に依頼せよ」とかの個条もあるようだ。だが、このような「属国扱ひの個条」は中国側が受け入れるはずがない。政府はこのようなことまで要求するのか、と。

山県は、そのような個条に疑義を呈しておいたとの趣旨を述べているのである。

しかし、事実、山県が加藤にこのような意見を伝えたとすれば、加藤は驚いたことだろう。というのは、「外交上重要なる事件はまず日本に相談せよ」との見解は、本文の引用にあるように、山県自身が内閣への自らの意見書（「対支政策意見書」）においてに主張していたことだからである。「財政上の援助」を与えて日本に依存させる趣旨も、また同様に山県の意見書に含まれていた。そのような自らの意見書の内容を、当時の健康状態からして山県自身が失念していたとは思えない。

この山県の入江への談話は、事態が一段落した後に語ったものであり、そこでの山県の発言の資料評価には注意を要すると思われる。

最後通牒決定時点におけて山県は二一ヵ条要求の第五号部分に反対しているが、それは、米英から強い抗議をうけ、それを重視しての対応だった。そもそも山県は日中関係を強固なものにすべきことを主張していた。だが、その関係は対等なものとしてではなく、中国に対して、政治的なものも経済的なものも外交上重要なことは事前にすべて日本に相談させるようにすべきだとの考えをもっていたのである。

山県について、この最後通牒時の対応から、また事態が終息したのちの山県自身の発言から、第五号に当初から反対であったとの見解があるが、それは正確でないといえよう。

3　山県有朋談「対独開戦事情」伊藤隆編『大正初期山県有朋談話筆記・政変思出草』（山川出版社、一九八一年）六四頁、一九一四年八月。

4　山県有朋「日露同盟論」『山県有朋意見書』三四六―三四七頁、一九一五年二月。

5　山県有朋「対露警戒論」同〇〇頁

6　山県「日露同盟論」同一九一五年二月。

7　山県有朋「国防方針改訂意見書」同三七四―三七五頁、一九一八年六月。

なお、この時期の山県について、一貫して対英米協調の姿勢だったとの見方があるが、引用にみられるように、そのような認識は必ずしも正確でないといえよう。

8 山県「対支意見書」同三五三―三五四頁、一九一八年一月。

9 原奎一郎編『原敬日記』（福村出版、一九八一年）第四巻、四九―五〇頁、一九一四年九月。

10 「第三十六回帝国議会における演説」原敬全集刊行会編『原敬全集』（原書房、一九六九年）下巻二四五―二四八頁、一九一五年六月。

11 「積累の秕政・刷新の急務」『原敬全集』下巻八四二―八四四頁、一九一六年十二月。

12 『原敬日記』第四巻四〇三頁、一九一七年六月。

13 同第五巻一〇九頁、一九一九年六月。

14 同第四巻三〇五頁、一九一七年七月。

15 以上のような原の政治構想については、拙著『原敬　転換期の構想』（未来社、一九九五年）、参照。この時期の原の構想をあつかったものとしては他に、三谷太一郎『日本政党政治の形成』（東京大学出版会、一九六七年）、金原左門『大正期の政党と国民』（塙書房、一九七三年）、成沢光「原内閣と第一次世界大戦後の国内状況」『法学志林』第六六巻（一九六九年）、伊藤之雄『原敬』（講談社メチエ、二〇一五年）、同編『原敬と政党政治の確立』（千倉書房、二〇一四年）などがある。

16 拙著『原敬と山県有朋』四三頁、一六八頁。

17 薫顕光「原首相最後の対支伝言」小谷節夫『実力の人　原さん』（隆文館、一九二二年）二二七―二二八頁、一九二一年十一月。

18 『原敬日記』第五巻一三九頁、一九一九年九月。

19 同第五巻三一三頁、一九二〇年一一月。

20 なお、浜口の伝記については、関根実『浜口雄幸伝』（浜口雄幸伝記刊行会、一九三一年）をはじめ、加藤鯛一『大宰相浜口雄幸』（文武書院、一九二九年）、藤村健次『浜口雄幸』（日吉堂書店、一九三〇年）、尼子止『平民宰相浜口雄幸』（宝文館、一九三〇年）、青木得三『若槻礼次郎・浜口雄幸』（時事通信社、一九五八年）、波多野勝『浜

口雄幸』(中公新書、一九九三年)、黒沢文貴「『浜口雄幸　日記・随感録』解題」(みすず書房、一九九一年)今井清一『浜口雄幸伝』(朔北社、二〇一三年)など多数ある。また、浜口の娘による詳細な回想、北田悌子『父浜口雄幸』(日比谷書房、一九三二年)もある。なお、浜口の政治活動とその時代の政治状況については、伊藤隆『昭和初期政治史研究』(東京大学出版会、一九六九年)、参照。

21　なお、浜口内閣の内政については、土川信男「政党内閣と産業政策」(二)『国家学会雑誌』第一〇八巻第三・四号(一九九五年)、宮島英昭「産業合理化と重要産業統制法」近代日本研究会編『政党内閣の成立と崩壊』(山川出版社、一九八四年)、高橋衛「昭和初年における産業合理化政策導入の契機」『広島大学政経論叢』第二四巻第六号(一九七五年)、原朗「一九二〇年代の財政支出と積極・消極両政策路線」中村隆英『戦間期の日本経済分析』(山川出版会、一九八一年)、升味準之輔『日本政党史論』第五巻(東京大学出版会、一九七九年)、などの研究がある。

22　田中内閣期の対中国政策および日中関係の展開については、佐藤元英『昭和初期対中国政策の研究』(原書房、一九九二年)、同『近代日本の外交と軍事』(吉川弘文館、二〇〇〇年)、臼井勝美『日中外交史』(塙書房、一九七一年)、入江昭『極東新秩序の模索』(原書房、一九六八年)、など参照。

23　「不義の圧迫に屈する勿れ」『浜口雄幸集　論述・講演篇』(未来社、二〇〇〇年、以下『論述・講演篇』と略)二八頁、一九二七年八月。なお、山東出兵の詳細については、井星英「昭和初年における山東出兵の問題点」『芸林』第二八巻第三・四号第二九巻第一・二号(一九七九・一九八〇年)、など参照。

24　「東方会議『対支政策綱領』に関する田中外相訓令」『日本外交年表並主要文書』下、一〇一―二頁。

25　『帝国議会衆議院議事速記録』第五一巻二二九頁、一九二七年五月。

26　「時局を誤る田中内閣の施設経綸」『論述・講演篇』三五頁、一九二七年九月。

27　同三四頁。

28　同右。

29　「政党内閣試練の時代」同四五頁、一九二七年一一月。

30 「第五十六議会に直面して」同一〇九頁、一九二八年一二月。
31 「行詰れる局面の展開と民政党の主張」同九六頁、一九二八年九月。
32 「満州に動乱波及の際の処置につき張作霖及南京政府への通告」『日本外交年表並主要文書』下、一一六頁。
33 「昭和三年五月一六日田中外相より在中国吉沢公使宛(電報)」『日本外交文書』昭和期Ⅰ第一部第二巻七九—八〇頁。
34 「行詰れる局面の展開と民政党の主張」『論述・講演篇』九三頁、一九二八年九月。
35 同右。
なお、このころ民政党は、田中内閣の対中国政策を批判する声明を、六月七月と二度にわたって発表したが、八月、民政党の有力者床次竹二郎ら二五名が、党の対中国政策などへの批判をおこなって離党、田中内閣に近いスタンスをとることとなる。
36 同九三—四頁。
37 同九四頁。
38 同九二—三頁。
39 「政党内閣試練の時代」『論述・講演篇』四五頁、一九二七年一一月。
40 同四五—六頁。
41 「暗黒政治打開の一戦」『論述・講演篇』一二〇頁、一九二九年一月。
42 「民政党第一回大会での総裁挨拶」『論述・講演篇』五五頁、一九二八年一月。
43 東三省易幟をめぐる日本側・東北政権・国民政府の動きについては、土田哲夫「東三省易幟の政治過程」『東京学芸大学紀要』第三部門第四四集(一九九二年)、邵建国「東三省の易幟と日本の対応」『九州史学』第八六巻(一九八七年)、参照。
44 『帝国議会衆議院議事速記録』第五二巻二五六頁、一九二九年二月九日。
45 「暗黒政治打開の一戦」『論述・講演篇』一二〇頁、一九二九年一月。
46 同右。

47 同一一二頁。
48 「第五十六議会に直面して」『論述・講演篇』一一一頁、一九二八年一二月。
49 『帝国議会衆議院議事速記録』第五二巻二五六頁、一九二九年二月。
50 「暗黒政治打開の一戦」『論述・講演篇』一二一頁、一九二九年一月。
51 「行詰れる局面の展開と民政党の主張」同九七頁、一九二八年九月。
52 同九六頁。
53 同九四頁。
54 「昭和四年七月一九日幣原外務大臣・トロヤノフスキーソ連大使会談」『日本外交文書』昭和篇Ⅰ第一部第三巻三一七頁。
なお、関連する幣原の発言で次のようなものがある。

「此等［東三省地方］の権利利益は主として我国民の多大なる努力及犠牲に依り、条約の保障の下に築き上げられ、我国家的生存とも密接なる関係を有するものがある。東三省の政治組織に如何なる変更ありとも厳然として侵すべからざる基礎を有している。若し支那官憲が之に関し何等［か］無理なる要求を提出するならば、我国は断固たる決心を以て、静に不同意を答ふべきのみである」（「対支外交に就て」『民政』二巻一一号一七頁、一九二八年九月）。
55 「日清通商航海条約」『日本外交年表並主要文書』上、一七六頁、一八九六年。
56 日中間の関税問題の展開については、久保享『戦間期中国〈自立への模索〉』（東京大学出版会、一九九九年）、副島昭一「中国の不平等条約撤廃と『満州事変』」古屋哲夫編『日中戦争史研究』（吉川弘文館、一九八四年）、など参照
57 「行詰れる局面の展開と民政党の主張」『論述・講演篇』九五頁、一九二八年九月。
58 同右。
59 この間の経緯については、Edmund S.K.Fung, The Diplomacy of Imperial Retreat :Britain's South China Policy,

1924-1931 (Oxford, 1991),Oorothy Borg, American Policy and The Chinese Revolution,1925-1928 (New York,1968)、など参照。

60 「暗黒政治打開の一戦」『論述・講演篇』一二一頁、一九二九年一月。

61 『帝国議会衆議院議事速記録』第五二巻二五五頁、一九二九年二月。

62 同右。

なお、張作霖爆殺事件については、島田俊彦「張作霖爆殺事件」『軍事史学』第二巻(一九六五年)、大江志乃夫『張作霖爆殺』(中央公論社、一九八九年)、など参照。

63 「国民的判決の前に自決せよ」『論述・講演篇』一二九頁、一九二九年三月。

64 『東京朝日新聞』一九二九年六月二六日。

65 「国民的判決の前に自決せよ」『論述・講演篇』一二八頁、一九二九年三月。

66 不戦条約の問題については、大畑篤四郎「不戦条約と日本」『国際政治』第二八巻(一九六五年)、参照。

67 「当面の国情と金解禁後の対策」『論述・講演篇』一九四頁、一九二九年一一月。

68 『民政』三巻七号二一―三頁、一九二九年六月。

69 本書第一章、および拙稿「立憲制的君主制から議会制的君主制へ」前掲伊藤之雄・川田稔編『環太平洋の国際秩序と日本』三二一―三二四頁。黒沢文貴「解説」池井優他編『浜口雄幸　日記・随想録』(みすず書房、一九九一年)六二〇頁、参照。

70 田中辞職の経緯については、伊藤隆・広瀬順晧編『牧野伸顕日記』(中央公論社・一九九〇年)二六八頁以下、伊藤之雄「田中義一内閣と立憲君主制の混迷」(『法学論叢』一四八巻三・四号、二〇〇一年、同『昭和天皇と立憲君主制の崩壊』所収)、粟屋憲太郎「田中内閣倒壊前後の政局と天皇・宮中」前掲『昭和初期の天皇と宮中』第三巻、など参照。

71 「経済難局打開の使命」『論述・講演篇』一八二頁、一九二九年一〇月。

なお、浜口内閣期の外交問題については、関寛治「満州事変前史」日本国際政治学会編『太平洋戦争への道』

第一巻（朝日新聞社、一九六三年）、今井清一「幣原外交における政策決定」日本政治学会編『対外政策の決定過程』（有斐閣、一九五九年）、など参照。
72 「強く正しく明るき政治」『論述・講演篇』二〇八頁、一九二九年一〇月。
73 「施政方針に関する首相声明」『論述・講演篇』一三六頁、一九二九年七月。
74 「回訓案決定の件説明原稿」『論述・講演篇』二五三―四頁、一九三〇年六月。
75 『浜口雄幸集　議会演説篇』（未来社、二〇〇四年、以下『議会演説篇』と略）三九頁。「経済難局打開の使命」『論述・講演篇』一八三頁、一九二九年一〇月。
76 入江『極東新秩序の模索』一〇頁以下。
77 原田熊雄『西園寺公と政局』（岩波書店、一九五〇年）第一巻一八頁。
78 「敵よりも味方の利害」『日本及日本人』第七四五号五一頁、一九一八年一一月。
79 「施政方針に関する首相声明」『論述・講演篇』一三六頁、一九二九年七月。
80 浜口雄幸「戦後の経済問題」『浜口雄幸集　論述・講演篇』（未来社、二〇〇〇年）三七五頁大正七年一一月二五日。『議会演説篇』二九〇頁、一九二一年一月二二日。『第四二回帝国議会衆議院予算委員会議録第一回』一九二一年一月二十六日、六頁。
81 「東洋の平和を確保し……現代人類の間に磅礴《ほうはく》たる平和愛好の精神を……我が外交政策の基調となし、以て世界の進運に貢献しながら洋々たる帝国の前途を開拓することは、実に吾人の大なる使命である」（「経済難局打開の使命」『浜口雄幸集　論述・講演篇』一八二頁、一九二九年一〇月一三日）。
82 「施政方針に関する首相声明」『論述・講演篇』一三六頁、一九二九年七月。
83 「経済難局打開の使命」『論述・講演篇』一八三頁、一九二九年一〇月。「軍縮会議と我国の態度」『論述・講演篇』一九三頁、一九二九年一二月。
84 小林龍夫「海軍軍縮条約」前掲『太平洋戦争への道』第一巻、五三頁以下。麻田貞雄『両大戦間の日米関係』（東京大学出版会、一九九三年）一七六頁以下。

85 「ロンドン海軍軍縮条約に関する首相声明」『論述・講演篇』二五八頁、一九三〇年一〇月。
86 『憲政』四巻二号二五頁。
87 「悲観的財政方針と楽観的経済観」『太陽』二二巻八号六〇頁。
88 「財政の余裕と其処分問題」『太陽』二八巻一号二四頁。
89 『議会演説篇』三二九頁。
90 『東京朝日新聞』昭和四年七月二五日。
91 「施政方針に関する首相声明」『論述・講演篇』一三五―六頁、一九二九年七月。
92 「内閣の信任を国民に問う」『論述・講演篇』二二九頁、一九三〇年二月。
93 「施政方針に関する首相声明」同一三六頁、一九二九年七月。
94 『浜口雄幸　日記・随感録』前掲二〇四頁、一九二九年七月一二日。なお、関寛治「満州事変前史」前掲三三〇頁。
95 『議会演説篇』七二頁。
96 「当面の国情と金解禁後の対策」『論述・講演篇』一九四―六頁、一九二九年一一月。
97 『議会演説篇』三九頁。
98 「強く正しく明るき政治」『論述・講演篇』二〇五頁、一九三〇年一月。
99 同二〇八頁。
100 土田哲夫「東三省易幟の政治過程」前掲八二―九四頁。
　たとえば、浜口内閣成立時、中国側ジャーナリズムは、その対中政策は田中内閣と基本的には変わらないとするものもあったが、なかには、「民政党は田中内閣の対支政策に事毎に反対し来ったから、新内閣の成立後は前内閣の過誤を改め、進歩賢明な政策を採用するだらう。殊に幣原外相は日本の新外交家で、支那に対し自由主義を主張し、田中前外相の干渉侵害主義とは根本的に相反する。日本の対支政策を根本的に改善するは、新内閣当面の急務である」[『新中日報』]（浜口内閣編纂所編『浜口内閣』、浜口内閣編纂所、一九二九年、六五頁）との論調もみられた。

ちなみに、国民政府外交部長王正廷は、「日本新内閣並びに幣原新外相に対して、吾々は頗る好感を以て之を迎へるものである。けれども其の対支政策に於て……余り過大な期待は持つてはいない。只これに依つて当分日支間に幸福を齎らし得れば結構で、新内閣も亦当然之を望んでいるものと信ずる」（浜口内閣編纂所編『浜口内閣』前掲六六頁）とのコメントを残している。

なお、組閣直後に任命された佐分利貞夫駐華公使が同年一一月に急死したため、後任に小幡酉吉を選定したが、国民政府側が小幡のアグレマンを拒否し、急遽、上海総領事重光葵が臨時代理公使に就任した。この中国側のアグレマン拒否は、小幡が対華二一カ条要求に関わっていたことによるものとされたが、実際は後述するような国民政府内部での蒋介石と反将グループとの対立に起因するもので、反将グループが蒋介石攻撃の一つとして問題にしたための結果だった（上村伸一『日本外交史』第一七巻、前掲三一〇―二頁、参照）。

101 「昭和五年一月二四日閣議決定」『日本外交文書』昭和篇I第一部第四巻三五七―八頁。

102 外務省資料『日支関税条約関係一件』第三巻、九六〇―五頁、外交史料館所蔵。

103 久保亨『戦間期中国〈自立への模索〉』前掲五一―六二頁。副島昭一「中国の不平等条約撤廃と満州事変」前掲一九七―二〇三頁。

104 『帝国議会衆議院議事速記録』第五四巻一二頁、一九三〇年四月。

105 たとえば、この後、国民政府より日本からの軍事訓練団の招聘申し入れがあり、その派遣が実現している（幣原平和財団編『幣原喜重郎』、幣原平和財団、一九五五年、三九七頁。上村伸一『日本外交史』第一七巻、前掲三一九頁）。

106 横山宏章『中華民国史』（三一書房、一九九六年）一〇〇頁。

107 『条約局第二課（極秘）条約局調書（第五十八回帝国議会参考資料）』昭和五年四月、一五四―六頁、外交史料館所蔵。

108 副島昭一「中国における治外法権撤廃問題」『和歌山大学教育学部紀要』二九号、小池聖一「『治外法権の撤廃』と『治安維持』」『広島平和科学』一八号、など参照。

109 『東京朝日新聞』昭和四年七月二二日。

中ソ紛争については、土田哲夫「一九二九年の中ソ紛争と『地方外交』」『東京学芸大学紀要』第三部門第四八号（一九九七年）、服部龍二『東アジア国際環境の変動と日本外交１９１８―１９３１』（有斐閣、二〇〇一年）第五章、など参照。

110 「行詰れる局面の展開と民政党の主張」『論述・講演篇』九二頁、一九二八年九月。

111 『帝国議会衆議院議事速記録』第五四巻九頁、一九三〇年一月。

112 「行詰れる局面の展開と民政党の主張」『論述・講演篇』九三―四頁、一九二八年九月。

113 「施政方針に関する首相声明」『論述・講演篇』一三六頁、一九二九年七月。

114 同右。

115 『浜口雄幸　日記・随感録』前掲二八五頁。

116 同二九二頁。

117 『中外新聞』一九三〇年一月一五日、『東京朝日新聞』一九三〇年一月三〇日。佐藤元英『近代日本の外交と軍事』前掲二七三―二七四頁。

118 「満蒙鉄道問題に関する協議要項」『村上義一文書』５Ｄ―２、慶応義塾大学三田メディアセンター所蔵。小林道彦「政党政治と満州経営」黒沢文貴他編『国際環境のなかの近代日本』、芙蓉書房、二〇〇一年、二一七―八頁。

119 ちなみに、幣原外相は、浜口遭難の当日の一一月一四日、重光駐華代理公使ほか関係機関に、「満州に於ける鉄道問題に関する件」と題する方針案を示したが、そこでは、「支那側の感情融和を図り」、満鉄競争線については、満鉄に「致命的の影響」をあたえるものは「阻止」すべきだが、それ以外の既設線については、連絡協定を締結して、これまでの「抗議を撤回」するとともに、その他の路線については、むしろ「支那側の建設に援助を与ふる」こととする。そして、田中内閣期に建設を認めさせたいわゆる満蒙五鉄道についても、そのうち三鉄道は「支那側の自弁敷設に任せ」、残りの二鉄道についても、権利留保など融和的な方向が示された（外務省記録『満蒙問題に関する交渉一件　満蒙鉄道交渉問題』三〇八―三三二頁。尾形洋一「第二次『幣原外交』と『満蒙』鉄道交渉」

『東洋学報』第五七巻第三・四号、一九七六年、四九一―四九二頁、参照）。

なお、張学良の満蒙自弁鉄道建設計画、葫蘆島港湾建設計画など日本への対応の問題については、尾形洋一「東北交通委員会と所謂『満鉄包囲鉄道網計画』」『史学雑誌』第八六巻第八号（一九七七年）五三―五九頁、李明「所謂『満蒙懸案交渉』と張学良の対応」『中京大学社会科学研究』第六巻第一一号（一九八六年）六五―七五頁、土田哲夫「一九二九年の中ソ紛争と『地方外交』」前掲一七八頁、など参照。

また、租界問題については、外務省内で、全八カ所の租界中、天津・漢口をのぞいて、蘇州・杭州・重慶など六カ所を返還することが検討されていた（関寛治「満州事変前史」前掲三四三―三四三頁、酒井哲哉「『米英強調』と『国際協調』」近代日本史研究会編『協調政策の限界』（山川出版社、一九八九年）七七―七九頁、参照。

ところで、この外務省「満州における鉄道問題に関する件」の方針案について、一二月三日、陸軍省側から一部修正のうえで同意する旨の回答がなされた。この時の陸軍側の回答について、額面どおり外務省案に基本的には同意したものとする理解が多い。だが、その時の小磯国昭陸軍省軍務局長による意見書は、次のようなものだった。

中国側の対満鉄政策は「政治的見地」からのもので、方針案のいうような「共存共栄」は不可能であり、中国側の日本への「対抗競争」を「断念」させるような処置を講じなければならない。しかしながら、「満州の現状はこの大方針の実現を待つを許さざるもの」があり、それゆえ「応急の策」として、外務省案に一部修正を加えて同意する。

すなわち、外務省方針である日中間の共存共栄は不可能だとして、基本的には外務省の融和姿勢に事実上の反対を表明したうえで、さしあたりの当面の処置としては同意するとしているのである。

あまり指摘されていないが、この幣原外相提案は、じつは陸軍にとって重大な内容をふくんでいた。田中内閣期に、山本満鉄社長が張作霖に満鉄請負契約による建設を認めさせた満蒙五鉄道のうち、洮南・索倫線、延吉・海林線、吉林・五常線は、東方会議のさいの外務省案にはふくまれておらず、その建設は、対ソ戦対応を主眼とする陸軍側の強い意向によるものだった。洮南・索倫線は、東方会議でも陸軍と外務省との対立の焦点となった。

幣原案はその三線をすべて中国側の自弁鉄道として認めようとするものだったのである。おそらく陸軍主流（宇垣派）にとっても、とうてい認められない内容だったと思われる。

したがって、陸軍側の同意は、文字どおり「応急」の回答としてであり、少なくとも中堅幕僚層は、この時点で民政党の外交政策いわゆる幣原外交に、基本的に見切りをつけたと推測される。

120 中国本土では、一九三〇年七月中国共産党が長沙にソヴィエト政権を樹立、同年九月国民政府による第一次対共産党掃討作戦開始、翌年五月反将グループによる広東国民政府樹立などの動きがおこっている。

121 浜口首相、幣原外相のもとでの民政党内閣は、対中国政策において、さまざまな問題をかかえながらも、中国政府側が実力行使に訴えないかぎりは、懸案事項の解決については、軍事力や謀略によるのではなく、あくまでも両国の協議によって事態の打開をはかろうとする姿勢だった。そのさい、満蒙の既得権益についても、陸境特恵関税や輸出付加税、満鉄平行線、満蒙五鉄道の問題など、周辺的な利権については国民政府の要請に応える用意があった（小池聖一「『交渉』と『蓄積』――日中関税協定施行過程における日本側対応――」『年報近代日本研究』一七巻、一九九五年、同『満州事変と対中国政策』、吉川弘文館、二〇〇三年、所収）。中国各地の日本租界についても、外務省内では、全八カ所中、天津・漢口をのぞいて、蘇州・杭州・重慶などを返還することが検討されていた（関寛治「満州事変前史」前掲三四三―三三頁）。中国側による葫蘆島の築港や満鉄平行線など、いわゆる満鉄包囲網の建設といわれた問題についても、外務省は、葫蘆島の港湾建設は日本側にそれほど大きな影響はないと判断しており、満鉄平行線問題は、共存共栄の観点から融和的な方針で対処しようとしていた。なお、一九三〇年代初期、満鉄が経営危機に陥ったさい、原因は中国側の満鉄包囲網にあるとの宣伝が満州や日本国内の一部でなされ、現在でも一般にはそのような見方がかなり流布しているが、当時満鉄自身は、基本的には世界恐慌の影響によるものと分析していた（尾形洋一「東北交通委員会と所謂『満鉄包囲鉄道網計画』」『史学雑誌』第八六巻第八号、一九七七年、五三―九頁）。

また国民政府側も、この時期、いわゆる「革命外交」として不平等条約の撤廃など国権回復を追求しようとし、鉄道利権や租界・租借地の回収も表明していたが、その対日政策は、日本の軍事的介入を招かないよう、きわめて慎重だった。田中内閣期の山東出兵や五・一八覚書、張作霖爆殺、東三省の易幟延期勧告など浜口内閣直前におこされた事柄のみならず、かつての大隈内閣期の対華二カ条要求や排袁政策、寺内内閣期の援段政策やシベリア出兵時の北満派兵など、日本の軍事的謀略的介入の生々しい記憶があり、しかも日本の軍事力の脅威をかなり高く評価し警戒していた（土田哲夫「東三省易幟の政治過程」前掲八〇―九三頁、同「一九二九年の中ソ紛争と『地方外交』」前掲一七八頁）。

したがって、前述したように、浜口民政党内閣には相対的に好意的スタンスをとり、両国政府間の関係は、満蒙問題や治外法権問題など種々の対立要因をはらみながらも、ある種の均衡状態にあったといえる。中国国内における民間のナショナリズムの高揚にもかかわらず、国民政府が、日本との正面からの軍事衝突の危険を冒してまで、実力による利権回収にでる可能性はほとんどなかったといえよう。このように浜口内閣期、日中政府間は、南満州鉄道とその付属地、旅順・大連などの租借地の存在、租界問題、治外法権問題など、潜在的にはかなり深刻な利害対立と緊張関係とをはらみながらも、相対的に安定していた。たとえば国民政府外交部長王正廷は、中国国内の公式の場で「浜口内閣成立以来、幣原外相は毅然として田中内閣当時の態度を改善し、中日邦交に利する所実に多し」との評価を表明していた（『日本外交文書』昭和篇Ⅰ第一部第四巻九五四頁、一九三〇年一二月二二日）。

ちなみに、満州事変以後の日本の大陸への軍事的膨張政策について、中国ナショナリズムの進展によって日本の満州権益維持政策が追いつめられてきた結果であるとの根強い見解があるが、すくなくとも浜口内閣期には、そのような状況把握はあたらないといえよう。

第三章　民政党総裁期（田中内閣時）浜口雄幸の内政構想

はじめに

浜口雄幸は、一九二七年（昭和二年）より民政党初代総裁をつとめ、いわゆる戦前政党政治の絶頂期にあたる、一九二九年（昭和四年）から一九三一年（昭和六年）まで、内閣総理大臣としていわゆる浜口民政党内閣をひきいた人物であり、原敬、加藤高明などとならんで、政党政治期を代表する政治家の一人として知られている。

だが、彼の政治活動やそれを支えた政治構想についての本格的な研究は、ほとんどなされていない。現在日本は大きな転換期にあり、今後その方向性を考えていくうえでも、戦前政党政治期の外交・内政上の政治的経験があらためて注目されている。

本章では、昭和初期浜口の政治構想研究の一環として、彼の民政党総裁期のうち田中義一政友会内閣期の内政構想を検討する。この時期の構想が、のちの首相在任期の、金解禁や緊縮財政、海軍軍縮などの諸政策のベースとなっていく。

さて、一九二七年（昭和二年）四月一七日、若槻礼次郎憲政会内閣は、台湾銀行救済にかかわる緊急勅令が枢密院本会議で否決され、総辞職した。後継首班について昭和天皇より下問をうけた元老西園寺公望は、憲政会に次いで衆議院第二党の位置にあった政友会総裁田中義一を奏薦し、同一九日、田中に組閣の大命が下った。ちなみに、総辞職直前の議会での憲政会の衆議院議席数は一六六名、政友会は一五八名、第三党の政友本党（党首は床次竹二郎）は八八名であった（総議員数四六〇名）。

明治憲法では内閣総理大臣の任命権は専一的に天皇に帰せられていた。だが、実際上は元老の推薦にもとづいて首班決定がなされるのが慣例だった。若槻内閣総辞職当時、元老は、山県有朋、松方正義の相次ぐ死によって、一九二四年（大正一三年）七月以降、西園寺ただ一人となっていた。西園寺は、かねてからイギリス型の議院内閣制を理想としており、原則として衆議院で多数をしめた政党の党首が政権を担当し、その内閣が政治的理由によって辞職した場合は第二党が政権に、との考えによって田中を推したのである。なお、このとき昭和天皇は、前例とは一部ことなり、牧野伸顕内大臣に、今後の処理方のみならず後継首相の人選についても下問している。それは西園寺が前年に、自分も老衰しかつ将来のこともあるので今後は政変のおりには内大臣にも御下問あるよう、との意見を天皇に上申していたためだった。牧野は、宮内大臣、侍従長、宮内次官、侍従次長、内大臣秘書官長ら宮中高官と合議のうえで、「憲政の常道」により田中を次期首班とするのが妥当との意見を西園寺に伝えている。ただし西園寺は、これまでも奉答にあたって内大臣との協議は非公式におこなっていた。[1]

四月二〇日、田中義一政友会内閣が成立。陸海軍大臣および法務大臣以外はすべて政友会の党員でしめられ、外務大臣は田中自身が兼仕した。

田中は、桂太郎、寺内正毅につぐ長州山県閥直系の軍人として参謀次長や陸軍大臣を歴任した人物であったが、軍事参議官在任中、政友会から高橋是清総裁の後継として請われ、予備役となって政友会総裁の地位についていたのである。かつて原敬政友会内閣において陸軍大臣としてさまざまな局面で原に協力した実績と、元老西園寺との良好な関係や陸軍への影響力を期待されてのことだった。なお田中は総裁就任後、加藤高明憲政会内閣の末期、その推薦によって貴族院議員に勅選されていた。

他方、憲政会と政友本党は合同して、六月一日に民政党を結成。憲政会で党首の若槻につぐ位置にあった浜口雄幸が初代総裁となった。

浜口は、第三次桂太郎内閣で逓信次官をつとめたあと同志会に入党。さらに第二次大隈重信内閣で大蔵次官につくとともに間もなく衆議院議員に選出された。その後同志会が憲政会となってからも、加藤高明護憲三派内閣および同憲政会単独内閣の大蔵大臣、若槻内閣の内務大臣などのポストを歴任していた。

浜口総裁のもと民政党の布陣は、顧問として、若槻、床次ら四名。党実務の中枢である総務は、安達謙蔵、富田幸次郎、町田忠治、小泉又次郎ら一〇名。相談役として、江木翼、片岡直温ら四六名。幹事長は桜内幸雄となった。なお、遊説部長に少壮の中野正剛が就いている。

本章では、民政党総裁となった浜口の、田中内閣期の内政論を検討する。

第一節　積極財政と財政緊縮

田中内閣は組閣直後、三週間を期限とする支払猶予《モラトリアム》の緊急勅令を公布するとともに、日銀に市中銀行への非常貸出をおこなわせた。さらに五月、臨時議会を招集して、その日銀の特別融資に五億円を限度として国家補償をおこなう法案、台湾銀行に政府の補償付きで日銀が二億円を融資する法案を成立させ、金融恐慌はひとまず沈静化した（当時の円の貨幣価値は、だいたい現在の三〇〇〇倍）。

また、田中首相は、緊急勅令公布当日（組閣二日後）発表した内閣の「内治外交方針声明」のなかで、内政の基本方針として、「取敢へず現下財界の不安を一掃し、其他は国民精神を作興し、産業立国を根本の基調として、政務の刷新、地方分権、農村振興及び社会政策の実施を計り、且つ司法権の尊厳を維持する」[2]旨を明らかにした。

ここで内政の根本基調としている「産業立国」とは、それまでの田中の言葉によれば、「経済政策は勿論、政治も、教育も、国防も、外交も、一に産業の振興を以て其の基調たらしめんことを期する」ものので、「公私の施設経営」を「積極進取」の方向でおこなおうとするものであった。[3]

この産業立国の方針は、田中が政友会総裁就任演説において政友会の主要な政綱のひとつとして強調したもので、それ以降も田中総裁のもとで重視されしばしば言及されてきていた。総裁就任演説において田中は、第一次世界大戦後、「戦争の惨禍」によって列国は「侵略的軍国主義の悪夢から覚醒」し、「協調的国際思潮」が基本となったが、そのことはまた国際的に「激しい産業競争の経済戦」を結果することとなり、それに対処するには産業立国が必要だというのである。したがってその産業立国の基本は、列国間の国際的な経済競争に対応するための「商工の奨励、貿易の振興」にあり、その他の関連する政策もこれをサポートするものとして位置づけられていた。[4] そして、政友会の伝統的な方針である、いわゆる積極政策、積極財政もこの時期基本的にはそのための方策として考えられていたのである。

田中内閣成立後一ヶ月余りを経た六月はじめ、前述のように、憲政会と政友本党の合同により民政党が成立、浜口が初代総裁に就任した。民政党の衆議院議席数は二一九名（旧憲政会一六一名、旧政友本党六九名ほか）で第一党となり、政友会は一九〇名で少数与党となった。だが、そのころ浜口は体調が優れず、八月中旬からようやく党首としての本格的な活動を開始する。

まず、八月の民政党全国支部長会および九月の同議員総会において、総裁として実質的には初めて本格的な演説をおこない、内政外交の基本方向について自らの考えを明らかにした。そのなかで浜口は、田中内閣の内政についても批判を展開し、いくつかのポイントで自身の構想を対置している。

その内政論においては経済政策の問題が第一にとりあげられている。そこで浜口は、経済界はいま「極端な不景気」に陥っており、先般の金融恐慌は一応沈静化したが、これによって経済が安定したと考えるのは大きな誤りで、経済界は「内面的には未だ安定していない」として、田中内閣の動向を次のように批判している。

「痛心に堪へないのは、政府当局者が今日も依然として積極政策とか産業立国とか云ふ従来の旗印に捉はれ、此の不景気の財界［＝経済界］に処して計数上到底不可能なる厖大杜撰の予算を編成せんとし、益々経済界の病弊を深刻ならしめんとすることである。……政府は先般総額三億円にも達せんとする新事業を抱へて予算閣議を開いたのであるが、……［その財源については］畢竟一般特別会計共に厖大なる公債を発行して、一時を彌縫せんとするに堕ちはせぬかと思はれます。……甚しきは、産業振興の為なら何程内債外債を起しても差支へなしなど放言して居る向もあるが、斯の如きは衰余の病体にアルコールを煽つて放歌乱舞せんとするが如く、其の結果益々病源を深くして惨憺たる破滅に陥らんことは、内外の歴史の立証する所である」[5]。

すなわち、日本経済は現在深刻な不況に陥っている。それにたいし田中政友会内閣は、積極政策、産業立国の方針から、「厖大なる公債」を発行するかたちでの予算編成を考えているようであり、関係者の中には産業振興のためならば公債発行はなんら差しつかえないなどと発言しているものもある。だがそれは、「衰余の病体にアルコールを煽つて放歌乱舞」するようなもので、結果は「惨憺たる破滅」を招くことになるというのである。

このころ田中内閣は、八月上旬から中旬にかけ予算閣議を開催、各省からの約三億円の新規事業費要求をうけ、予算案への具体的内容の検討をおこなったが、閣僚間で意見が対立して紛糾、結論をえないままに審議をいったん打ちきっていた。

ここで、浜口が、「産業振興の為なら何程内債外債を起しても差支へなしなど放言して居る向もある」としているのは、たとえば当時、政友会の有力者山本条太郎が、国家財政主導による産業振興を主張し、「財政これを許さずんば……公債の募集に俟《ま》つも不可はない」[6]と発言していたことなどが念頭に置かれていたと思われる。

当時、国債累積額は五二億近くとなっており、その利息支払だけでも年間二億六七千万円にのぼり、さらに、若槻内閣末期に成立した震災手形法や先の金融恐慌対処のための二法案などで、なお数億の公債増加が見込まれていた。浜口は、そのうえに政府予算として、いわゆる積極政策を遂行するために巨額の公債発行をおこなえば、「累を将来に貽《のこ》す」ことになり、また「外国に対する帝国財政の信用」を失墜させ、外債の借換に支障をきたすなど、「国家永遠の損害となる」[7]とみていた。

ちなみに、一九二七年度（昭和二年度）の一般会計総予算規模は約一七億七〇〇〇万円で、うち歳出中の国債関係費は二億八〇〇〇万円であった。[8]

さて、ではこのような「経済財政の難局」に、どのように対処すべきだと浜口は考えていたのであろうか。それには経済界を「抜本的に安定」させる必要があり、そのためには「一定の方針」にしたがい、まず「堅忍不抜の精神」をもってその「整理緊縮」に努め、そこから「根本的立直し」をはかるほかないというのである。[9]そして、とるべき「国家永遠の産業政策」の方向として、次のように述べている。

「国家永遠の産業政策としては、此の狭少なる国土の中に現存する生産販売機関の重複過剰濫費無規律を整理統制して、所謂産業組織の現代化を図り、大に主要産業を建設して、国家生産力の根抵を固むることが必要である。立憲民政党の宣言政綱に、国家の整調によりて生産を旺盛にし、分配を公正にし、以て公衆の福利を増進せんことを力説したのは、此の間の基調を語るものであります。然れども今は共の地ならしを為す為にも、緊縮整理を必要とする時代である。無規律、濫費、過剰、重複を助長すべき放慢政策は、現代的産業政策の創設を妨害する点から見ても、断じて之を斥けなければなりません」[10]。

つまり、「産業組織の現代化」をはかり、「主要産業」を積極的に建設して、「国家生産力の根抵」をかためる方策をとるべきであり、そのためには今は「緊縮整理」が必要であるというのである。このことは「国家の整調」によって「生産を旺盛に」することの一つの方策と考えられていた。その具体的内実は、ここでの発言では例示的に、「生産販売機関の重複過剰濫費無規律」を「整理統制」するという以上には述べられていないが、産業組織の現代化をつうじて国家生産力の基礎を強固にし生産の発展をはかるとの考えは、方向性として後の浜口内閣の産業合理化政策につながっていくものであった。すなわち国の政策によって国民経済のさらなる発展をはかる積極的な方策の一つと考えられていたのである。そのような方策は、後述するように、金解禁政策とあいまって、「産業貿易の堅実なる発達」[11]をはかろうとするものであり、大きなねらいとしては、内政的観点のみならず、政友会の産業立国策と同様、第一次世界大戦後の国際状況――列国間の経済的国際競争――への対応を念頭においたものであった。ちなみに、民政党の創立宣言においても、政策によって「生産」を「合理化」し「能率を高め」る必要に言及している。[12]

次に浜口は、田中内閣の地租委譲政策を取り上げ、それを批判するとともに、民政党の義務教育費国庫負担増額の方策を対置している。

政友会は、かねてから地方分権・農村振興策の一環として、地租の地方委譲、すなわち地租を国税から市町村税に委譲し、新たな地方財源とすることを党の政策としてかかげ、田中内閣も、地租委譲を実現すべく議会への法案提出を検討していた。

浜口は、政友会の地租委譲案は「無謀なる」ものであり、委譲分をうめる「財源を明示せざる」当該案には賛成できないとし、また、委譲した地租分の国家財政を補填するため、公債の増発か増税にむかう危険があるという。

そして、「地方の財政難を緩和」し、「地方民の複利を増進」するためには、現在年額七五〇〇万円となっている義務教育費国庫負担額を「逐次に増加」して、将来は小学校教員俸給の「全額国庫支弁」を実現すべきだと主張する。それによって生じる市町村財政の余裕は、すべて市町村税の軽減にむけ、国庫負担額の財源については、将来の歳入における自然増収の一部を充当すべきだとするのである。[13]

ちなみに、浜口らは、憲政会時代より、義務教育費国庫負担の増加を主張し、若槻礼次郎憲政会内閣時に浜口蔵相のもとで国庫負担を二五〇〇万円増額、総額七五〇〇万円（小学校教員俸給実額の約六割）

とした。そして民政党結党後も、政友会の地租委譲論に対置する意味からも、党の重要政策の一つとして、義務教育費中教員俸給全額国庫負担の実現をかかげていた。[14]

この地租委譲の問題は、加藤高明護憲三派内閣時、憲政会側の提出した税制整理案にそれが含まれていないとして政友会が反発し、連立政権崩壊のきっかけになったもので、当時大蔵大臣として提案責任者であった浜口にとって因縁浅からぬものがあったのである。

さて、さらに浜口は、田中内閣によっておこなわれた地方官吏の大規模な更迭について、それは「府県吏員町村吏員等の公職を挙げて政党の餌食とする」[15]ものであり、きわめて遺憾なことだとして強く非難する。

田中内閣は、成立まもなく、各府県の知事三四人、内務部長三八人、警察部長四四人、知事・部長あわせて一一〇名余りの大規模な更迭をおこなった。これは、従来の内閣交代時の地方官移動の規模をはるかに超えるものであった。[16]

それにたいして浜口は、地方官もふくめ、官吏は「国家の公職」にあるもので、「一党一派の奴僕」ではなく、このように地方の公職を「政党の餌食」とするようなことをおこなっていけば、官界の感情は「鬱積」し、官吏の志気は「退廃」し、「国家行政上の弊害」を醸すにいたるだろうという。そして、今回の政府による広範囲な地方官・警察官の更迭は、普通選挙制度導入後最初となる各府県会議員の改選、次期の衆議院議員総選挙にむけてのものであり、大規模な選挙干渉がおこなわれるのではないかとの風評をよび、政府当局者も暗にそれをほのめかしている。だが、普通選挙制は多年の各方面からの議論や努力のうえに実現され、まさに「国民の心血を濺《そそ》いで購《あがな》はれたもの」である。したがって、普選にのぞんで「自覚に燃えんとする我が民衆」にたいし、選挙干渉によって「其の正義の精神を蹂躙」しようと考えるものがあれば、それは「時代錯誤の見解」といわなければならない。そう浜口は述べ、政府による選挙干渉の可能性にたいして強い警告を発し、また「党利党略」的な地方官吏更迭の弊害に対処するための何らかの制度的方策を考慮すべきことを主張している。[17]

第二節　二大政党制と農業・社会政策

その後、一九二七年（昭和二年）九月末から一〇月初めにかけて各府県会議員の選挙がおこなわれた。ちなみに新たに選出された府県会議員一四八八名中、政友会は七九三名、民政党は五五六名を獲得した。ちなみに、四年前の地方選では、政友会九二〇名、民政党三二四名であった。[18]また、翌年一月下旬、田中内閣は政府最初の施政方針演説直後に衆議院を解散し、普通選挙制度による最初の総選挙が二月二〇日に実施された。

総選挙にむけて民政党は、社会政策、農村振興、金融機関の改善整備、金解禁、企業統制、義務教育教員俸給全額国庫負担、各種行政制度の改革、を内容とする「七大政策」を発表。

また政友会も、その「主要政策」として、産業立国、地方分権、地租委譲、対支外交方針、財界動乱善後策、営業収益税の軽減、財政計画の建直、保護関税政策、鉄道政策、低利資金の還元、教育制度の改善、社会政策、の一二項目を決定公表した。

その間浜口は、一一月の民政党関西大会やその後一月の民政党第一回大会、二月上旬におこなわれた民政党議員総会での演説などにおいて、すでにみたような外交論とともに、内政全般にわたってかなり詳細な議論を展開している。そこで、次に、その議論をみていこう。[19]

浜口はそこで、まず憲政論をとりあげ、永年追求されてきた政党内閣制の確立がいまや徐々に実現されつつあり、今後の展開への政治担当者の責任が重大であることを指摘している。

「憲政布かれて殆んど四十年、……最近に到り、二大政党の対立の勢成り、政党内閣交立の原則も略々確定を致し、国民は茲に始めて公正なる政治の実現を期待し、漸く憲政有終の美を翹望《ぎょうぼう》するに至つたのであります。

政党内閣運用の始に於て、若し当局の態度と姿勢宜しきを得ず、其の誠意と能力とを疑はるるに至つたならば、議会政治の信用を失墜し、国民は失望の結果如何なる事態を発生するに至るやも測り難いのであります。実に今日は我国民の能力が、果たして政党内閣制の運用に堪ゆるや否やの試験を受けつつある最も大切なる場合でありまして、政治家の責任極めて重大なりと謂はなければなりません」[20]。

このような重要な時期に、もし政党内閣の運用を誤り、政党がその統治能力を疑われるような事態にたちいたれば、議会政治の信用は失墜し、その結果どのような事態が起こるか予測できないことになるというのである。

ちなみに、第一章でみたように、浜口はかねてから議院内閣制の実現、したがっていわゆる立憲制的君主制から議会制的君主制への転換を主張していた。

そこからまた浜口は、衆議院こそ「国民の与論の府」であり、そこにおいて自然の勢いとして政党ができ、それによって政府が組織せられる。「政府の実体」は公選によって国民から選出される衆議院を基本として構成されるべきで、「内閣の組織は何処までも衆議院に基礎を置くことが憲法の本義なり」[21]とする。

浜口は、みずから衆議院議員であることに生涯こだわったが、それはこのような考え方を背景にしていたのである。

そしてこの時期、「最近に到り二大政党の対立の勢成り、政党内閣交立の原則も略々確定を致し」、ようやく「憲政有終の美を翹望するに至つた」として、そのような方向が今や現実のものとなりつつあると浜口はいう。

ただここでの表現では、「二大政党の対立の勢」ができあがることが、「政党内閣交立の原則」の確定にどのようにつながっていくのかかならずしも明らかでない。また同時期、「政局転換の基準が確立せられて居ります今日、野党として堂々と声明した所は、他日必ず廟堂に立ちて之を実行せねばなりません」[22]との発言もあるが、ここでの「政局転換の基準」すなわち「政党内閣交立の原則」の具体的内容には言及しておらず、その意味するところは判然としない。

この点について、のちの浜口に、「［この間］二大政党樹立の大勢には何ら変化を見ず、随つて政権の移動する時［その］帰着するところは明白である」[23]、との発言がある。すなわち二大政党制によって、政変時の政党間の政権移動が、元老らの恣意によらず、それまでの与党から野党であった政党へ、ある意味で自動的になされうると考えていたのである。したがって、この頃、民政党と政友会による二大政党システムの成立によって、「政局転換の基準が確立」し、政権交代の透明性のあるルールが一応可能になったとみていたと思われる。

さらに、一般に「現代国家」が、きわめて強固な「統率力」を有するのは、「各人の自由と独創とを尊重」し、そのような「国民を基礎として」国のさまざまな機関が構成されているからであるという。

「進歩せる現代国家が非常に強固なる統率力を有するのは、各人の自由と独創とを尊重し闊達有為の国民を基礎として、其の上に諸般の機関を構成するからであります。個人の自由と独創とを抑圧することを以て、強力なる団体を組織するの条件となすのは、時代錯誤の見解であります」[24]。

国家の発展は、個人の自由と独創を抑圧するのではなく、それを尊重することによってなされるというのである。

こうして浜口は、「国民の総意」を議会に反映するとともに、国政における「議会中心主義の徹底」

を実現すべく、議会をベースとする政党内閣制の確立とその安定的発展を追求しようとしたのである。

次に、財政経済政策について、浜口は、「我国の経済界は、連年の不景気に加ふるに昨春の動乱［金融恐慌］を以てし、産業は振るはず民力は疲弊を極めて居る」として、すみやかに「国民経済の堅実なる恢復発達を計る」方策をとらなければならないとする。そして、それには、財政の「整理緊縮」をおこなって公債発行を削減するとともに、「金解禁」を実現して経済の再建をはかることが必要だという。

つまり、財政上は整理緊縮の方針をとり、公債発行を抑える。そのことによって、一方では、財政の健全化をはかるとともに財界の整理を促進し、他方、民間への公債引き受けの削減をつうじて経済界への圧迫をとりのぞき、その回復をはかっていく。また、金解禁を実現し、いわば「変態」の状況にある国民経済を「自然の法則」「自然の状態」に復帰させ、国際的な貿易関係の安定化を実現する。国際的な金本位制への復帰をはたしていない現状では、「為替相場は変動常なく」、したがって「我国産業貿易の発達を妨ぐること頗る大なるものがある」、そう浜口は考えていたのである。[25]

また、このような緊縮財政による公債発行削減と金解禁の実施とは、相互に密接に関連する事柄であった。浜口によれば、「公債の増発」は、「政府の財政を以て民間の経済を圧迫」し、「民間事業の振興を妨ぐる」ことになっている。そのことはまた、財界の整理をさまたげるのみならず、物価の上昇をもたらすことによって、国際貿易における輸出競争力を低下させ、国際収支のバランスシートを悪化させている。しかも、最近の正貨減少の傾向と為替相場低落の趨勢をみるとき、金輸出禁止解除のためには、国際収支の改善によって正貨保有高を増加させるとともに、物価を引き下げ為替相場の回復と安定化をはからなければならない。だが、公債増発は、そのような方向に逆行し、金解禁を困難にしてしまう。またそれのみならず、公債発行高の累積は、「帝国財政経済上の信用」を海外において「失墜」させ、諸外国との「公債の借換へ其の他に支障を生じ」ることになる。[26] 浜口はそうみていた。

ちなみに当時、一九二七年（昭和二年）の国際収支は、輸出一九億九二〇〇万円、輸入二一億七九〇〇万円、したがって貿易赤字一億八六〇〇万円、朝鮮台湾の植民地の赤字を加えると、帝国全体の貿易収支は二億九三〇〇万円の赤字であった。大戦時の出超から入超に転じた一九一九年（大正八年）以降、本国植民地をあわせて輸入超過は累計四一億八〇〇〇万円にのぼっていた。また、正貨保有高はピークの約二二億円（うち在外正貨一一億円）から約一三億円（うち在外正貨二億）に減少し、為替相場は金本位制離脱前の一〇〇円五〇ドルから四四ドル前後の状態になっていた。この時点の国債総額は五八億円で、一般会計総額の約三倍近くであった。このことは民間の投資資金に充当されるべき資金が国債によって吸収され、企業投資資金・長期金融市場の逼迫をもたらす結果となっていた。[27] そのような状況に浜口はつよい危機感をいだいていたのである。

日本は、第一次世界大戦中の一九一七年（大正六年）、アメリカの金輸出禁止につづいて金輸出を停止し、金本位制から離脱した。ヨーロッパ交戦諸国はすでに大戦開始直後に同様の処置にふみきっていた。大戦終結後、一九一九年にアメリカが、一九二五年にはイギリスも、金輸出解禁をおこない金本位制に復帰した。日本は、一九二〇年（大正九年）の戦後恐慌や一九二三年（大正一二年）の関東大震災などによってその機会を逸し、この時までなお復帰を実現していなかった。憲政会は在野時代から金解禁を主張し、イギリス金解禁当時護憲三派内閣の蔵相であった浜口は、為替相場が低落しかつ貿易収支が悪化している現状では日本は残念ながらまだ金解禁はできないが、「速やかに解禁の機会を作り度い」との声明を発表していた。[28] そして、その後民政党は、さきの七大政策の一つとして、金解禁の実現をとりあげたのである。他方、政友会は金本位制への復帰の必要性は認めながらも、積極財政や対中国投資などの観点から総じてその問題にあまり積極的ではなかった。[29]

つづいて、地租委譲問題について浜口は、先にもふれたように、それには「絶対反対」であり、「永久に抹殺せられんことを望む」との姿勢だった、田中内閣は予算閣議の継続途中において、かねてからの公約である地租委譲について、昭和四年度に実行することは不可能であるむねの声明をだし、その実施を延期した。それに対して浜口は、財政難となっている現在、地租委譲は「財源の関係上、到底実行不可能」であり、現在の国家財政の現状よりして、年々六七〇〇万円の恒久財源を地租委譲により失うことは許されないことは、最初からわかりきったことだという。そして、そのような明白なる道理をわきまえず委譲の実行を宣伝し、予算閣議の中途において始めて延期のやむをえないことを悟るとは、「其の無責任実に驚くに堪へざる」ものだと批判するのである。また、もし昭和五年度より実行するとすれば、やはり公債の増発によるほかはなく、その累積は「財政の基礎を危殆に陥る」ことになり、「無謀の政策」だとして警告を発している。[30]

ちなみに、議会解散直前におこなわれた田中首相の施政方針演説でも、地方自治体に「有力なる財源」

を与えるために地租委譲をおこないたい旨が述べられ、三土蔵相の財政演説で、その実施を昭和五年度よりとすることが明言された。また、総選挙にむけて発表された「立憲政友会の主要政策」にも、昭和五年度よりの地租委譲が含まれていた。[31] なお、財政演説では予算編成方針として、一般会計総額一七億七四〇〇万円、新規公債発行一億九九〇〇万円とされていた（ただし解散のため不成立）。

また、田中内閣および政友会は、地租委譲とかかわらせて「地方分権」を重要な政策としてかかげ、知事公選制や州庁設置案などがとりあげられていた。それについて浜口は、「一度政府部内の議に上つた州庁設置案は、闇から闇に葬られ」、また「知事公選論も亦杳《よう》として消息なく」、田中内閣は、積極的に地方分権を具体化する実際の方策をなんらうちだしていないという。それのみならず、地方分権に逆行するような「地方官を政党化せしむる」傾向の地方官吏の大規模更迭をおこない、また与党政友会や政府・地方官吏が、往々にして「地方自治に干渉し之を攪乱する」のを「黙過する」などの問題ある行動・態度が田中内閣にはみられ、むしろ「地方分権の精神に逆行」している。したがって、「現内閣に果して地方分権実行に対する誠意ありや否やを疑はざるを得ない」。そう浜口は非難する。[32]

そして浜口は次のようにいう。

「政友会年来の主張たり現内閣随一の重要政綱たる地租委譲の問題は国民に対する公約を裏切て之を昭和五年度に延期し、農地債券に依る自作農奨励案は閣議不統一の為未だ決定を見るに至らず、所謂積極政策標榜の下に編成せられたる空前の大予算は、徒に其散漫無方針を暴露するのみであつて、一として中心政策と目すべきものを有しない」[33]。

ここで、「農地債券に依る自作農奨励案」とされているのは、政友会がかねてから地租委譲とともに重要な農村政策の一つとして推進しようしていた、自作農創設維持のための案件である。田中内閣は、その「産業立国」策の一つとして自作農創設維持を位置づけていたが、その方針にそって山本悌二郎農相は具体策として、政府補償付の農地金庫「農地債権」を毎年八千万円を限度として発行し、小作人に土地購入費を貸し付け、三五年間で全小作地の約三割を自作地とする案を閣議に提出した。しかし三土蔵相は財政的な観点からそれに反対し、中橋商工相らも蔵相の意見に同調。閣議では紛糾のすえ、結局当面の予算案には計上せず、関係機関で継続して検討されることとなった。[34] そのような経過を念頭に、浜口は、「空前の大予算」にもかかわらず、政友会が重要施策としてきた地租委譲や自作農創設維持などを欠き、「一として中心政策と目すべきものを有しない」、散漫かつ無方針なものであると批判しているのである。

ちなみに、憲政会・民政党は、政友会の自作農創設維持政策にたいして、地主の土地所有権に対して小作人の耕作権をより強化するかたちでの小作立法を対置し、一般的に自作層を創出維持すること自体には否定的ではなかったが、政策としてはそちらに重点を置いていた。民政党の七大政策でも、農村振興政策の一つとして「小作問題解決の促進」[35]があげられている。

さらに、浜口は、田中内閣がおこなった地方官の大幅な更迭や、府県会議員選挙への政府の対応について次のように批判している。

現内閣は成立早々に地方長官以下「空前の大更迭」を強行したが、その内容をみると、多くは「党派的情実に囚はれ」て公平を欠き、しかもその範囲は、地方長官にとどまらず、ほとんど全国にわたって地方の警察署長にまでも及んでいる。これは「政務と事務との区別を混同」するものであり、官吏として「公平厳正に其の職務に尽くしたるもの」が、政友会内閣の党派的人事によってその地位を奪われるような事態になっている。その結果「吏風の頽廃」をもたらし、「天下幾十万の官吏をして、国家の官吏たるを忘れて、遂に政党の使用人たるの感を抱かしむる」ことになりかねない、[36]と。

また、田中内閣は成立以来一連の植民地首脳人事をおこなっていたが、それについても浜口は批判する。それらは「銓衡概ね宜《よろし》きを得ず」、世論の反対をおして強行し、しかもそのなかには「私恩を売り又は私恩に酬ゆるの具に供して憚らざる」たぐいのものがあり、「新領土の統治上容易ならざる不良の結果」をもたらす「言語道断の沙汰」だ、[37]と。

実際植民地主要ポストに、川村武治台湾総督、山梨半蔵朝鮮総督、池上四郎朝鮮政務総監、木下謙次郎関東庁長官、山本条太郎満鉄社長、松岡洋右副社長など、多くは政友会系ないし田中首相に関係する人物が任命され、新聞その他のジャーナリズムにおいても議論になっていた。ことに、山梨は陸軍以来の田中の盟友ですでに醜聞がつたえられており、池上は元大阪市長で田中後援会の世話役、木下も元代議士で田中に個人的に近しい関係にあった。[38]

次に浜口は、一般に「政党が党勢の拡張に努むる」のは、「当然のこと」であるが、そのためには「手段を選ばず」との姿勢をとる政友会のやり方は、「断じて容すことの出来ない事柄」だとする。

たとえば昭和三年度予算をみるに、その積極政策とされるものの内容は、鉄道建設計画をはじめ、「国家の施設を挙げて党勢拡張の具に供するものが少くない」。また昨年末地方議会に提出された各府県の予算を点検してみると、「彪大なる公債財源の土木費」を数年にわたる継続費として要求し、これを「好餌」に地方官憲と与党幹部とが相呼応して、「政府与党の党勢拡張に利用しつつある」。このままでは、中央・地方の財政は破壊せられ、国民の負担はますます増加することになっていく。このような事態は「国家の利害、国民の休戚を挙げて党利党略の犠牲に供するもの」だ、というのである。[39]

このような田中内閣の施策とそのやり方は、それ自体問題があるだけでなく、政党政治の将来にとって重大な結果をひきおこしかねないと浜口はみていた。

「今日は我国民の能力が果して、政党内閣制の運用に堪ゆるや否やの試験を受けつつある最も大切なる場合であります。随つて政党政治家の責任は極めて重大なりと謂はなければなりません。然るに現内閣の態度と施設とは、尽く其の重責に悖り全く国民の期待を裏切るものでありまして、吾々の頗る遺憾とする所であります」[40]。

最後に、浜口の社会政策についての発言をみておこう。当時労働運動や小作争議など社会運動が相当程度広がってきていた。それに対処する意味で、憲政会・民政党においては、社会政策がその重要政策としてかかげられており、民政党の七大政策でも筆頭にあげられ、浜口もまたその問題を重視していた。

浜口はいう。近年「階級間の利害衝突」がますます「激甚ならんとする趨勢」にあり、これを放置すれば、「工場」や「農村」、地方自治体の「公益機関」などにおいて、その影響があらわれ、「産業の平和と繁栄」を阻害し、ひいては「生産の減少」「民力の退嬰」となる。そのことは、多くの「無産者」をふくめて「国民全体の福利」を減殺し、その「生活を脅威する」結果をもたらし、ひいては「経済組織、産業組織の根底」を動揺させることとなりかねない。

「吾人は夙《つと》に此の点に深甚の注意を払ひ、政治的方策の一として、普通選挙の制を断行し、其の実施によりて国民の総意を帝国議会に反映融合せしむることに努力したのであります。又社会的方策としては、社会政策を基調とする税制の整理を行ひ、健康保険の実施を急ぎ、工場法を改正し、国際労働会議の決議を尊重して、国内の事情の許す限り、之が適用実施を計り、其の他各種の政策を実行して、階級間の利害を調和融合せしむることを以て、吾人の重要政綱としたのであります。

将来も亦此方針に従ひ、緩急の度を計り、各種の社会政策を講じて、階級闘争の害毒を除き、産業の不安を未然に防遏すべきは、勿論であります。

今日の時勢は単純なる旧来の道徳論のみを以て、労資の協調を達成すべき場合にあらずと思ふのであります。必ずや国家自ら進んで、事情の許す限り、立法又は予算の働きに依り、政治上社会上の必要なる施設を行ふことが、必要であると信ずるのであります」[41]。

つまり、社会のさまざまな局面での階級間の利害衝突の激化にたいして、まず、政治的方策のひとつとして、普通選挙制によって、これまで政治的発言力をもたなかった勤労者などをふくめて国民の総意を議会に反映させなければならない。さらに、社会的方策として、社会政策的観点からする税制整理や健康保険の実施、工場法の改正など各種の具体的な施策をおこなって、「階級間の利害を調和融合せしむる」必要がある。このような方針によって、各種の社会政策を実施し、将来の「産業の不安」を未然に防止するとともに、また労資双方も「協力一致」して、「産業の平和と繁栄」をはかり、ともに「共通の福利」を増進すべきだ、[42]という。今や労資の協調を「旧来の道徳論」によってはかることはできない時代となっており、「国家自ら」が立法や予算などの政策的処置によって、政治上社会上必要な施策をおこなうことが必要だとみていたのである。

浜口においては、普通選挙制度も、憲政論の観点からのみでなく、ひろい意味での社会政策の一環としても位置づけられていた。それは、これまで政治的発言力をもたなかった勤労者の意志や要求を議会に導き入れ、それらふくめて「国民の総意」を議会に「反映融合」するものとして考えられていたのである。

また、さきの引用でも示唆されているように、社会政策は、それによって「労務者生活の向上を図り人心を安定せしむる」だけでなく、そのことをとおして「産業の不安」を除去し、さらなる産業振興を可能にして、「世界の経済的躍進に後れを取らざる」[43]ためのものであった。あらためていうまでもないことであるが、そのねらいは、日本経済の国際的競争力の強化につながっており、したがって前述の浜口の対中国政策とも関連していた。

そのような観点から浜口は、事情の許すかぎり「立法の手段」によって社会上経済上国情に適した「幾多の社会政策」を実行し、それによって「労資関係の合理化」をはかり、「生産の旺盛と分配の公正」とを期し、「社会不安の禍根を除いて国家全体の福利を増進」させることを希望する、との姿勢をうちだしていた。なお、社会政策の具体的な内容としては、さきの健康保険、税制上の処置、工場法の改正などのほか、「救貧施設」や「住宅改善」、「失業救済」などが例としてあげられている。[44] そして、のちには労働組合法や小作法の制定も、社会政策の一環としてその実現が追求されることになる。

ちなみに、政友会もその政策の一つとして社会政策の実現をかかげ、田中首相も総裁就任以来たびたび社会政策に言及しており、施政方針演説でも、労働者災害扶助法や児童扶助法の制定にふれていた。[45] しかし、後述する治安維持法の改定にみられるように、社会運動の高揚に対しては、民政党の社会政策重視とは異り、治安立法など警察力による取締りを強化する方向で対処しようとする姿勢が強かった。

第三節　普選実施下の政治状況

一九二八年（昭和三年）二月二〇日、普通選挙による最初の衆議院総選挙が実施され、その結果、政友会二一七議席、民政党二一六議席、実業同志会四議席、革新党三議席、無産政党各派八議席、諸派無所属一八議席となった（総議席数四六六）。政友会二九名増、民政党二名減で、政友会は第一党となったが、民政党との差はわずか一議席であった。ちなみに、有権者数は普通選挙制度によって、前回一九二四年（大正一三年）総選挙時の約三倍に急増していた。

民政党との勢力拮抗のなかで、まもなく政友会は、実業同志会と地租・営業収益税の両税委譲の実行をはじめとする政策協定を結び、両党の提携を実現させた。だが衆議院全体の勢力配置は、なお与党系二三〇名、野党各派二二七名で伯仲し、九名の中立系議員がキャスティング・ボートをにぎる状態にあった。[46]

このような選挙結果をうけ浜口は、この間政府は「官憲の威力を濫用して干渉圧迫を試み」、その選挙干渉は、組織的にして辛辣を極めるもので、「憲政史上未だ嘗て見ざる所」だと非難するとともに、次のような理由から、内閣は「其の進退を考慮すべき」として退陣をうながした。

政府としては当然きたるべき特別議会には、政友会として多年の間国民に公約してきた重要政策を提案して、その通過に努めるべきである。しかるに、田中内閣は、地租委譲をはじめ、産業振興、鉄道建設計画などの重要政策のなかの一つも「提案を為す能はざる」状態にある。それは、議会の勢力配置上、「其の通過困難なるを知るが為め」であり、総選挙をおこなったにもかかわらず、その基本政策を実行できないのであれば、当然退陣すべきだ、というのである。[47]

当時、衆議院の勢力伯仲の状況下、政友会の一部では公然と再解散論がとなえられ、また激しい切り崩し工作の結果、四名の民政党議員が政友会に移籍。それに対して、政友会、実業同志会から各一名が民政党に入党した。

そのようななか、四月下旬、特別議会が開催された。そこで野党各派は「政治国難決議案」を提出。鈴木喜三郎内相による選挙干渉などをとりあげ、内閣を弾劾した。それに対して政府は二度にわたる停会で応じ、各派議員への激しい切り崩し、抱き込み工作をおこなったが功を奏せず、ついに鈴木内相は辞任した。

この件について浜口は、「直接弾劾された内相のみの責任ではない」のであり、「当然内閣全体の責任であらねばならぬ」として、内閣は「直ちに総辞職すべき」だという。この時の選挙干渉について、のちに浜口は次のように述べている。この総選挙は、「国民多年の宿望」であった普通選挙制による最初の国政選挙であり、我々は公平厳正なる選挙によって、「国民の自由意思が有の儘《まま》に議会に反映する」ことを希望していた。そして、選挙の管理・監督の責にある政府は、あくまでも厳正公平の態度でのぞみ、「国民の政治的良心に基く所の判断が自由且つ公正に発揮せらる」ように努めるのが、その当然の義務だと考えていた。しかし、事実は全く国民の期待を裏切り、選挙の公正な監督取締の責任を有するところの中央地方の官憲が、「自ら組織的に計画的に空前の選挙干渉を行ひ、国民意思の自由なる表現が妨げられた」のである。このことは、天下周知の事柄であり、田中内閣が普選を冒涜した罪悪は極めて重大である、[48]と。

ちなみに、この時投票日までの選挙違反関係検挙者数は、民政党四六九件一七〇一人、政友会六三件一六四人、無産政党諸派一四八件三〇一人[49]であった。政友会・民政党ともに、立候補者数は三四〇人台で、選挙運動の方法にもそれほど大きな相違はなく、この数字からだけでも、実際かなりバランスを欠いた取締りがなされたといえよう。

また、鈴木内相は、投票日前日、民政党の「議会中心主義」を批判し、そのような考え方は、英米流の穏やかならざる思想であり、帝国憲法の精神を蹂躙するもので、「我国体と相容れない」旨を声明した。[50]

浜口はこの発言を、「驚くべき時代錯誤」だとし、そのような行為は、選挙の監督者としての重大な責任を放擲して、与党候補者にむかって「不当不法の援助」を与えようとするもので、「選挙民の自由公正なる意思の表現を妨げ」、普選の精神を蹂躙する所行にほかならない、[51]と非難する。

当時、鈴木のこの発言は、政党政治を自ら否定するものとして各界から批判をあびたが、田中ら政友会は、「政党内閣制」の「確立」を基本的な政策としており、[52]鈴木自身としても政党政治そのものを否定するつもりはなかったと思われる。ただ、選挙前、民政党との議席差は約三〇あり、衆議院での多数獲得に自信がもてなかった鈴木は、政権維持に強い危機感をもっていた。そこから、かりに政友会が選挙の結果少数党にとどまっても、田中内閣は総辞職する必要はないとの姿勢をうちだすため、民政党の議会中心主義を標的に、政党内閣といえども、かならずしも議会の多数派によって組織せられるべきだというわけではないとの意見を示そうとしたのである。だが、そのことは政党内閣制そのものの実際上の正統性をほり崩していくことにつながっていた。なぜなら、それは、国民の意志の多数を結集している、したがってまた衆議院の多数をベースにしているというところに、藩閥官僚政治に優位する存在意義をもっており、このことはまた原敬など多くの政党政治家自身が主張してきたことでもあったからである[53]（鈴木はのちに政友会総裁となる）。

なお、総選挙後、議会召集前の三月一五日、治安維持法違反容疑で、共産党関係者、社会主義者の大規模な検挙がおこなわれ（逮捕約一六〇〇人、起訴約五〇〇人）、つづいて労働農民党、日本労働組合評議会などが、治安警察法にもとづいて解散させられた。

これらの出来事について浜口は、「革命の遂行によって共産社会の実現を図らんとする」集団にたいしては、そのような政府の処置はある意味で「当然のこと」であるとしながらも、政治の任務はそれで事たれりとするものではないとして、次のようにいう。これらの処置は当面応急の対応にすぎないものであり、「思想問題解決の根本的方策」としては、基本的に「社会上経済上の欠陥に対し適切なる改善」をはかる必要がある。学校教育や社会教育の充実によって「健全なる思想」を涵養することも要請されるが、とりわけ、さまざまな社会政策的施策をおこない、社会不安の禍根を取り除いていかなければならない。すなわち、失業救済、住宅改善、防貧・救貧制度の確立、税制の改善など各種の社会政策や「労資関係の合理化」を実現して、「現代に於ける社会組織の欠陥」をおぎない、国民生活の安定をはかるべきだ[54]、と。

田中内閣はその後も、緊急勅令で治安維持法を改正し罰則を強化するとともに、内務省保安課を拡充し、全県警察部に特別高等課（いわゆる特高）設置するなど、治安体制の強化をはかり、各種の社会運動やそれを背景とする政治動向に対処しようとしていた。浜口はそのような方向とは異なり、基本的な方策としては、社会政策や教育によって、また政治への民意の反映によって、事態に対応しようとしていたのである。治安対策の点でいえば、浜口はむしろ「極右派の暴力団の横行」に注意を向け、その取締を強く求めている。[55]当時、極右の暴力が、不気味な潮流として政治的にもそのうねりを表面化させてきていたのである。

その後議会では、民政党が内閣不信任案を提出。浜口が、人事行政、選挙干渉、政策不実行、対中国外交などにわたって、提案理由演説をおこなったが、審議未了のまま五月上旬閉会となった。その内容は、これまで紹介してきた田中内閣批判とほぼ同様の趣旨であり、また、すでにこれまでに、そこでの発言をもふくめて浜口の考えを検討してきているので、ここでは繰り返さない。

さて、鈴木内相の辞職ののち、田中首相が内相を兼任していたが、議会終了後の五月下旬、逓相望月房之助が内相にまわり、逓相に久原房之助が任命された。久原は、実業界では名が知られていたが、さきの総選挙直前に入党、初当選した新人議員で、これといった官歴もなく、党内から強い反発をうけた。しかし、田中とは同じ長州出身で以前から深い関係にあり、その政治資金提供者と目されていた。この久原の入閣にたいして、水野錬太郎文相が強硬に反対して辞表を提出。しかし天皇との接見後、暗に慰留の優諚があった旨の談話を発表して辞意を撤回した。だが辞意撤回の経緯について、自己の進退について天皇の優諚を引き合いにだしたとして各方面から非難をうけ、水野文相は辞職。勝田主計が後任となった。その間、天皇に慰留を奏請したのではないかとの疑惑をむけられた田中首相が、水野留任は天皇との接見前にすでに決定しており、優諚によるものはない旨の声明[56]をだすなど、水野と田中の言い分がくいちがい、互いに相手を批判した（久原はのちに政友会において有力派閥を形成し、超国家主義の方向に傾斜していく）。

この水野文相優諚事件に関して、浜口はもっぱら田中首相の措置を問題とし、その一連の言動は「輔弼の責任を誤り立憲の本義を紊る」ものであると非難している。たとえば、「水野文相から進退を一任せられたる田中首相」が、天皇との接見前にすでに文相を留任させることに決定していたならば、「其の辞表は即座に之を水野文相に返却すべきもの」であり、決して辞表を「陛下に執奏すべき」ものではないという。つまり、文相の辞表は、首相が天皇に執奏すれば内閣として正式の決定であり、また、首相が文相に進退を一任され、しかも留任させることに決めていたとすれば、辞表を返却し執奏すべきではなかったと論難するである。浜口は、閣僚人事をふくめ政治権力の行使は、輔弼の任にある首相および内閣が処理すべきことで、「累を皇室に及ぼす」べきではないと考えていた。すなわち、議会をベースとする内閣総理大臣が政治の最高責任を負っているのであり、天皇の名によって、それとは別のルートで閣僚の進退など重要な政治決定がなされるなどは許されないことであり、「立憲の本義」に反するとのスタンスであった。[57]

この間、中国では、五月三日に済南事件がおこり、六月四日に張作霖が爆殺される。また七月一九日には、日本政府から張学良にたいする易幟延期勧告がなされた。民政党はその間田中内閣の対中国政策を批判する声明を二度にわたって発表している。

このような経過のなかで、八月はじめ、元政友本党党首で民政党顧問の地位にあった床次竹二郎が、対中国政策の相違などを理由に民政党を離脱し、その同調者二五人も後を追って離党、新党倶楽部を組織した。政友会との勢力伯仲のなかでのこの脱党は、浜口ら民政党にとって大きな打撃となった。つづいて、田中善立ら民政党代議士五名が憲政一新会を結成して党を離脱、まもなく対中国政策で政友会と提携した。その後床次らの新党倶楽部も政友会に接近、翌年七月完全に合流する。

浜口は、「最近における党内多少の動揺の如き、何ら我党の堂々たる主張を傷つくるものにあらざるは勿論」[58]だとの姿勢であったが、衆議院での勢力配置は、政友会二二〇議席にたいして、民政党一七六議席となり、かなりの劣勢となった感はぬぐえなかった。

そのような経過をへて、一二月二四日、第五六回通常議会が招集された。会期は翌年の三月二五日までで、田中内閣発足後はじめての本格的な議会であった。その前後浜口はいくつかのまとまった発言をしている。次にそれらの内容を見てみよう。ただし、これまでの発言内容と重複する部分は省略して、ポイントとなる点のみにとどめる。

浜口はまず、わが国の経済界は「非常なる難局」に立っているという。たとえば、外国貿易についてみれば、「年々歳々輸入超過を繰返し」ており、その額は大正八年から本年（昭和三年）六月末までの累計が、内地植民地をあわせて、四一億八〇〇〇万円あまりの巨額に達している。しかも、「十年来の懸案」である金輸出の解禁（国際金本位制への復帰）も、いまだ実現されるにいたっていない。したがって為替相場は変動常なく、そのため「我国産業貿易の発達を妨ぐること頗る大なるものがある」とする。[59]

また財政についても、政友会はかねてから地租委譲を公約し、その実行を計画していたが、さらに実業同志会と政策協定の結果、営業収益税の地方委譲を声明し、両税委譲法案をつぎの議会に提案することを明らかにした。しかし、浜口のみるところ、この両税委譲によって国庫が失う恒久的収入は年額一億二八〇〇万円となる。それに対処するためには公債の増発によって財政計画を立てるほかはないであろう。しかも経済界の不況によって、所得税、営業収益税、取引所税、郵便、電信、電話などの収入が、当初予算にたいしてことごとく減収を示している。そう浜口は指摘し、「公債政策の改善」の必要性を主張する。

すなわち、公債の現在高は約五八億七〇〇〇万円の巨額にのぼり、年々の利払金額は二億八〇〇〇万円近くにもなっている。そのうえなお公債増発をおこなえば、さらに国家財政の将来への負担を増加させることになる。また、現在のような状態において新規公債を増発し、しかも将来の財政計画においても公債発行を継続していくことになれば、民間の経済を圧迫し、「将来に向つて民間事業の振興を妨ぐる」結果をもたらす。しかも、経済界の状態が公債引受を不利益または不可能と判断するような状況に立ちいたれば、「財政計画の遂行は遂に行詰らざるを得ない」ことになる。しかし田中政友会内閣は、国民経済の現状をかえりみることなく、「政党の利害と面目」とに拘泥し、その伝統的政策である積極政策を敢えて強行しようとしている。そのことは「如何にも無理」であり、「如何にも不自然」だ、という。

そして、財政の緊縮によって極力新規公債の増発を抑え、公債の償還額を増加し、これまでの公債政策を改善していくべきだと主張するのである。なお、浜口は、両税委譲にかわるような「税制整理の眼目」

として、おもに「生活の必要品に対する消費税の整理」によって「一般国民の負担を軽減」する方針を取るべきだとし、[60]民政党ではさしあたり「砂糖織物消費税の整理」[61]が考えられていた。

次に浜口は、補助金の削除を主張する。浜口はいう。経済界には何事についても「政府の保護助成」に依頼し、それなしでは事業の計画も産業の発展もできないように考える傾向があるが、それは大きなまちがいである。開国以来の歴史を顧みれば、あるいは今日までは無理からぬ点もあったかもしれないが、もはやこれまでのような政府の保護助成に依頼する心得では、「産業の堅実なる発達は覚束ない」。また財政の膨脹、国民負担の増加を抑制することはできない。したがって、財政の整理緊縮の観点から、「独立自助の精神に立脚」して、今や一般特別両会計あわせて一億五〇〇〇万円をしめる「補助費」を削減する必要があるというのである。またこれと同一の趣旨から、関税政策に「自由通商主義の精神」を注入するの必要があるとする。現状では、保護関税が総花的におこなわれ、社会公衆の利害を顧みない傾向があることは、独立自助の精神を害し、産業の堅実なる発達を妨げるのみならず、また社会正義にも合致しないものであると思う、というのである。ただし、浜口は、「直ちに絶対に自由貿易主義を主張」しようとするものではなく、「国家の大局」よりみて妥当なレベルに関税はとどめるべきだと考えていた。[62]

田中内閣は、その予算案において、産業道路建設、航空輸送、遠洋航路、青少年補習教育などに補助金を支出する計画であり、その額は、一般会計一億一七〇〇万円、特別会計三九〇〇万円にのぼっていた。また、政友会はかねてから保護関税の強化を主張しており、田中内閣期にも前述の政友会の主要政策のひとつとして、「保護主義関税政策」があげられ、国内産業の保護育成の観点から「関税を高めて外国品の輸入を制限し、国産品を保護することが最も必要である」旨が述べられていた。[63] 浜口はこれらを念頭に、補助金の削減と自由通商主義の方向を主張しているのである。

また浜口は、金解禁について、それが急務であることは、すでに識者の定論ともなっているとし、政府は適当の時機をみて断行すべきで、十分な覚悟をもってこれに備えなくてはならない、という。すなわち、財政緊縮の方針を確立して国民に解禁への覚悟を示し、公債の増発を抑制して、その整理の方針を定めるとともに、物価低落の方策を講じ、国際貸借改善の方針にむかって全幅の努力をなすことが、「金解禁実現に対する必要条件」であるとしている。[64]

さらに浜口は、いわゆる「思想問題」をとりあげ、社会政策や教育の振興などを主張するとともに、むしろ閣僚自らが政治道徳を破壊し、国民思想を悪化させることになっているという。すなわち、政府は、さきの総選挙で「未曾有の選挙干渉言論圧迫」をおこない、極右や官憲の「暴力行為を看過」した。また反対党や中立派の議員にたいして「唾棄すべき陋劣醜悪なる手段」を暗黙の裡に取りつつある。これらは、国民教育、国民思想のうえに、どれだけ憂うべき影響をおよぼしたかはかりしれない。世上しばしば「政治家の魔手が暗黒の内に動いて居る」ようなことが伝えられ、それを「政治家が少しも恥とせず」、あたかも当然の如くふるまっている。しかも、「政治は金銭なり」との態度を示してはばからない政治家があり、しかも世を挙げてこれを怪まざる状況では、憲政の前途は未だ遼遠なりとの感をおこさざるをえない、と。別の個所でも浜口は、利権や脅迫など各種の陋劣な手段をもって、「野党の切崩、抱込」が公然とおこなわれており、「政界腐敗堕落の源泉が、政府部内而も其最高の所に在る」と、はっきりと非難を田中とその周辺に向けている。[65]

そして、現政府はたびたび「国民思想の善導」を高唱しているが、一国の政治の根本が不正であり公明正大でない時には、思想の善導などできるものではなく、国民思想を云々しようとすれば、先決問題として「政治のやり方を飽く迄公明正大ならしめ」なければならないとする。そのような観点から、「私の理想としては政治は最高の道徳、最高の教育でなければならぬと思ふ」というのである。

浜口からみて、「凡そ政治は政策を以て争ふべきもの」であるが、政界の現状では、政策をもって争う以前に、いわば政治倫理の問題で政府の姿勢を問い責任を糾弾しなければならない。そのような事態を「国家のために深く悲しむ」と浜口は嘆いている。[66]

二月上旬、民政党は田中内閣不信任案を提出し、浜口が提案理由説明に立った。そこで浜口は、対中国問題、財政経済問題、両税委譲問題、金解禁問題、政治倫理の問題などを取り上げて田中内閣を非難し、総辞職を迫った。

しかし、不信任案は、結局賛成一八五、反対二四九で否決。そして、一九二九年（昭和四年）五月二五日、第五六通常議会が終了した。しかし、両税委譲法案、自作農創設維持法案、鉄道敷設法改正案などの重要法案は、一応衆議院を通過したが、貴族院の抵抗によってことごとく審議未了となった。貴族院は水野文相優諚問題などで田中内閣への態度を硬化させ、すでに二月下旬、田中首相への問責決議案を可決していた。なお、緊急勅令による治安維持法改正の事後承認案は、衆議院では、賛成二四九、反対は民政党の大多数ほか一七〇で可決、貴族院でも承認され成立した。

議会終了後、浜口は、現内閣はもはや「生ける屍」にすぎないとし[67]、財政緊縮と金解禁が緊急に必要である旨を説いて次のようにいう。

田中内閣による本年度の予算では、新規公債発行二億円、大蔵省証券の発行所要額一億円、それに昨年度未発行分公債などを加えると、起債総額五億円となる。それに本年度借換公債二億円があり、公債関係費は巨額なものとなっている。一方、在外正貨は累年減少して現在九五〇〇万円にすぎない。輸入超過は増大し、為替相場は低落、現在対米為替四四ドルを割っている。このような経済界の不振は、今の財政経済政策では脱却できない。これに対処するには、公債削減などの財政整理と金解禁が必要であるが、政友会の伝統的政策を根本から変更しないかぎり、それは不可能であり、現内閣ではとうてい実行し得ない。したがって「速やかに印綬を解いて去るべし」[68]、と。

このように重要法案がほとんど未成立となるなど、田中首相はきわめて困難な状況におちいっていたが、そのようななかで張作霖爆殺問題での上奏違約とそのさいの態度が宮中から問題とされ、七月二日、田中内閣は総辞職する。

この後、後継内閣として、浜口雄幸民政党内閣が成立するが、これ以後の展開と浜口の首相在任期の政治構想については、次章で検討する。

注

1 高橋紘他編『昭和初期の天皇と宮中 ――侍従長河合弥八日記――』第六巻（岩波書店、一九九四年）二三四頁。岡義武・林茂校訂『大正デモクラシー期の政治 ――松本剛吉政治日誌――』（岩波書店、一九五九年）五六四―七〇頁。伊藤之雄「立憲君主制の形成と展開」伊藤之雄・川田稔編『環太平洋の国際秩序の模索と日本』（山川出版社、一九九九年）一六七―九頁。

2 『立憲政友会史』第六巻（立憲政友会史編纂部、一九三三年）二九八頁。

3 同五〇頁。

4 同一五―一六頁、四八頁。なお、この時期の政友会の産業政策については、土川信男「政党内閣と産業政策」（一）（二）『国家学会雑誌』一〇八巻一・二四号、三・四号（一九九五年）、参照。

5 「不義の圧迫に屈する勿れ」筆者編『浜口雄幸集　論述・講演篇』（未来社、二〇〇〇年、以下『論述・講演篇』と略）二九頁、一九二七年年八月。

6 山本条太郎「経済国策に就いて」山本条太郎翁伝記編纂委員会編『山本条太郎』論策一（同編纂委員会、一九三九年）五六頁、七六―七六頁。昭和二年一月。

7 「不義の圧迫に屈する勿れ」『論述・講演篇』二九―三〇頁、一九二七年八月。

8 京都大学文学部国史研究室・日本近代史事典編纂委員会編『日本近代史辞典』（東洋経済新報社、一九五八年）九一六頁。

9 「不義の圧迫に屈する勿れ」『論述・講演篇』二九頁、一九二七年八月。「時局を誤る田中内閣の施設経綸」同三六頁、一九二七年九月。

10 「不義の圧迫に屈する勿れ」『論述・講演篇』三〇頁、一九二七年八月。

11 「経済難局打開の使命」『論述・講演篇』一八五頁、一九二九年一〇月。

12 『民政』第一巻第一号六七頁。

13 「不義の圧迫に屈する勿れ」『論述・講演篇』三〇―一頁、一九二七年八月。「時局を誤る田中内閣の施設経綸」同三七—四〇頁、一九二七年九月。
14　井深雄二「市町村義務教育費国庫負担政策と全額国庫負担論」（『名古屋工業大学紀要』第五一巻、一九九九年）五五頁。河原弥三郎『民政党総攬』（民政党総攬編纂所、一九三一年）八九頁。
15　「不義の圧迫に屈する勿れ」『論述・講演篇』三一頁、一九二七年八月。
16　『民政』第一巻第三号四頁。
17　「不義の圧迫に屈する勿れ」『論述・講演篇』三一—二頁、一九二七年八月。
18　松尾尊兊「政友会と民政党」『岩波講座日本歴史』第一九巻、一九七六年、九七頁。
19　なお、二月の議員総会での演説は、一月に予定していた田中内閣不信任決議案提案理由説明が解散により中止となったため、その説明草稿（「田中内閣不信任の六大理由」『論述・講演篇』所収）を、表現を部分的に修正したのみで、内容的にはそのまま使用したものである（『民政党総攬』九〇頁）。
20　「政党内閣試練の時代」『論述・講演篇』四二頁、一九二七年一一月。
21　「清浦内閣の四大罪悪」同四五五—六頁、一九二四年。
22　「正しきを踏んで懼れず」『論述・講演篇』二五頁、一九二七年六月。
23　「民政党臨時議員総会での演説」『論述・講演篇』九一頁、一九二八年九月。
24　「正しきを踏んで懼れず」『論述・講演篇』二六頁、一九二七年六月。
25　「政党内閣試練の時代」『論述・講演篇』五〇頁、一九二七年一一月。「民政党第一回大会での総裁挨拶」『論述・講演篇』五六頁、五八—九頁、一九二八年一月。「行詰れる局面の展開と民政党の主張」『論述・講演篇』九八頁、一〇二頁、一九二八年九月。
26　「政党内閣試練の時代」『論述・講演篇』五〇頁、一九二七年一一月。「民政党第一回大会での総裁挨拶」『論述・講演篇』五九頁、一九二八年一月。「行詰れる局面の展開と民政党の主張」『論述・講演篇』九九頁、一九二八年九月。「不義の圧迫に屈する勿れ」『論述・講演篇』三〇頁、一九二七年八月。
27　『立憲政友会史』四〇二—三頁。長岡新吉編著『近代日本の経済』（ミネルヴァ書房、一九八八年）一五三頁。安

28　藤良雄編『近代日本経済史要覧』（東京大学出版会、一九七五年）一一六頁。伊藤正直「財政・金融」一九二〇年代史研究会編『一九二〇年代の日本資本主義』（東京大学出版会、一九八三年）九二頁、一一〇頁。「行詰れる局面の展開と民政党の主張」『論述・講演篇』九八頁、一九二八年九月。「暗黒政治打開の一戦」『論述・講演篇』一二四頁、一九二九年一月。「緊縮財政と金解禁」『論述・講演篇』一三〇頁、一九二九年六月。

29　浜口「遺憾乍ら我国は金解禁は出来ぬ」日本銀行調査局編『日本金融史資料昭和編』第二一巻三九〇―一頁。

30　「高橋是清談話」『大阪朝日新聞』昭和三年七月二一日。

31　「政党内閣試練の時代」『論述・講演篇』四八―九頁、一九二七年一一月。「民政党第一回大会での総裁挨拶」『論述・講演篇』五七―八頁、一九二八年一月。

32　『立憲政友会史』三八八頁、三九九頁、四二〇頁。

33　「政党内閣試練の時代」『論述・講演篇』四九頁、一九二七年一一月。

34　「民政党第一回大会での総裁挨拶」『論述・講演篇』五七頁、一九二八年一月。

森邊成一「一九二〇年代における自作農創設維持政策と小作立法」『法政論集』第一一六号、一〇九七年三八八―九〇頁。

35　『民政党総攬』八九頁。

36　「田中内閣不信任の六大理由」『論述・講演篇』六一頁、一九二八年一月。「政党内閣試練の時代」『論述・講演篇』四三頁、一九二七年一一月。

37　「田中内閣不信任の六大理由」『論述・講演篇』六二頁、一九二八年一月。

38　雨宮昭一「田中（義）内閣」林茂他編『日本内閣史録』（第一法規出版、一九八一年）第三巻一六六―七頁。『民政党総攬』一二二頁。

39　「田中内閣不信任の六大理由」『論述・講演篇』六三―四頁、一九二八年一月。「政党内閣試練の時代」『論述・講演篇』四三頁、一九二七年一一月。

40　「民政党第一回大会での総裁挨拶」『論述・講演篇』五三頁、一九二八年一月。

41 「政党内閣試練の時代」『論述・講演篇』五一頁、一九二七年一一月。
42 同右。
43 「民政党第一回大会での総裁挨拶」『論述・講演篇』五九―六〇頁、一九二八年一月。
44 同右。
45 『立憲政友会史』四八頁、三八八頁、四二七頁。
46 川人貞史『日本の政党政治 1890 ― 1937 年』（東京大学出版会）二三五頁。
47 『浜口雄幸集　議会演説篇』未来社、二〇〇四年（以下『議会演説篇』と略）六八頁。
48 『議会演説篇』七〇頁。
49 『法律新聞』昭和三年二月二五日
50 『東京朝日新聞』昭和三年二月二〇日。
51 『議会演説篇』七二頁。
52 『立憲政友会史』六八頁。
53 前掲拙著『原敬　転換期の構想』一九四―二〇四頁。
54 「政界奔流の中心たれ」『論述・講演篇』八〇頁、一九二八年四月。「行詰れる局面の展開と民政党の主張」『論述・講演篇』一〇二頁、一九二八年九月。
55 『議会演説篇』七七頁。
56 『東京朝日新聞』昭和三年五月二五日
57 「輔弼の責任を誤り立憲の本義を紊る」『論述・講演篇』八六頁、一九二八年六月。
58 「行詰れる局面の展開と民政党の主張」『論述・講演篇』九二頁、一九二八年九月。
59 同九八頁。
60 同九九頁。「第五十六議会に直面して」『論述・講演篇』一一二―三頁、一九二八年一二月。
61 『民政党総攬』一四一頁。

62 「行詰れる局面の展開と民政党の主張」『論述・講演篇』一〇〇―一頁、一九二八年九月。
63 『立憲政友会史』五〇頁、三九七頁、四二三頁、五三三頁。
64 「行詰れる局面の展開と民政党の主張」『論述・講演篇』一〇一頁、一九二八年九月。「暗黒政治打開の一戦」『論述・講演篇』一二四頁、一九二九年一月。
65 「行詰れる局面の展開と民政党の主張」『論述・講演篇』一〇二―三頁、一九二八年九月。「第五十六議会に直面して」『論述・講演篇』一一五頁、一九二八年一二月。『議会演説篇』七八頁、三六頁。
66 「離間中傷何するものぞ」『論述・講演篇』一〇六頁、一九二八年一一月。「第五十六議会に直面して」『論述・講演篇』一一五頁、一九二八年一二月。「年頭所感」『論述・講演篇』一一七頁、一九二九年一月。
67 「国民的判決の前に自決せよ」『論述・講演篇』一二九頁、一九二九年三月。
68 「緊縮政策と金解禁」『論述・講演篇』一三〇―三頁、一九二九年三月。

第四章　首相在任期浜口雄幸の内政構想

はじめに

一九二九年（昭和四年）七月二日、張作霖爆殺事件への対処をめぐって、田中義一政友会内閣は総辞職した。

田中内閣総辞職後、後任首班について天皇より下問をうけた元老西園寺公望は、民政党の浜口を後継首相に奏薦。大命をうけた浜口はその日のうちに組閣し、田中内閣総辞職の即日（一九二九年七月二日）、浜口民政党内閣が発足した。

浜口が内閣総理大臣に任命されるプロセスに簡単にふれておこう。田中の辞表提出の前日、予想される天皇への辞表奉呈後の手続きについて、牧野伸顕内大臣、一木喜徳郎宮内大臣、鈴木貫太郎侍従長、河合弥八侍従次長、岡部長景内大臣秘書官長が協議した。それにもとづいて昭和天皇は、翌二日全閣僚の辞表受理後、牧野内大臣に善後処置を下問し、牧野は元老西園寺公望の意見を参考にするよう奉答した。

明治憲法では内閣総理大臣の任命権は天皇にあったが、実際上は元老の奏薦にもとづいて首班決定がなされていたこと、この時元老は西園寺ただ一人となっていたことは、すでにふれた。

天皇の命による鈴木侍従長の訪問をうけた西園寺は、参内し、牧野内大臣、一木宮内大臣、鈴木侍従長と意見交換をおこなった。そこで西園寺の考えと牧野らのそれとが一致し、西園寺は浜口雄幸を天皇に奏薦。天皇は牧野の意見も聴取したうえで、浜口に参内をうながし組閣の大命を下した。

西園寺が民政党総裁の浜口を奏薦したのは、このころほぼ定着しつつあった、衆議院第一党の内閣が政治的な理由で総辞職した場合、第二党の党首が組閣するとの方針にしたがったものだった。[1]

浜口は、同日（七月二日）夕刻天皇に閣僚名簿を提出し、その日のうちに親任式がおこなわれ、浜口内閣が発足した。浜口の日記によれば、大命降下が午後一時、閣僚名簿奉呈が午後六時、親任式が午後九時と、大命降下から組閣まで異例の速さだった。主な閣僚は、外務大臣幣原喜重郎、大蔵大臣井上準之助、内務大臣安達謙蔵、文部大臣小橋一太、鉄道大臣江木翼、陸軍大臣宇垣一成、海軍大臣財部彪など。幣原、宇垣、財部、渡辺千冬法相のほかは民政党党員より構成された本格的政党内閣だった（井上は組閣直後に入党、渡辺は貴族院研究会民政党系）。

ちなみに、この時の浜口の様子の一端を財部は次のように記している。

「氏〔浜口〕は直立し非常に緊張せる態度をもって、大命を奉じたるにつき死力を尽くして報効を期せんと願ずるにつき、予に海軍を引き受けそれぞれ努力せんことを勧誘せらる」[2]

本章では、この首相在任期における浜口の内政構想をみていこう。

第一節　浜口内閣の成立と緊縮財政・金解禁

首相に就任した浜口は、組閣から一週間後の七月九日、「施政方針に関する首相声明」（閣議決定）において、次のような一〇大政綱を発表した。

一、政治の公明
二、国民精神の作興
三、綱紀の粛正
四、対支外交の刷新
五、軍備縮小の完成
六、財政の緊縮整理
七、国債総額の逓減
八、金解禁の断行
九、社会政策の確立、国際貸借の改善、関税改正
一〇、教育の改善、税制整理、義務教育費国庫負担の増額、農村経済の改善など[3]

このうち内政問題として浜口は、財政の緊縮整理と金解禁にまずとりかかる。八月、浜口は『全国民に訴ふ』と題するリーフレットを発表、また、ラジオでも「経済難局打開に就いて」と題して放送演説をおこない、財政の緊縮整理、国民の消費節約、金解禁の必要を、直接全国民に訴えた。

浜口はいう。

「我国は今や経済上実に容易ならざる難局に立つて居るのであります。……産業は萎縮沈衰し、貿易は連年巨額の輸出超過を続け、正貨は減少し、為替相場は低落し、……経済界の不況はいよいよ深刻に赴き、若し現状のままに推移するにおいては、これが回復は到底望むことが出来ないと思ふのであります。中央地方の財政も……公債の増発によって辛うじて収支の均衡を保つて居るという有様であります」[4]。

そして、このままでは「国民生活の安定」もとうてい不可能で、「国家の前途果たして如何に成り行くべき」か、きわめて憂慮すべき状態に立ちいたっている[5]、と。

これに対処するには、まず財政の緊縮整理をおこない公債の増発をおさえる必要があるとして、浜口は中央地方の財政緊縮と国債の整理を主張する。

前内閣の「放漫なる財政々策」は、公債の増発をひきおこし、累積する公債は、その市中引き受けによって、金融市場を圧迫して民間産業の資金ぐりを阻害するのみならず、通貨を膨張させ物価騰貴をまねいている。そのことは、輸出の低下など「産業貿易の発達を妨ぐる」結果となっており、「思ひ切つたる財政緊縮」をおこなう必要がある、[6]というのである。

次に、浜口は、金の輸出禁止の状態をすみやかに解き、「国際経済の常道」に復することが「刻下の急務」だとして、金解禁実施の意志を明確にした。

すなわち、現状では、金輸出禁止によって「為替相場は動揺甚だしく、通貨及び物価の自然の調節は妨げられ、且つ産業貿易の堅実なる発達を阻害せられ」、それが今日の困難な状況を惹起した重要なひとつの要因になっている。しかも多くの国は、すでに金の輸出禁止を解除し金本位制に復帰している。したがって、すみやかに金解禁をおこなうべく、その準備にとりかかる必要がある、とする。

また、それらとともに、一般国民の側においても「消費の節約」が必要であるとして、人々にそれへの協力を求めている。消費の節約は、物価を引き下げ国際収支の関係を改善し為替相場を回復させるなど、金解禁の実行を円滑にする。そればかりでなく、さらに節約による「貯蓄の増加」は、生産のための資本の増加を意味し、「資本の増加は即ち産業振興、国富の増進の源泉」となる、との観点からであった。[7]

このような方針のもとに、浜口内閣は、まず財政緊縮にとりかかり、田中内閣が決定した昭和四年度予算について、あらためて実行予算を編成し、七月二九日に一般会計を、八月九日に特別会計を、それぞれ閣議決定した。一般会計では九一〇〇万円削減して総額一六億八〇〇〇万円とし、特別会計でも五五〇〇万円を削減、合計一億四七〇〇万円の緊縮をおこなうものであった。新規国債の発行についても、一般会計については、三九〇〇万円減額して五二〇〇万円とし、特別会計についても、二〇〇〇万円減額で八七〇〇万円に、合計発行額で、五九〇〇万円減の一億三九〇〇万円へと削減された。[8]

議会各派に対する政府の実行予算説明会において、政友会は当然激しく反発したが、浜口は、「我国財政経済の現状に鑑み、これが実行は刻下の急務なり」[9]として押し切り、実施に移した。ちなみに浜口は、一〇大政綱のなかでも「特に……第六項に掲げたる［財政の］整理緊縮の事は、財界［経済界］を根本より立直す為に一日を緩ふ可からざる喫緊事」だとしていた。[10]

つづいて、一〇月一五日、浜口内閣は、緊縮政策の一環として、また消費節約の範を示すために、官吏俸給の減額を決定発表した。主要な内容は、翌年一月より年俸一二〇〇円を超える高等文武官の俸給を約一割減ずるとするものであった。これによる財政支出減は年間約八〇〇万円が見込まれていた。

しかしこの案は該当官吏層からの強硬な反対のみならず、各種報道機関からも不評で、同月二二日ついに撤回された。浜口は、組閣当初から、自己の政策の実現には、「党の援助はもとより言論機関の後援による外はない」[11]として、言論報道機関の動向を重視していた。議会をベースとする政党政治家として、国民世論に重きを置き、それを背後の力としようとする姿勢からであった。官吏減俸案は新聞各社そろって反対で、浜口も、その日記によれば、「各新聞紙上、官吏減俸に対する批評満載頗る不評なり」（一六日）、「減俸案不評益々甚だし」（一七日）、「減俸案撤回の議論新聞を賑はす」（一八日）、「新聞の句調（減俸案に対する）少しも変化せず」（一九日）などと、その反応を注視していた。[12]そして、周辺からの強い勧告もあり、一九日には撤回を決意している。ただ、一般の歴史書などでよく誤解されているが、この減俸案は全官吏を対象としたものではなく、比較的高給の官僚に限られたもので、下層の大多数の一般官吏は含まれていない。

また、一一月九日、昭和五年度予算案が整理緊縮の基本方針にそって閣議決定された。一般会計総額一六億九〇〇万円で、前年度より約一割一億七一〇〇万円減の緊縮型予算であった。そして、一般会計における国債の新規発行は、いわゆる財政再建の観点から全くおこなわないかたちで編成された。前年度当初予算の九一〇〇万円からゼロとなったのである。その後特別会計についても、新規公債発行額は半減の五五〇〇万円とされた。この点について、浜口は、「公債総額の逓増［は］……財界を圧迫致しまして、産業の発達を阻害し、公債の［国内外での］信用を毀損し、公債の元利払に対する国民の負担を加重する」こととなる。したがって政府は、一般会計予算において「公債財源に依ることを全然廃止」した、と述べている。そして、五年度一般会計の国債償還総額を九〇〇〇万円と定めた。特別会計での新規国債発行額五五〇〇万円との差し引きで、償還実額三五〇〇万円であるが、これまでの国債の累積から、その減少へと転換した。浜口自身、これを「国債政策上一新紀元を画すること」と位置づけている。[13]

地方財政についても、浜口内閣は緊縮方針を示し、財政の削減を実施させた。[14]

さらに、一一月二一日の閣議で、金解禁すなわち国際金本位制への復帰を翌年一月より実施することが決定され、翌日、その旨が大蔵省令によって正式に公布された。寺内内閣期の金本位制離脱から一二年ぶりの復帰であった。一〇〇円四九・八ドル、約五〇ドルの法定平価いわゆる旧平価での金解禁であった。ちなみに、閣議決定直前の一一月一八日段階での為替相場は、四九ドルであった。

浜口は、まず、この金解禁によって為替レートが固定化され、「世界経済の常道に復し」[15]、国際的な貿易関係が安定することとなる、と考えていた。

「為替相場の乱高下があると云ふことが如何に我が対外貿易を阻害するか。貿易業者は殆ど算盤を採つて海外貿易に従事することが出来ない。……貿易は茲に於てか一種の投棄事業と化す。従つて貿易は発展しませぬ。貿易が発展しなければ内地の産業是亦発達を致しませぬ」[16]。

さきの緊縮財政も、それによって経済界の整理回復をはかり財政再建をめざすとともに、金解禁の実施をスムーズにおこなうためのものでもあった。財政緊縮によって「通貨膨張の源」を断ち物価を引き下げ、「国際収支の均衡」にむけ条件をととのえるばかりでなく、「為替の漸騰」をはかり、金解禁の実行を円滑ならしめたい[17]、と浜口はいうのである。

じっさい、緊縮型の昭和四年度実行予算の実施とともに、対中国関係の好転もあって、国際収支が徐々に改善され、物価も低落傾向となり、為替相場は、政府が在外正貨を政策的に蓄積したこととあいまって、浜口内閣成立直前の四四ドルから閣議決定直前四九ドルに上昇し、旧平価五〇ドルに近い状態になっていた。貿易収支は、昭和二年一億八〇〇〇万円の入超、昭和三年二億二〇〇〇万円の入超であったが、昭和四年は六七〇〇万円の入超にとどまった。この額は貿易外収支で充分相殺される程度のもので、輸出入総額四三億六四〇〇万円、前年比約二億円の貿易高上昇のなかでの大幅入超減であった。物価は、東京卸売物価指数で浜口内閣直前の六月末から解禁直前の一二月末までに約七パーセント低下していた。在外正貨については、内閣成立時八三〇〇万円であったが、解禁の閣議決定時には三億円を超える状態にあった。なお、浜口内閣は金解禁に備えて、一一月一九日、アメリカ・イギリスの銀行団と横浜正金銀行との間で一億円の信用設定《クレジット》契約を設定させている。[18] 金解禁は、このように世界金本位制への復帰による国際的な貿易関係の安定化をねらいとするとともに、その旧平価での解禁はまた日本経済の国際競争力強化の問題とも関連していたが、その点については後述する。

このように浜口にとって、財政の整理緊縮、金解禁は、「産業貿易の堅実なる発展」をはかり「国民生活の安定」を実現するための「必要なる準備[19]」であった。

浜口はいう。論者のなかには、現在日本はすでに不況に苦しんでおり、このうえに財政緊縮や消費節約、金解禁をおこなえば不景気はさらに深刻になると非難するものがある。しかし、「今日の財界の不況は、之を現状に放任して決して自然に転換し得べき性質のものではない」。放置しておけばおくほど不況は不況をうみ、国民経済と人々の生活はついに「収拾すべからざる」状態にたちいたることは明らかだ。したがって、緊縮整理、消費節約、金解禁をおこない、さらにいっそうの国民的努力をはらうことによって、はじめて「合理的に景気回復の時期を迎へ得る」のである。それゆえ、それらによる「一時の苦痛は将来発展の為に忍ばねばならぬ過程」であり、「将来に於いて伸びんが為め現在に於いて縮む[20]」のである、と。

そして、翌年一月一一日、予定どおり金解禁が実施された。

その間、一〇月八日、ロンドン海軍軍縮会議への正式の招請状が到着。一一月三〇日、若槻ら全権団はアメリカ経由でイギリスにむけ出発した。そもそも浜口は、「財政の整理を実現するに当たり、陸海軍の経費に関しても、国防に支障を来さざる範囲に於て、大いに整理節約の途を講ずる」との方針を示しており、「苟《いやしく》もこの点に手を着けるに非ざれば、財政の整理はその目的を達することは出来ない」[21]、と考えていた。

一方、八月下旬から一一月にかけて、天岡直嘉前賞勲局総裁による売勲事件、小川平吉前鉄相をめぐる私鉄疑獄事件、山梨半造前朝鮮総督の収賄事件など、田中前内閣の関係者をめぐる政治スキャンダルが表面化し、いずれも逮捕起訴された。私鉄疑獄事件には浜口内閣の小橋一太文相が連座し辞職した。

第二節　国際的経済競争力の強化

そのような経過のなかで、一二月二三日より第五七議会が召集されたが、浜口は議会において首相として最初の施政方針演説をおこなったあと、国民に信を問うため議会を解散。二月二〇日、普通選挙下第二回目の総選挙がおこなわれた。この間、浜口は施政方針演説のほか、その内政構想をうかがわせるいくつかの重要な発言をおこなっている。次にその内容をみておこう。

浜口はそれらのなかで、さきにみたような、国家予算における財政緊縮と国債整理、金解禁の必要とその実施過程に言及するとともに、金解禁（国際金本位制への復帰）によって「世界経済の常道に復し」、いわば「国民経済更正の第一歩」をふみだしたといえるが、それはまさに「第一歩に過ぎない」ものだとして、さらに次のようにいう。

財政の整理、消費の節約、金解禁を実行することは、「産業貿易の堅実なる発達を図り、国運を進展せしむるが為の必要なる準備である」。今後それを基礎に、「産業の振興、貿易の発展」によって「国力の培養」「国際貸借［国際収支］の改善」をはかり、「国民経済の堅実なる発展」に向かって真剣なる努力を継続していかなければならない、と。

浜口は、それには金解禁など右のような方策ではかならずしも充分ではなく、それらくわえて、いわゆる産業合理化が必須であると考えていた。すなわち、「産業の合理化、能率の増進」につとめ、「生産費の低廉と、品質の斉一優良」をはかり、それによって「輸出貿易の増進」をおしすすめて、国際収支の改善と国民経済のさらなる発展、国民生活の安定化を実現しなければならないというのである。[22]

「金解禁後における国力の培養に関しては、施設すべき事柄が少なくないのである。その内最も重要なるものは、産業の合理化であらうと思ふ[23]」。

「要するに本邦商品の生産費を逓減せしめ、世界的貿易市場に於て各国の商品と競争して、優勝の地位を占むるにあらずんば、国際貸借［国際収支］の根本的改善は望み得られぬ[24]」。

この産業合理化政策の具体的内容として浜口は、「科学的管理方法を採用し、且つ規格の統一や工場施設の単純化」「機械の応用」をおこなうとともに、「事業の合同及び協定を促進」することをあげている。[25] 一方で、機械化や技術の高度化につながっていくような、生産過程における技術的合理化をはかるとともに、他方、経営規模の拡大や過当競争の抑制によって、国際市場での競争力強化を主眼とした資本構成の高度化や組織的合理化、経営システムの合理化を実現しようとするものであった。いうまでもなく、前者は、アメリカのテーラー・システムやフォード・システム、それをモデルとしたドイツの合理化運動などが、後者は、欧米におけるカルテルやトラストの形成などが、念頭におかれていたものと思われる。[26] どちらも、浜口においては、国際市場への輸出競争力を強化することが主なねらいであった。

浜口によれば、わが国の産業界は「無謀の競争を事として、粗製濫造の弊に陥り易い」状態にあり、そのような現状のもとでは、「投資の重複を排除し、生産費の低下を図り、品質の整斉優良を期す」ためには、「企業の合同又は連合」をうながして生産と流通をより合理的なものにする必要がある。また、生産における「能率の増進」のために、事業の「科学的管理経営」、製品の規格統一、および「生産過程の単純化」などを考究すべきだ、[27] というのである。

「我国産業界の現況を見るに、世界大戦中及び大戦直後の好況時代に乗じて計画せられたる各種の事業は洵《まこと》に雑然として何等の秩序もなく統制もなく動《やや》もすれば資本及び能力の莫大なる浪費となつているものが少くない。よつてこれ等の事業に対して合理的統制を加へ無益有害なる競争を避け、事業の科学的経営と機械の応用とによつて能率の増進を図り、最も有効なる産業の組織を確立し、生産費の低減と製品の斉一とによつて国民生活の安定と海外販路の拡張とに努め、産業貿易の発展に寄与したいものと考へる」[28]。

そのような産業合理化などの産業振興策の審議調査のため、一月二〇日、浜口内閣は新たに臨時産業審議会を設置した。そこに浜口は、「企業の統制、能率の増進、基礎工業の確立、原始産業の経営改善、国産品愛用の奨励」「産業金融の改善、販売方法の合理化」[29]などの問題について検討を求めている。ちなみに、前年九月すでに、商工審議会にたいし「産業合理化並に資本の能率化を計る方策如何」などについて諮問がおこなわれ、一二月、同審議会より「産業合理化に関する答申」をうけていた。

また、産業合理化とかかわって浜口は、重要輸出品生産の大部分を占める中小企業について、海外貿易のさらなる発展のためには、生産流通の合理化・組織化をはかるとともに、それらが金融難におちいっている現状から、低利資金の融資、信用組合の改善、普通銀行による資金供与など、金融的な制度や機関を整備し産業資金の供給を潤沢にしていくべきだという。そして、国産振興に関する経費の増額や輸出補償制度などさまざまな方策を考案実施していく必要があるとする。さらに農業や養蚕その他の基礎的な産業についても、各種の試験場や研究機関などをつうじて近代的な工業知識を応用すべきことを指摘している。なお、中小企業への金融整備については、一〇大政綱においても、第一〇項目のなかに、

「金融制度の改善殊に中小農工商に対する金融機能の整備」があげられていた。[30]

このような観点から浜口内閣は、同年五月、商工省に臨時産業合理局を設け、産業合理化のための具体的な政策の検討とその実施をはかっていくこととなる。

なお、この時期の浜口の産業合理化政策について、のちに一般化する、労賃の切り下げや労働強化によって生産コストの削減をはかろうとする、いわゆる日本型合理化と基本的には同質のものではないかとの見方がある。しかし、この時期の産業合理化政策のねらいは、それとは異なり、労働者の収入の保障のうえに、機械化や新技術の導入、生産過程の合理的管理などによって生産力そのものの上昇をはかり、製品の品質向上と生産費の低減化、それによる国際競争力の向上を実現しようとすることを主眼とするものであった。

「産業の合理化と云ふことは、之に依つて労働者の収入を減ずると云ふ方向には働きたくはない。即ち能率の向上はやります、良品廉価のものを、品質を優良にして価格の低廉なるものを作りますけれども、それと同時に職工、労働者に向つては矢張り是は相当の給料、報酬を云ふものを得られるように仕向けていくことが、本当の産業合理化だらうと考へております」[31]。

ちなみに、当時浜口に近かった民政党の有力者仙石貢も、同時期、「労銀を減じて能力を高めて物価を低くすると云ふことは昔の論で、労銀を高くすると物価が廉くなる。（能率増進）が出来る」[32]、と述べている。

また、カルテルや企業間の協定についても、浜口は、あくまでも資本投資や流通過程の合理化、過当競争の抑制による品質向上などのためであり、それが消費者の利害をそこなうものであってはならないと考えていた。ことに協定による操業短縮、価格カルテルなどには、それが物価を上昇させるとしてきわめて批判的であった。

「不当なる操業の短縮であるとか或は売価の協定に依つて、濫に消費者を圧迫するが如き弊害は、勿論努めて避けなければならぬ[33]」。

なお、浜口内閣の産業合理化政策について、独占資本の利害を推進しようとしたものとの見方があるが、少なくとも浜口については、何らかの個別的利害を念頭においたものではない。

さて、この産業合理化政策は、浜口の構想のなかでとりわけ重要な位置を占めていた。それは、かれの構想における財政緊縮や金解禁など、おもに井上財政のもとでおこなわれた諸政策と、前節で述べたような、中国内政不干渉と国際的平和協調政策という幣原外交下でおしすすめられた路線をつなぐものであった。

すなわち幣原外交と井上財政は、一方で、中国との友好関係の構築や列国協調によって、日本をめぐる国際関係を安定化させ、他方、財政緊縮によって財政再建と経済界の整理をおこない国民経済の健全化をはかるとともに、金本位制への復帰によって対外貿易関係を安定化させるなど、国際的な経済活動を順調に展開しうる諸条件を整備しようとするものであった。すなわち両者あいまって、国際協調下の世界において、非軍事的なかたちでの海外市場の拡大、純粋に経済的なレベルで欧米と競争しながら通商・投資を発展させていくことをはかり、輸出貿易型の産業構造をもつ日本経済の持続的な発展、国民生活の安定的向上を実現させていこうとするものであった。

浜口はかねてから次のように考えていた。

「我が日本は人口が大なる割に国土が狭小にして天然の資源は頗る乏しいのであつて、羊毛、石炭、鉄、石油等はこれを国外に仰がなければならない。……而して此原料を以て製造工業に使用して其の製品を外国になるべく出す様にしなければならない……。物品の販路を外国に見出さねばならない。夫れには安い品質のよきものを多く生産し以て物価の調節を計り、大事業はこれを奨励し産業を整理し機械紡績其他の工場会社の合併を行ふ様にすることである」[34]。

このようないわば輸出貿易型の商工立国を志向する見方は別に特殊なものではなく、伊藤博文以来、日本の政治的指導層に共通する考え方であった[35]。そのうえで海外輸出市場の確保を、いかにして行うかが一つの重要な政治的争点となってきたのである。

この時期においても浜口は同様に考えていた。

「我国の如く産業組織の基礎を輸出入貿易に置く国に於て、その経済的繁栄を図り国力の増進を期するには、是非共国際貸借の改善に俟たねばならぬ」[36]。

そして、前述のように、浜口は、旧来の軍事的な膨張政策によるのではなく、非軍事的な経済レベルでの競争によって輸出市場の拡大をはかろうとし、かつ中国を主要な輸出市場の一つとして今後きわめて重要な意味をもつ地域と位置づけていた。

しかし、対中国関係もふくめた国際的な平和協調と財政緊縮・金解禁など、通商投資を安定的に展開しうる政治的経済的諸条件の整備のみでは、今後の主要な輸出市場である中国などで欧米諸国と本格的に経済レベルで競合しうるだけの態勢を作り上げていくには、なお不十分であった。国際関係の安定化や通商投資の環境整備のみならず、国民経済そのものの国際的な経済競争力を強化する必要があり、そのための方策が産業合理化政策であったのである。浜口は、産業合理化など一連の産業振興策によって、産業構成の高度化や経営と流通の組織化をはかり、日本経済の国際競争力ことに個別企業の対外競争力を強化しようとした。国民経済の編成をより国際的に競争力の高いものに再編することを追求したのである。産業合理化政策の個々の具体的内容そのものは、俵孫一商工相のもとで策定着手されるが、右の井上財政、幣原外交下での諸政策とともに、浜口の構想は、それら全体を統括するものであったといえよう。

浜口内閣期の基本的な政策の特徴づけるものとして、しばしば井上財政と幣原外交があげられるが、その政策体系の特徴を全体として把握するには、それだけではかならずしも充分ではなく、以上のような意味から、産業合理化問題の位置づけを欠くことはできないといえよう。

ちなみに、もともと産業合理化政策は、選挙対策として一九二九年（昭和四年）一一月頃党総務会などから持ち出されてきたものとの理解があり、浜口自身の表現としても、このころからみられるものである。しかし、それにつながっていくような考え方は、すでに以前から表明していた。

「産業組織の改善、即ち生産並に金融に関する所の各種の機関の合同統一を実行するとか、或は豊富低廉なる所の産業資金を疎通せしめる、其他大量生産の奨励を行ふと云ふ如き方法に依て、出来うる限り生産費の低廉を図つて、品質を能く整へ、又価格が低廉なる所の商品を海外に輸出致しまして、我が市場の開拓を図ると云ふ如き方法を用いることが最も必要である」[37]。

なお、浜口は、さきにふれたように、国民消費の節約をよびかけ、それが物価を引き下げ、国際収支の改善に資するのみならず、「生産資本の蓄積」をもたらし産業振興につながると主張していた。この点について、経済的に困難な生活のなかにある一般の人々になお貧困を強いるものだったのではないかとの非難がある。それについては浜口自身は、消費の節約といっても、「生活の必要品に向かつて、之を強いて節約せしむる如き意志は、政府は毛頭持つて居ない」と表明していた。それが一般の人々にたいして、貧困な生活にも耐え生活費を削ってまでなお倹約せよというのではなく、「戦時中の好景気」で収入の増加した人々に、無自覚に「膨張」した消費を「調節」し、それを貯蓄にまわし生産資本の蓄積をはかるべきだとするのである。[38]

また同じく、国際収支の改善と国内産業の振興のために、浜口は「国産品愛用」[39]を奨励し国民レベルでの協力を呼びかけている。

そのほか浜口は、昭和五年度予算案において、義務教育費国庫負担を一〇〇〇万円増額して八五〇〇万円とし、それによる地方財政の負担減を地方税軽減にあてるよう指導する方針を示している。[40]

義務教育費の国庫負担は、一九一八年（大正七年）寺内内閣下で制定された市町村義務教育費国庫負担法によってはじまったもので、前述のように、浜口内閣成立前には七五〇〇万円となっていた。[41] 浜口は、それを八五〇〇万円とすることが「極めて緊要の政策である」として、その実現を期している。民政党は、かねてから重要政策の一つとして義務教育費中教員俸給全額国庫負担の実現をかかげており、浜口も組閣後の一〇大政綱のなかで「義務教育費の増額」に言及していた。[42]

また社会政策について、浜口は、「社会政策の確立は現内閣の最も力を注がんとする政綱の一つである」として重視し、一〇大政綱のなかにもとりあげられていた。そして施政方針演説等でも、具体的に失業対策、労働組合法、小作問題を中心に、次のように言及している。まず失業問題について、その「根本的の解決」は、「財界の安定、産業の繁栄」によらねばならないが、「当面の失業防止及び救済」の方策として、職業紹介事務局の増設、公共職業紹介機関の整備充実、公私事業の調節、自由労働者対象の施策拡張などを実施する。また、「労働組合の健全なる発達は産業の平和的進展の基礎をなす」ものであり、労働組合法の制定について考究中である。小作問題については、「我国現在の法制が小作事情に適切でない」ところがあり、小作法案を議会に提出する考えである、と。[43]浜口内閣は、成立直後に社会政策審議会を創設。失業救済施策、労働組合法の制定、小作問題対策の三点について諮問し、[44]一定の答申をうけていた。右のような方針も、それをある程度背景としたものであった。

このように浜口は、財政緊縮や産業合理化など国民経済の再編過程が社会不安をもたらさないよう、労働組合法や小作法の制定、失業対策などさまざまな社会政策を実施しようとした。そのことは一定の社会的広がりをもってきた労働運動や農民運動に対応し、普通選挙制のもとでの社会的支持基盤の拡大、強化をはかろうとするものでもあった。

なお、この時期の前後に、浜口は憲政論について何度か言及している。ここでそれにふれておこう。浜口は、その一〇大政綱の第一に「政治の公明」をかかげ、それが「立憲政治の根本用件」であるとし、さきにもみたように、かねてから「政治をして国民思想の最高標的たらしむる」ようなレベルにまで、政治のモラルを高めていかなければならないとしていた。浜口によれば、「我国に於て政党内閣制が確立せられたのは僅かに最近の事」であり、もし国民に政党政治が信用されないようになれば、「折角発達の途に就きかけたる我国の憲政は、再び逆転せざるを得ない」こととなる。もしそのようにして「憲政の逆転を繰り返す」ような事態にたちいたったならば、「其結果は真に恐るべきものがあるであろう」。我国の憲政はまだ安定の域に達しているとはいえない。しかし、「理論はともかく、実際の上に政党政治以外に執るべき道はない」のであり、もし国民が政党政治を信頼しなくなれば、「日本の政治の将来は暗黒」であり、国の将来がどうなっていくか「慄然として膚に粟を生ずる感」をもたざるをえない。そう考えていた。したがって浜口は、「憲政有終の美を濟《な》すは実に我党の重大なる責任である」、というのである。[45]

ここでの憲政の逆転とは、いうまでもなく政党政治以前の状況にもどることを意味しているが、それが繰り返される結果生じるかもしれない「真に恐るべき」事態とは、何を念頭においていたのか明言されてはいない。

なお浜口は、「政党政治の完全なる発達」には、「有力なる反対党が正面に立つているといふことが必要」[46]であるとしており、強力な野党の存在は憲政の発展には欠かせないものとみていた。したがって、民政党のみで「憲政有終の美をなす」ことができるとも、自党による圧倒的な政権運営を望ましいものとも、考えていなかった。

さて、一九三〇年（昭和五年）二月二〇日、衆議院総選挙がおこなわれ、民政党は二七三議席を獲得して総議席数四六六の過半数を超え、政友会は一七四議席となった。他に、国民同志会六議席、革新党三議席、無産政党各派五議席、諸派無所属五議席であった。民政党は九九議席増、政友会は六五議席減となった。ちなみに、政友会では、前年九月一八日、さきに民政党を脱党した新党倶楽部の床次竹二郎ら二二名が合流したが、九月二九日、田中総裁が死去。一〇月一二日、犬養毅が後継総裁に就任していた。

しかし、その後、世界恐慌が浜口内閣下の日本を直撃することとなる。前年金解禁発表直前一〇月のウォール街の株式大暴落をきっかけにはじまったアメリカの恐慌は、まもなく世界に波及し、未曾有の世界大恐慌となっていく。日本もまたその直撃をうけ、一九三〇年（昭和五年）三月の商品市場・株式市場の急落をきっかけに、五月以降影響が本格化し、六月に生糸価格が、一〇月には米価が暴落。生糸とならぶ主要輸出商品である絹織物、綿糸、綿織物の価格も同様に崩落するなど、日本経済は深刻な状況におちいり、いわゆる昭和恐慌となっていく。[47]

他方、一九三九年（昭和五年）三月一四日、ロンドンの全権団より日米英妥協案についての請訓が到着。四月一日、浜口内閣はそれを基本とする条約締結を可とする回訓をおこない、四月二二日、軍縮条約が調印された。しかしこの条約締結をめぐって、海軍軍令部、政友会、枢密院などとの間で、大きな軋轢が生じることとなってくる。

第三節　昭和恐慌のなかで

そのような経過のなか、四月二一日から五月一三日まで、総選挙の結果をうけて第五八回臨時議会が開催された。次にそこでの浜口の発言を検討しよう。そこでおもに問題となったのは、金解禁の実施とその後の恐慌対策、およびロンドン海軍軍縮条約についてであった。海軍軍縮条約の問題については、外交問題の側面が強いのでここでは立ち入らず、以下、金解禁と恐慌の問題についてみていこう。ただし、これまでの発言と内容的に重複する議論は省略する。

まず、金解禁の実施について、その時期が適当であったのか、早急にすぎたのではないか、また準備が不充分ではなかったのか、との批判がだされ、それにたいして浜口は次のように答えている。

解禁の時期については、先年七月の組閣当時において、「金解禁問題の解決は既に頗る遅い」状態にあった。その時にはすでに、主として「在外正貨の関係」から、金解禁は「焦眉の急」に迫っていた。金輸出禁止によって、物価の自動調節作用が失われ、国際水準に比して物価高となり、輸入超過がつづき、その累積額は数十億円に達した。そのため在外正貨は「枯渇」し、その影響をうけて為替相場が低落するとともに、その乱高下が激しく、対外貿易はさらに阻害され、このままでは「到底我国民経済は立行かない」局面にまで陥っていた。したがって、金解禁の実施時期は、むしろ遅いくらいであったという。

浜口のみるところ、一九一七年（大正六年）の金輸出禁止によって、戦時好況から膨張した財政経済は、国際経済との関係ではいわば「不自然な」状況におかれることとなり、「極めて不合理な温室生活」をつづけることとなった。したがって、一九二〇年（大正九年）の戦後恐慌後も、経済界は「当然整理さるべくして整理され……ぬ」状態となり、国家の財政は依然として膨張を続けた。一九二三年（大正一二年）の震災によって経済界はふたたび打撃をうけたが、政府は公債によって財政収支を補う政策を継続し、公債の累積は、民間の事業資金を国家財政に吸い上げることによって、民間の事業振興を妨げ、国民経済を圧迫することとなった。それがこのような事態を招来し、「昨年組閣の当時に於ては、金解禁の問題は之を解決すると云ふことが、実に焦眉の急に迫つて居つた」、とする。[48]

また、金解禁への準備については、まず、解禁によって経済界に不測の損害や打撃をできるだけ与えぬよう、解禁実施による為替相場の急騰を回避するため、「漸を逐うて堅実に平価に接近せしむる如く努めた」、と浜口はいう。そして、財政緊縮や消費節約、国産奨励などによって、物価を引き下げ、貿易収支を改善し、政策的に在外正貨の蓄積をはかり、解禁実施時までに為替相場をほぼ平価に近づけることができた、としている。また、財政緊縮やそれによる公債の整理、国際収支の改善、一般国民の消費の節約などそれ自体、金解禁にむけてのものであり、また米英財団による一億円のクレジット設定もおこなわれ、それらによって解禁実施への準備は充分になされていた旨を述べている。

したがって浜口は、「金解禁の準備は完全に出来たので、適当の時期を見て実行した」とし、「其時期も亦誤つて居なかつた」という。もしこの時期を失えば、事態は「極めて憂慮すべきものがあつたであらう」[49]、と。

次に、そのころアメリカの株式大暴落以来の影響をうけ本格化しようとしていた恐慌についての発言をみていこう。浜口はその点に関する現状認識を以下のように述べている。

そもそも、「今日の不景気」はその由来するところ「頗る遠い」ものであり、「其基く所が極めて深い」性格をもっている。すなわち、「大正九年の大反動」(戦後恐慌)以来の不景気であり、その後の「大正一二年の大震災火災」(関東大震災)、さらには「昭和二年の財界の大混乱」(金融恐慌)によって、景気回復はおくれ、不況のままで今日に至った。もちろん「現内閣の財政の整理緊縮、国民に向つて奨励宣伝したる所の消費の節約」などが、不況の要因を構成していることは認めるが、しかしそれは原因の一部である。現在の経済界の不況の最大の原因をなしているものは、「今日の世界的の大不景気」だといえる。

当初、金解禁や財政・経済の緊縮整理によって、その直後は多少不況が深刻化するかもしれないが、それは「過渡的」なものであって、一定の時期がすぎれば、政府・国民の努力によって、それらの政策的効果が現れ、景気は回復すると考えていた。しかし、解禁直後に「世界的な不況」すなわち世界恐慌の直撃をうけ、予想に反して今日のような状態になった、[50]と浜口はいうのである。

「御承知の通り今日の不景気は世界的の不景気であります。生糸の売れない、是は米国の不景気の結果である。綿布の輸出の少い、是は印度の綿布関税の結果であらうと思ふ。其他対支貿易の不振は、銀塊相場の崩落の結果であります。主として左様であらうと思ふ。是は一二の事例に過ぎませぬけれども、大体に於て今日の不景気は決して日本のみの現象ではない。……私は大体に於て今日の不景気の原因の大部分は之を国際的の原因であると存じます」[51]。

浜口のみるところ、金解禁時には、対中国貿易不振の原因となった銀塊相場の下落はそれほどでもなく、対インド輸出の阻害要因となった綿布関税の問題もまだ起こっていなかった。アメリカにおけるウォール街の混乱はすでに始まっていたが、それがひいては「亜米利加全体の非常なる不景気を起さうとは、其当時何人も予想しなかつた所」であった。したがって、少くとも政府はその当時においては、「解禁後に起つた如き世界的の大不景気を予想する」ことは不可能であった、そう浜口は判断していた。

その後にも、「亜米利加に於ける証券界の恐慌」が、果してアメリカ全体の不景気を今日のように招来するのであろうということは、「当の亜米利加人自身でも、之を判断することが出来なかつた」。いわんや日本人にとっては、「到底予想だも出来なかつた現象」であった、との発言を残している。

しかし浜口は、この「世界的の大不景気」は、なお「一時的のもの」とみており、それほど将来を悲観すべきではなく、「大体に於て寧ろ楽観をすべきもの」で、世界の景気はまもなく回復してくるだろうと考えていた。したがって、金解禁を実施したこと自体は必要なことであり、その点にはなお自信をもっていた。

このような、当時の世界的不況が一時的なものでありまもなく回復にむかうとの認識は、翌年三月ごろでも変わっておらず、状況は「鎮静の域」にむかっており、世界不況は「継続しないものと観測するのが当然であらう」、との見方であった。[52]

したがってまた浜口は、深刻な不況に陥ったからといって、政友会の主張のように財政方針を転換し、いわゆる積極政策によって財政支出を増加させることには、反対であった。

すなわち、今もし政府が「財政上の方針を転換」して、いわゆる「積極的の政策」をふたたび採用し、「公債を増発」すれば、物価は騰貴し、輸入超過は再び「非常なる勢」ではじまり、「正貨の流出は殆ど停止する所を知らぬ」こととなる。そのような大量の正貨流出という事態になれば、いずれ通貨は「急激なる大収縮」を引きおこし、そのために物価は暴落し、事業経営は壊滅的な打撃をうけ、「経済界の不景気、失業の現出」は今日の比ではない状態にたちいたるであろう。それはすなわち「我が国民経済の破壊」を意味する、というのである。

したがって浜口は、「少くとも財攻上に於ては、是迄の方針を変更するの意思は毛頭持って居ない」として、国民経済の立てなおしのために、「是迄進んで来た所の態度を以て、著々として進行する積り」だとの姿勢であった。しかし、その進行の途上において、失業問題など「緊急差措き難い問題」には、できるかぎりその障碍を取り除き、問題を緩和していく方向で対処していくほかはない、と考えていた。[53]

では、世界恐慌の影響が波及してくるなかで、深刻な状況になりつつあった失業問題について、浜口はどのように対処しようとしていたのだろうか。その基本方針についてはすでにふれたが、もう少しその内容に立ち入ってみておこう（ただし、失業・倒産が急激に増加して深刻な問題となるのは、この議会以後である）。

浜口は、失業対策として「応急的な対策」と「根本的な対策」[54]にわけ、次のようにいう。

「応急策……を申述べて見ますれば、第一には事業の調節であります。是は国家の事業拉地方会共団体の事業を道当に調節を致し、失業問題の緩和を計ると云ふ為であります。……第二は……失業救済事業の機構の拡張であります。……失業間題に対するが為には、緊急己むを得ざる場合に於ては、地方の起債の方針を或程度に於て緩和する方針であります。……其次は最も困難なる所の知識階級の失業緩和の問題であります。其中少額給料生活者に対する所の職を授けると云ふ事業は、現内閣初めての施設であります。……其次には職業紹介機関の整備充実並其活動の促進であります。是等は今日政府に於て現に実行致して居ります所の失業問題の応急策の一端であります。……其根本策に至りましては、……国民一致協力を致しまして、国産品の愛用を奨励し輸出を奨励し、それに依つて国内産業の振興を図ると云ふことが、其第一義であらうと思ひます」[55]。

つまり、失業対策の根本策は産業振興にあるが、当面の応急対策として、ここではまず、地方債発行の制限を緩和して地方レベルで対処すること、さらに知識層への失業対処措置を講じること、職業紹介機関の整備充実およびその活動の促進などがあげられている。そして「将来に向つても事情の許す限り施設に怠らない決心」[56]だという。

なお、大山郁夫（労農党）からの、産業の振興ということは有産階級のみの利益であつて労働者には何の利益も与えない、また産業合理化は労働者の生活とは何の関係もない、との意見にたいして、浜口は次のように答えている。

「今日失業問題の喧しいのは、即ち財界不景気の結果であります。財界の不景気は産業の不振の結果であります。故に産業が振興致しますれば、失業問題が自ら解決さるることは明瞭であります。……吾々の考では、産業合理化の結果として物価は下落します、多量生産が行はれます、輸出の増進が出来ます。さう致しますれば、即ち産業の振興となつて、同時に失業者の救済に資する所が多からうと存じます」[57]。

産業合理化によって輸出が増進すれば、国内産業が興隆し工場も増設され、「新に労働に向つての需要を喚起する」こととなるというのである。また大山からの、数億円の失業手当を支出するつもりはないかとの質問にたいしては、その意志はない旨を答えている[58]。

その他、失業保険制度については、社会政策審議会の答申にも調査をすべきとの進言があり、調査にとりかかるつもりであるが、「今日の日本の国情に於て主として財政上から」、ただちに失業保険制度を実行するということは断言できないとしながらも、失業手当や失業保険について「出来るだけ調査を急いで、而して出来るだけ有数なる施設を講じたい」との答弁をしている[59]。

また浜口は、陸軍の軍縮についても、「国防に欠陥なからしむる範囲内に於いて、出来得るならば相当経費の節減を致したい」[60]、との考えを表明している。

さて、そのようななか、世界恐慌の影響もあって、金解禁後一月から六月の間に、約二億三〇〇〇万円の正貨が海外に流出した。解禁直前の一般の推定では、解禁による正貨流出は一億円から一億五〇〇〇万円程度とみられていたので、予想を超える大幅な流出額であった。その後も、正貨流出はつづき、一九三一年（昭和六年）一二月、犬養政友会内閣によって金輸出再禁止がなされるまでに約八億円が流出。

解禁前に在外正貨をあわせて約一三億六千万円あった正貨準備高は、約四億円を残すのみとなっていた。なお、イギリスは第二次若槻内閣時の同年九月に金本位制を離脱。アメリカは一九三三年に金本位制を停止する。[61]

このような結果となった浜口内閣の金解禁政策について、さまざまな議論・評価がなされている。ここでその点を検討しておこう。

まず、そもそも金解禁が必要であったかどうかである。その点については、すでに、アメリカが一九一九年に、イギリスが一九二五年に、フランスが一九二八年に金解禁にふみきるなど、主要な国々がほとんど金本位制に復帰しており、当時も、金子直吉など二・三の例をのぞいて、有力な異論はそれほどみられなかった。政友会も、かねてから金解禁の必要性そのものは認めていた。[62]

現在でもまた、当時の国際状況や理論状況からみるとき、金解禁の政策判断そのものに問題があったとする議論はそれほどみあたらない。もちろんケインズ的政策が望ましかったとする見解はあるが、それは当時の理論的国際的状況を無視したものである。

次に、その時期、タイミングの問題がある。浜口内閣のおこなった金解禁の時期が、はたして妥当であったかどうかという問題である。当時野党であった実業同志会党首武藤山治の「暴風雨に向かって雨戸を開け放つようなもの」との表現が、しばしば引用されるように、世界恐慌がはじまるその時に金解禁をおこない、日本におけるその影響を激甚なものとしたとの批判がしばしばおこなわれている。

浜口内閣による金解禁の決定（一一月二一日）は、「ブラック・マンデー」とよばれるウォール街の株式大暴落（一〇月二四日）の約一ヶ月後であったからである。

浜口自身は、このタイミングを選んだ理由として、金輸出禁止下での国際収支の悪化という一般的な問題のほかに、当時、在外正貨が枯渇してきていたことや、四分利付英貨公債の借換の問題をあげている。[63] さきにも指摘したように、このころ、第一次大戦終結時（一九一八年）には約二〇億円あった在外正貨はわずか八三〇〇万円に減少しており、また四分利付英貨公債二億三〇〇〇万円の償還期限が翌年にせまり、その借換には当時の国際経済の状況からして金解禁が必要だとみられていたのである。[64] また、「独り世界の一等国として中外に誇る我国のみが、戦後十年にして未だこの国家的重大問題を解決することが出来ないといふことは、真に遺憾とするところ[65]」だとの観点も、組閣後まもなく解禁にとりかかった一つの理由であったと考えられる。

解禁決定直前のウォール街の株式大暴落については、当時は、「ただ一時エアポケットに入ったのみで［飛行機の］機体すなわち経済の実体は健全だ[66]」というような見方が一般的であり、浜口も、一一月一三日の日記に「夕刊、米国株式の大暴落及其影響を受けたる日本内地株式の反落を報ず。心痛に絶へず（金解禁の実行を眼前に控へて）[67]」との記述があるが、それも一時的なものと考えていたようである。[68] 当時はまだウォール街の株式暴落が世界恐慌に展開していくとは、国内外でほとんど予想されておらず、そのような判断はやむをえなかったといえよう。

最後に、浜口内閣は法定平価いわゆる旧平価で解禁したのであるが、それを新平価すなわち当時の円の実勢相場で解禁すべきではなかったのかという議論がある。旧平価は一〇〇円約五〇ドルで、浜口内閣成立時の為替相場は四四ドル前後であった。このような批判は当時、石橋湛山や高橋亀吉など有力な経済ジャーナリストを中心にとなえられたが、その後の研究でもしばしば同様の議論がなされており、きわめて根強いものがある。一般の歴史書にも、たとえば「それまでに金解禁を実施した世界各国もほとんどは新平価で実施しており、日本の場合もそれが無理のない方法だと思われていた」[69]などの表現がみられる。

しかし、アメリカ、イギリスは、旧平価で解禁しており、一方、新平価で解禁した国は、たとえば、フランスはフランを八〇パーセント切り下げて約五分の一の価値に、イタリアはリラを七三パーセント切り下げて約四分の一の価値にするなど、それぞれ大幅な平価切り下げをおこなっていた。その他の国ではたとえば、スイス、オランダなどは旧平価で、ベルギーは約八五パーセント切り下げて約七分の一に、デンマークも六五パーセント切り下げて約三分の一に、それぞれ平価の大幅切り下げをおこなっている。[70]すなわち新平価で解禁した国々は、金輸出禁止下において、それぞれ大幅なインフレーションにみまわれ為替相場が極端に低下しており、旧平価復帰は事実上不可能で、日本の新平価解禁論者の主張するような一〇パーセント程度の切り下げをおこなった国はほとんどなかったのである。イギリスも日本同様、実勢の為替相場より一割程度高い旧平価で解禁していた。ちなみに、のちの一般向けの著作のなかで、フランスの新平価解禁の例が、「五分の一の平価切り下げ」[71]と表現される例などがあり、さきのような歴史書等の議論は、あるいは、一・二割程度の新平価解禁が一般的だったとの誤解があるのかもしれない。

また、新平価で解禁するには、貨幣法の改正が必要であったが、解禁決定当時、衆議院では与党は多数を占めておらず、法改正ではなく大蔵省令のかたちで執行可能な旧平価解禁を選択したのではないか、との見方もあるが、それは副次的な理由であろう。

むしろ、旧平価解禁には、そのデフレ効果によって経済界の整理を進めるねらいもあった。すなわち、旧平価解禁は、少し前の実勢為替相場からすれば、対外的には一〇パーセントあまりの相対的物価上昇を意味する。そのことは一時的に、輸入には有利に働くが、輸出には価格上不利な条件となる。この間、国際競争力の弱い輸出産業を淘汰して、脆弱な体質の経営を整理し、一般的な物価水準が国際レベルに落ち着いたのちのに産業合理化などとともに、国民経済全体の国際競争力を強化しようというものであった。[72]

では、もし新平価で解禁していたら、世界恐慌のショックに耐ええたであろうか。もしくはそのショックを相当やわらげることとなったであろうか。昭和恐慌の主導因はおもに輸出先の需要低下によるものであったが、一割程度の為替差で対応しえたであろうか。輸出の中心をなす絹製品と綿製品でみると、生糸は、一九二九年から一九三一年までに、輸出価格は四七パーセントに、輸出金額は四五パーセントに低下、絹織物は、輸出価格五七パーセント、輸出金額二八パーセントに、綿糸は、輸出価格六八パーセント、輸出金額三一パーセントに、綿織物は、輸出価格六一パーセント、輸出金額四八パーセントに、それぞれ低下している。[73] このような大幅な価格低下と需要減退をみると、一〇パーセントあまりの為替差では、それほど事態を変えるような影響はなかったのではないかとも思われるがどうであろうか。

しかも、旧平価解禁による原料その他輸入品価格低下によって、この差は実質的にはかなり相殺されることとなったと考えられる。

一方、ロンドン海軍軍縮条約は、一〇月一日枢密院本会議において批准が決定された。当初枢密院側は条約批准に否定的であったが、浜口はきわめて強硬な姿勢で押し切った。

その間浜口は、枢密院にたいして、融和的な方法をとらず、強硬姿勢に終始し、「断固たる処置をとる決心」を周囲に幾度かもらしていた。その決心は、たんに条約批准を実現するということのみでなく、この機会に枢密院を政治的に無力化しようとの決意がふくまれていた。枢密院は、第一次若槻内閣の緊急勅令案を否決して総辞職させるなど、しばしば政党政治、議会政治の発展に阻止的な役割をはたしてきた。浜口はにそれらが念頭にあり、これを非政治的で実務的な審議機関化することを考えていたと思われる。

「政府としては、［枢密院の審議について］規定方針どおり、左右を顧みず、一貫したる信念をもってこれに対し、一歩も譲るところはないのだから、あくまでもこの方針を確守し、憲政発達のために貢献したい」[74]。

そして、このロンドン海軍軍縮問題において内閣の強硬姿勢の前に枢密院は屈服し、これ以降、事実上政治的には無力化する。

一〇月二日、天皇の裁可をへて、正式に条約が批准され、翌日、財部海相が辞職。後任には財部の推薦によって条約容認の安保清種が就いた。

そして、一〇月二七日、条約発効を記念して、浜口首相、米フーバー大統領、英マクドナルド首相による日米英同時中継ラジオ放送演説がおこなわれた。

こうして、浜口内閣下において、海軍、陸軍、枢密院をふくめ、議会政党による国家システムの全体的なコントロールがほぼ可能となる体制がようやくできあがってきたといえよう。海軍は、海軍大臣・軍令部長に、安保清種・谷口尚真という条約容認派が就任し、内閣の決定を重視するスタンスであった。陸軍も、ロンドン海軍軍縮条約やそれをめぐる統帥権問題には基本的に介入せず、陸軍大臣宇垣一成は、当時政党内閣のリーダーシップを承認する立場をとっており、参謀総長も宇垣派の金谷範三で、陸軍省・参謀本部ともに、いちおう彼らの統率下にあった。

またそれとともに、ロンドン海軍軍縮条約の締結によって、日本は実質的にアメリカ、イギリスとならんで、国際社会をリードしていく国の一つとなったのである。

一一月一一日の昭和六年度予算閣議において、昭和六年（一九三一年）から五年間に予定されていた建艦費留保財源五億八〇〇〇万円のうち、三億七四〇〇万円を海軍補充計画にあて、残り一億三四〇〇万円を減税に向けることが決定された。

閣議決定された昭和六年度予算案は、前年比約一億六〇〇〇万円減の総額一四億四八〇〇万円で、前年度に続いて大幅な緊縮予算となった。これは一般会計非募債の緊縮方針に基づくものであったが、不況による歳入減少が一億五〇〇〇万円にのぼると予想されることにもよっていた。したがって行財政の整理、新規事業の繰り延べなど厳しい支出削減が予定されていた。

昭和恐慌は、夏から秋にかけて本格化してきていたが、アメリカの恐慌が一時的に小康状態となったこともあり、多くの専門家は、なお一般的な短期の周期的恐慌とみていた。浜口らも同様な判断で、日本経済を好転させるには従来の財政方針を、なお堅持する必要があると考えていたのである。

したがって、この間浜口内閣は、農村の疲弊失業対策に八〇〇〇万円の低利融資、中小企業への四〇〇〇万の救済融資、日銀公定歩合の一厘引き下げ、興業銀行による七五〇〇万円の救済資金支出などの不況対策を実施するにとどまっていた。昭和六年度予算案でも、大規模な失業不況対策は直接には盛り込まれていなかった。

しかし予算閣議前日の一一月一〇日、浜口は地方長官会議において、とくに失業問題にふれ次のように述べている。

「失業対策に関しては、政府は経済上、社会上、問題の極めて重大なるに鑑み、常に事態の推移に留意し、財界の安定、産業の発達、貿易の振興等、力を失業防止の根本方策に致すと共に、失業防止小委員会を常設して、これが対策の樹立実行に努めつつある……。尚必要と認むる地方に対して起債制限の方針を緩和して、各種の事業計画を容認するのみならず、進んでこれに財的援助を与へ、以て失業者授職の方途を講じ……、今後の情勢によりては更に適当の施設をなし、以てその急に応ずるの用意を怠らない考へであります」[75]。

全力を傾けた軍縮問題が決着をみ、これから失業問題に本格的に取り組むというのである。ちなみに内務省社会局推定の失業者数は当時二七万人で、この年それまでの直接の失業救済事業は総額三七〇〇万円にとどまっていた。これをうけ、内務省はまず五〇〇〇万円の公債発行による失業救済事業を策定した。なお、年末には失業者数三二万人となる[76]。

ロンドン海軍軍縮条約をめぐる一連の問題がようやく決着し、昭和六年度予算案が閣議決定されてから三日後。昭和五年（一九三〇年）一一月一四日朝、浜口は、岡山での陸軍演習視察に向かおうとして、東京駅のプラットホームで狙撃された。犯人は右翼団体愛国社構成員の佐郷屋留雄であった。

浜口は重体となったが、その後一命を取り留め、入院加療につとめることとなった。その間幣原外相が臨時首相代理をつとめた。しかし、途中無理を押して登院したことによって、症状が悪化。翌年四月一三日、内閣は総辞職。八月二六日死去した。

なお、浜口在職入院中に開かれた第五九回帝国議会において、負傷以前から準備されてきた、労働組合法案、小作法案、婦人公民権法案など、社会政策的な重要法案が内閣から提出されたが、衆議院通過後、貴族院においてことごとく審議未了となった。関連法案では、労働者災害扶助法のみが成立という結果に終わったのである。

他方、このころ、陸軍内部では、中央幕僚グループの一夕会メンバーが陸軍の実権掌握と満蒙問題の武力解決をめざし、主要実務ポストの掌握を実現しつつあった（第六章、参照）。

注

1 浜口内閣成立時を含め、政党内閣期における政権交代の実態については、村井良太『政党内閣制の成立』（有斐閣、二〇〇五年）、同『政党内閣制の展開と崩壊』（有斐閣、二〇一四年）、参照。

2 『財部彪日記』昭和四年七月一日（国立国家図書館所蔵）。

3 「施政方針に関する首相声明」『論述・講演篇』一三五―八頁、一九二九年七月。

4 「全国民に訴ふ」『論述・講演篇』一六五頁、一九二九年八月。

5 「経済難局打開に就いて」『論述・講演篇』一六九―七〇頁、一九二九年八月。

6 同一六九―七〇頁。

7 同一七三―四頁。「全国民に訴ふ」『論述・講演篇』一六六頁、一九二九年八月。

8 『東京朝日新聞』昭和四年八月七日。

9 浜口内閣編纂所編『浜口内閣』、浜口内閣編纂所、一九二九年、三三〇頁。

10 「施政方針に関する首相声明」『論述・講演篇』一四〇頁、一九二九年七月。

11 「内閣成立に当りて」『論述・講演篇』一三四頁、一九二九年七月。

12 『浜口雄幸　日記・随感録』前掲二四二―四頁。

13 鍵山誠之祐編『浜口雄幸大論弁集』、実業之日本社、一九三一年、二四〇頁。「強く正しく明るき政治」『論述・講演篇』二一二―六頁、一九三〇年一月。

14

15　「内閣の信任を国民に問う」『論述・講演篇』二三一頁、一九三〇年二月。
16　『浜口雄幸大論弁集』、二四三頁。
17　「合理的景気回復の基調」『論述・講演篇』一六二頁、一九二九年八月。
18　長幸男『昭和恐慌』（岩波書店、一九七三年）六三頁、一一三頁。大島清『高橋是清』（中央公論社、一九六九年）一三七頁。
19　「経済難局打開の使命」『論述・講演篇』一八四―五頁、一九二九年一〇月。
20　「合理的景気回復の基調」『論述・講演篇』一六三頁、一九二九年八月。「政府の財政に関する施政要綱」『論述・講演篇』一四九頁、一九二九年七月。「財政立直しの急務と整理緊縮」『論述・講演篇』一四〇頁、一九二九年七月。
21　「施政方針に関する首相声明」『論述・講演篇』一三七頁、一九二九年七月。「政府の財政に関する施政要綱」『論述・講演篇』一四五頁、一九二九年七月。
22　「内閣の信任を国民に問う」『論述・講演篇』二三一頁、一九三〇年二月。「金解禁実施に関する首相声明」『論述・講演篇』二〇二頁、一九三〇年一月。「当面の国情と金解禁後の対策」『論述・講演篇』一九六―八頁、一九二九年一二月。
23　「当面の国情と金解禁後の対策」『論述・講演篇』一九八頁、一九二九年一二月。
24　『浜口雄幸大論弁集』、二四九頁。
25　「当面の国情と金解禁後の対策」『論述・講演篇』一九八頁、一九二九年一二月。「大阪経済更新会発会式での挨拶」『論述・講演篇』一九二頁、一九二九年一一月。
26　上田貞次郎「欧州における合理化運動」（上）（下）『東京朝日新聞』昭和四年一一月六日・七日。河原宏「浜口内閣」前掲『日本内閣史録』第三巻二〇二頁。
27　『浜口雄幸大論弁集』、二四八頁。
28　「大阪経済更新会発会式での挨拶」『論述・講演篇』一九二頁、一九二九年一一月。
29　『浜口雄幸大論弁集』、二四八頁。

30 なお、前年九月、商工審議会にたいし「産業合理化並に資本の能率化を計る方策如何」などについて諮問がおこなわれ、一二月、同審議会より「産業合理化に関する答申」をうけている。『浜口内閣』前掲四一四頁。安藤良雄編『両大戦間の日本資本主義』(東京大学出版会、一九七九年)三〇頁。

31 「当面の国情と金解禁後の対策」『論述・講演篇』一九八―九頁、一九二九年一二月。「施政方針に関する首相声明」『論述・講演篇』一三八頁、一九二九年七月。

32 第五八回特別帝国議会、貴族院予算委員会、一九三〇年五月九日。なお、高橋衛「昭和初年における産業合理化政策導入の契機」『政経論叢』二四巻六号、一九七五年、参照。

33 原田熊雄『西園寺公と政局』別巻(岩波書店、一九五六年)八七頁、一九二九年一〇月。

34 『浜口雄幸大論弁集』、二四八頁。

35 「清浦内閣の四大罪悪」『論述・講演篇』四六四頁、一九二四年三月。

36 拙著『柳田国男の思想史的研究』(未来社、一九八五年)一四〇―五頁。

37 「国際貸借審議会での挨拶」『論述・講演篇』一五七―八頁、一九二九年八月。

38 青年雄弁会編『浜口雄幸氏名演説集』、春江堂、一九三〇年、二二五頁

39 『浜口雄幸大論弁集』、二二五頁。

40 「内閣の信任を国民に問う」『論述・講演篇』二三一頁、一九三〇年二月。

41 『浜口雄幸大論弁集』、二四二頁。

42 井深雄二「市町村義務教育費国庫負担政策と全額国庫負担論」前掲五四―五頁。

43 「七大政策」『民政党総攬』九〇頁。「施政方針に関する首相声明」『論述・講演篇』一三八頁、一九二九年七月。

44 「社会政策審議会での挨拶」『論述・講演篇』一五六頁、一九二九年八月。「強く正しく明るき政治」『論述・講演篇』二二〇―二一頁、一九二九年八月。

45 『浜口内閣』前掲一六六頁。

「施政方針に関する首相声明」『論述・講演篇』一三五頁、一九二九年七月。「経済難局打開の使命」『論述・講演篇』

46　一八六頁、一九二九年一〇月。「政党政治の美果を収めむ」『論述・講演篇』二四三頁、一九二九年一〇月。「当面の国情と金解禁後の対策」『論述・講演篇』二〇〇頁、一九二九年一二月。
47　「政党政治の美果を収めむ」『論述・講演篇』二四四頁、一九二九年一〇月。
48　伊藤正直『日本の対外金融と対外政策』（名古屋大学出版会、一九八九年）二二〇―一頁。
49　第五八回特別帝国議会、貴族院本会議、一九三〇年五月二日。
50　『浜口雄幸大論弁集』、三〇九頁。
51　第五八回特別帝国議会、貴族院予算委員会、一九三〇年五月八日。
52　第五八回特別帝国議会、貴族院本会議、一九三〇年五月五日。
53　第五九回特別帝国議会、衆議院本会議、一九三一年三月一八日。
54　第五九回特別帝国議会、衆議院本会議、一九三一年五月二日。
55　第五八回特別帝国議会、衆議院予算委員会、一九三〇年五月二五日。
56　第五八回特別帝国議会、貴族院本会議、一九三〇年四月二五日。
57　第五八回特別帝国議会、衆議院本会議、一九三〇年四月二九日。なお、本書付論二、参照。
58　同上。
59　同上。
60　第五八回特別帝国議会、貴族院予算委員会、一九三〇年五月七日。
61　『浜口雄幸大論弁集』、三一一頁。
62　中村隆英『昭和恐慌と経済政策』（日本経済新聞社、一九七八年）一五二―三頁。
63　『立憲政友会史』第六巻五三九頁。同第七巻九頁。
64　「内閣の信任を国民に問う」『論述・講演篇』二三五頁、一九三〇年二月。
65　『昭和経済史への証言』（毎日新聞社、一九六五年）六六頁。
「政府の財政に関する施政要綱」『論述・講演篇』一四七頁、一九二九年七月。

66 『昭和政治経済史への証言』（毎日新聞社、一九六五年）上、六六頁。
67 『浜口雄幸　日記・随感録』前掲二五五頁。
68 『浜口雄幸大論弁集』、三〇五頁。
69 河原宏「浜口内閣」前掲『日本内閣史録』第三巻一九六頁。
70 山本義彦『戦間期日本資本主義と経済政策』（柏書房、一九八九年）三六四—九頁。中村隆英『昭和恐慌と経済政策』前掲三六—七頁。
71 長幸男『昭和恐慌』前掲一〇五頁。
72 井上準之介論叢編纂会編『井上準之介論叢』、同編纂会、一九三五年、第四巻二六四頁。
73 長幸男『昭和恐慌』前掲一一九頁。
74 『東京朝日新聞』昭和五年九月一七日。
75 「国務の現状及び将来の施政」『論述・講演篇』二六一頁、一九三〇年一〇月。
76 『東京朝日新聞』昭和五年八月一〇日。同一一月一三日。同一二月一一日。

第五章　ロンドン海軍軍縮条約問題

はじめに

一九三〇年（昭和五年）に締結されたロンドン海軍軍縮条約をめぐる一連の事態は、内閣、外務省、海軍のみならず、民政党、政友会、貴族院、枢密院、陸軍、民間右翼などを巻き込んだ、近代日本における最も深刻な政治紛争の一つである。この問題は、その後の日本の運命に大きな影響をあたえた出来事として、すでに多くの研究があり、様々な議論がなされている。しかし、事態の中心に位置し、第一のメイン・アクターであった浜口雄幸首相が、事態をどのようにとらえ、どう対処しようとしていたのかについては、それほど立ち入った検討がなされていない。

筆者は、このほど『浜口雄幸集　論述・講演篇』（未来社、二〇〇〇年）および『浜口雄幸集　議会演説篇』（未来社、二〇〇四年）の編纂にたずさわり、浜口の発言を詳細に検討する機会をえた。その過程で、この問題についての浜口の考え方、構想のほぼ全体をとらえることができ、またこれまでの議論のいくつかの論点について、新しい知見をえた。そこで、以下、それらの資料を中心に、日記その他をおぎないながら、ロンドン海軍軍縮条約問題をめぐる浜口の構想とその政治的スタンスを明らかにしていきたいと思う。

まず、条約締結までの経過を簡単に紹介しておこう。

一九二九年（昭和四年）一〇月七日、イギリス政府（マクドナルド労働党政権）より、海軍軍縮会議への招聘をうけた浜口民政党内閣は、一〇月一六日、受諾を回答。首席全権に若槻礼次郎元首相、全権に財部彪海軍大臣ほか二名を任命し、ロンドンに派遣した。その間、ワシントン会議のさいの原敬・高橋是清両首相の例にならって、浜口が臨時海相事務管理についた。そして翌年一月二一日より、ロンドンにおいて米英日仏伊五カ国間で軍縮会議が開催された。おもな目的は補助艦艇（巡洋艦、駆逐艦、潜水艦など）に関する軍縮協定の締結にあった。それは、一九二二年（大正一一年）のワシントン海軍軍縮条約で主力艦（戦艦、空母）の各国保有量を定めたのち、課題として残されていた問題であった。会議での議論は難航したが、紆余曲折をへて米英日の代表団のあいだでほぼ妥協が成立（仏伊は合意せず）。三月一四日、日本全権団は本国政府にたいして条約締結の請訓をおこなった。

当初の日本側の基本的な主張は、補助艦艇の総トン数対米七割、大型巡洋艦対米七割、潜水艦現有量七万八五〇〇トン保持であったが、妥協案では、補助艦艇総トン数の日米比率六割九分七厘五毛、大型巡洋艦対米六割、潜水艦は日米均等五万二七〇〇トンとされた。米英間は全体としてほぼ均等となる内容であった。なお、条約期限は一九三六年までで、その前年に次回軍縮会議を開催することとされていた。浜口内閣は、国内の調整をへて、四月一日に妥協案を基本とする条約締結を閣議決定。四月二二日、米英日の間で軍縮条約が調印された。

ちなみに、浜口は組閣直後一九二九年（昭和四年）七月の「施政方針に関する首相声明」において、一〇大政綱の一つとして軍縮をあげ、「軍備縮小問題……は、今や列国共に断固たる決意を以て、国際協定の成立を促進せしめざるべからず」[1]、としていた。軍縮は、国際協調と国民負担軽減の観点から、組閣当初から重要課題とされていた事柄であった。

その後の浜口の海軍軍備制限への基本態度は次のようなものであった。

日本の海軍力は、「世界の何れの国に対しても脅威を加へざる」とともに、「万一の場合、我が国が其の存立を脅かされざる自衛の力」を維持するレベルにあればよい。そのうえで、各国の「国民負担の軽減」をはかるために、できるだけの「軍備縮小」を実現することを会議の「要務」とすべきである。そのためには、日本の艦艇保有比率が「米英より低き」ことも厭わない。国際的な軍備縮小が実現すれば、「世界平和の保障」をいっそう強固なものとすることとなり、国際間に真の「親善関係」を樹立することができる。[2]

このように浜口は海軍軍縮によって、国民負担を軽減するとともに、国際協調を推し進め、国際社会をより安定的なものとしたいと考えていた。

このような経過をへて、一九三〇年（昭和五年）四月下旬から五月中旬まで、第五八回臨時議会が開催され、また、八月中旬から九月下旬にかけて、条約批准についての枢密院審議がなされた。浜口の発言としては、この議会および枢密院でのそれが最もくわしく、またそこでの議論に軍縮条約問題をめぐるほとんどの論点があらわれているので、その発言をみながら、条約調印までの対応をふくめて、検討していこう。

第一節　条約内容をめぐって

まず、調印後の議会での議論の焦点は、条約の内容そのものと、条約調印にいたる国内での手続きにかんする問題であった。

軍縮条約の主な内容は、すでにふれたように、補助艦艇の総トン数対米六割九分七厘五毛、一万トン級八インチ砲大型巡洋艦対米六割、潜水艦日米均等五万二七〇〇トンとするものであった。ただし、大型巡洋艦について、日本一二隻にたいして、アメリカは当面一五隻とし、一九三三年から毎年一隻計三隻を起工することができるが、竣工は三六年より各年一隻とされた。このことは、竣工艦艇でみれば、条約期限前年一九三五年までは、実質的に対米七割あまりとなることを意味した。また、日本に潜水艦の繰り上げ代換艦建造が認められた。さらに、ワシントン海軍軍縮条約で定められた主力艦（戦艦・航空母艦）についての代艦建造禁止も、一九三六年まで延長された。

この条約内容が問題となったのは、会議開始前に海軍の議をへて閣議決定され、一般にも知られていた、日本側主張のいわゆる三大原則との関係であった。三大原則では、総トン数対米七割、大型巡洋艦対米七割、潜水艦現有量七万八五〇〇トンを確保するとされていたが、条約ではそれが実現されていないのではないか、それで国防上問題はないのかとの批判がだされ、議論となった。大型巡洋艦は、戦艦に準ずる戦闘主力として、潜水艦は、アメリカ艦隊の渡洋攻撃にたいする漸減邀撃作戦に必須のものとして重視されていたのである。なお、アメリカの当初の主張は、総トン数で六割、大型巡洋艦六割、潜水艦全廃であった。

それにたいして浜口は、条約内容と三大原則との関係に即して、次のように述べている。

まず条約内容全体として、犬養政友会総裁らの、締結された協定の兵力量ではたして国防の安全が保障できるのか、との疑義にたいして、浜口は、「帝国の国防は極めて安固である」と断言している。ただ、その兵力量でなぜ国防上安全といえるのか、という点については、「是は事《こと》戦略戦術に関します。依て説明はできませぬ。……左様に御承知願いたい」、と答えている。[3]

そのうえで、まず、補助艦艇総トン数の問題については、議会においては、具体的にはほとんど取り上げられなかった。当初の主張対米七割にたいして六割九分七厘五毛であったことは、実質的にはそれほど問題とはされなかったのである。浜口ものちに、この点について「今回の会議に於て略々其の主張［補助艦総括対米七割］を貫徹するを得たるは、確かに帝国の成功と言はざるべからず。……此の点に於ては何人も異議を挟まざる所なり」[4]、としている。

事実、軍令部も含めて海軍側においても同様の判断であり、ほとんど問題になっていない。[5]

一般の歴史書などには、総トン数が七割にわずかに足りなかったこと自体が問題視され大きな議論を引き起こしたとの理解があるが、それは正確でない。

ただし、ロンドン軍縮会議の場では、若槻主席全権はもう一押しすればアメリカに七割を受け入れさせれるのではないかと考えたようである。しかし外務省随員の、それでは上院の批准がえられず、アメリカ代表は決して容認しないとの意見によって、思い止まっている。[6] 事実、アメリカ全権スティムソン国務長官は、日本の七割保有は、上院での承認がえられず、絶対に受諾できないラインだと考えていた。[7]

スティムソンは、日本国内の政治的状況への判断などから浜口・若槻・幣原らのラインに好意的なスタンスをとっており、彼らを困難な状況に追いこまないよう配慮し、可能なかぎりの譲歩をおこなおうとしていた。[8] スチムソンは、日本国内の政治潮流として、浜口・若槻・幣原ら国際協調のラインのみならず、軍事に傾斜した膨張主義的なグループがなお相当な政治的影響力をもっているとみており、そのような軍事的膨張主義の方向はアメリカの利害と正面から衝突すると考えていたからである。また、アメリカ、イギリスともに、日本がかつての対華二一ヶ条要求のようなアグレッシブな大陸政策をとらないかぎり、東アジア秩序の安定の観点から、当該地域に軽視しえない影響力をもつ日本との協調を強く望んでいた。中国ナショナリズムの激発をコントロールし、ワシントン体制下の国際秩序に国民革命後の中国を組み入れていくためには、ワシントン体制の一翼を担う日本の協力を不可欠としていたからである。[9]

にもかかわらず、スティムソン自身にとっても国内政治的な事情から、七割受諾は不可能なことであったのである。

次に大型巡洋艦の問題は、もっとも議論となったものであった。

議場において、大型巡洋艦についての当初の主張であった対米比率七割が六割となったことについて、国防の安危にかかわるとして疑義がだされた。

浜口はこの点についても、「八吋《インチ》砲［大型巡洋艦］の関係に於ても［国防上］何等不安を感ずることはありませぬ」という。それは、アメリカが一九三三年から第一六隻目に着工するとしても、条約の明文によって一九三六年前までは竣工できないことになっているからで、したがって、次の軍縮会議が開かれる一九三五年までは、「海上に浮んで居る米国の八吋砲の巡洋艦は……一五隻であります[10]」、と。

条約上は、一六隻目以降に着工するかどうかは、アメリカの自由選択権に属することになっていたが、浜口は、アメリカがその権利を行使する場合においても、一九三五年までは、「いかにも一六隻目はキールに載つて居りませう。一七隻目もさうでありませう。併しながら、それは海上に浮かんで居ないに依つて、まだ戦闘力を構成いたしませぬ[11]」、というのである。したがって、この間、大型巡洋艦においても、対米比率において、「日本は完全に戦闘力の七割二分二厘の比率を保つて居る[12]」としていた。

スティムソンらアメリカ側は、この件についても、公式には対米六割決定のかたちをとりながらも、浜口内閣への先のような姿勢から、実質的には大幅に日本側の主張に譲歩していたといえよう。このような事実はあまり指摘されていないが、軽視できない点である。

ただし、条約期限の最終年度にあたる一九三六年以降については、浜口も認めているように、対米比率が七割以下となることは事実であった。つまり、次回軍縮会議で協定が成立したとしても、一九三三年から五年にかけてアメリカが一六隻目から一八隻目に着工した場合、一九三六年以降、少なくとも三年のあいだは、アメリカの一六隻、一七隻、一八隻にたいして日本一二隻となり、七割以下となる。すなわち、一九三六年は六割七分七厘、三七年は六割三分七厘、三八年は六割二厘となるのである。[13]

この期間について、国防上不安があるのではないかとの議論がだされた。

浜口は、「そこまで極端に論ずるまでもない」のではないかとし、一般に、「各国の造艦計画の上に於て、或は種々の事情に於て波動があり……、波動のある度毎に列国間の或艦種の保有量の比率は必ずしも同じ率を保つて居るものではない」という。

たとえば、当時日本の大型巡洋艦は八隻にたいして、アメリカは二隻であったが、浜口は、このことを例にあげ、「それが為に日米間の国交が危機に瀕するとは何人も考えませぬ」と答えている。そして、三六年以降に「日米間の大巡の保有量の比率が或は多少下がりましても、それが為に直ちに日本の国防が危機に瀕するとは私は考へぬ」[14]とする。

また、のちの枢密院での関連質疑において、この一九三六年以降の問題については、外交による国際関係の調整によって、国家的な安全保障をはかることができ、またそうすべきだとして、次のように述べている。

「八吋砲艦比率低下は一両年の問題なり。抑々外交は何の為に存するか。斯かる事態に処するが為に存するにあらずや。若し此の一両年の事態に処し、能く国際関係の調節を図ること得ずとならば、外交は無用の長物たるべし。……斯かる事態に対しては、特に外交を用ゆるを必要とすべきなり」[15]。

そして、この軍縮条約の締結によって、対外的には「英米との国交親善」をより強固なものとし、国内的には「民力の休養」をはかることができ、対米比率における二年間前後の不利な状態は、「敢えて憂慮するに当たらざるもの」[16]だというのである。

また、議会での質疑において浜口は、もしこの問題で軍縮会議が決裂すれば、「増艦競争が起こらないと云ふことは何人も保証は出来ませぬ」として、次のように論じている。アメリカ政府は、すでに議会の協賛をへて大型巡洋艦二三隻を建造する権利と義務を有している。軍縮の協定が成立した場合には、その実行は大統領に任されているが、協定が成立しない場合には、二三隻が建造されることになっている。したがって、もしこの軍縮条約が成立しなければ、「日本としてはアメリカが二三隻の大型巡洋艦を造るものとするのは相当である」[17]、と。またのちに、浜口は、「海軍協定不成立の場合は、「アメリカが」事実上日本の海軍力を対米六割以下の比率に低下する迄建艦競争を試むることあるものと覚悟せざるべからず」[18]、とも述べている。アメリカ議会は、一九二四年一二月に一万トン級大型巡洋艦八隻の、また一九二九年二月には同一五隻の建造を定めた法案を通過させていた[19]。

浜口は、「陸海軍経費が全予算に対し高率なること、我国の如きは世界に希なり」[20]とみていたが、このような計画をもつアメリカとの建艦競争にはいれば、そのうえにさらに厖大な財政負担を必要とし、いうまでもなくそれは日本経済にとって堪えうるものではないし、将来の日本にとっても望ましいものではないと考えていたといえよう。[21] 当時（一九三〇年）日本の軍事予算は、全国家予算にたいして二八パーセント、アメリカ・イギリス・フランス・イタリアは、それぞれ一八、一三、二五、二四パーセントであった。[22]

さらに潜水艦について、日本側の当初主張した七万八千トン現有勢力保持にたいして、協定では五万二千七百トンとなり、トン数においては米英日同等であるが、浜口も「その減額は相当に多い」との認識であった。ただし、米英の当初の主張は潜水艦全廃であり、協定トン数は三カ国妥協の結果であった。また海軍部内では、当初一〇万トン均等であったが、主張の根拠を強固にするため現有量保持としていた。[23]

浜口は、この結果による潜水艦勢力上の「欠陥」について、「純然たる軍事上の方法に依つて潜水艦の勢力を補ふ途」があり、「噸数以外の方法に依つて補充が付く」ものであり、国防の欠陥になるとは考えていないという。ただ、補充の方法については、「軍事上から幾通りもあります」とするのみで、具体的な内容については、「事《こと》軍機に関しますから、此席に於て申すことは差控へます」[24]としている。ちなみに、のちに枢密院においては、補充方法として、もう少し具体的な内容に踏み込んで、艦艇の改装、艦船諸設備の改良、航空兵力の充実などの例[25]を挙げている。

また、潜水艦の削減によって、製艦技術や製造工業力の減退をまねくのではとの疑義にたいしては、協定では、日本特有の権利として潜水艦の代換建造を繰り上げることができるようになっており、その心配はないと答えている。[26]

このように浜口は、いわゆる三大原則中、大型巡洋艦と潜水艦にかんする二つについては、「必ずしも十分に貫徹したりと申すことは出来ませぬ」としながらも、これまでみてきたような理由によって、「国防に欠陥を生ぜしむるとは政府は考えておりませぬ」というのである。

そして、「会議を開いて物を相談する以上は、各国各々互譲協調の精神を発揮して物を纏めるべきは当然」であり、当初の日本の主張が完全に実現されたとはいえないけれど、「国防の欠陥を生ぜしめる程度には至らない」と判断し、「互譲協調の精神に依つて［条約に］調印を致した」[27]としている。

ちなみに、当時一部に、軍縮会議での米英の姿勢を、正義公道に基づいたものではなく、ひたすら自己利害を貫徹しようとしたものだとの見方があった。それについて浜口は、会議での両国の態度ならびにその主張を、よくいわれるような「利己主義に出たるもの」[28]と考えるべきではないとして、次のように述べている。

「此会議に参加したる……列国共に、何れも世界の平和、人類の幸福増進、更に各国民の負担の軽減と云ふ崇高なる理想と、高尚なる精神、其動機に依つて、今回の会議が開催をせられ、之に参加したる列国共に、各々同一の精神を以て終始したことを確信を致します」[29]。

これは単なる建前でなく、浜口にとって、現実の国際関係における有力な一つの方向として認識しており、また彼自身その方向を押し進めていきたいとの強い姿勢をもっていた。もちろん浜口にとって、国際協調や軍縮も、国家理性の観点、国民的利害《ナショナル・インタレスト》の観点から導き出された政策であったが、それだけではなく、そこには一種の理想主義的な志向を内在させているものであったといえよう。

「今日の場合に於て日本が世界に立つて其政策を実行し、又世界の平和、人類の幸福増進に努力すると共に、国家の安全を保障すべきは勿論であります。それに付ては世界に孤立いたして居つては到底其目的を達することは出来なからうと存じます。従て世界の他の友邦と出来得る限り協調いたして、さうして国家の使命を果すと云ふことが帝国の方針でなければならぬと存じます」[30]。

また浜口は、今回の軍縮会議で示された協調友好の精神は、一九三五年に予定されている次回軍縮会議にも有利に働くであろうし、世界平和の実現にむけて何程か有効に働くであろうと考えていた。

「此度の倫敦会議の結果に依つて表はされたるが如く、関係各国が孰れも協調友好の精神を発揮しました以上、此世界平和の精神が、必ずや将来に向つて有効に働くであらうと云ふことを期待致します」[31]。

第二節　回訓決定手続きをめぐって

次に、条約調印にいたる国内での手続きについてであるが、よく知られているように、これがもっとも問題となった。

一九三〇年（昭和五年）三月一四日、若槻ら全権団は本国政府にたいして、日米英の代表団間で合意がなった前述の妥協案について請訓（訓令を請うこと）をおこなった。それにたいし浜口内閣は、海軍当局との協議をへて、四月一日、妥協案を基本とする条約締結を閣議決定。即日ロンドンの全権団への回訓（回答の訓令）がなされた。

このかんの経緯について、議会において、まず犬養政友会総裁から、国防用兵に責任を有する軍令部長が回訓後に、この兵力量ではどんなことをしても国防はできない旨の声明をおこなっているが、真に国防上の危険はないのか、これでは国民は安心できない[32]、との趣旨の疑義がだされた。

ちなみに、加藤寛治《ひろはる》海軍軍令部長は、回訓閣議決定翌日の四月二日、「国防用兵の責任を有する軍令部の所信として、米案なるものを骨子とする兵力量には同意できない」との声明を発表していた。

犬養に対して浜口は、「議会に対する国防の責任は飽迄も政府が負ひ」、条約案の兵力によって「帝国の国防は極めて安固である」[33]、と断言している。

また、鳩山一郎政友会総務委員は、政府が軍令部長の意見に反して、もしくは無視して国防計画に変更を加えたのは、統帥権にかかわる補弼機関の意見を蹂躙したものだ[34]、と非難した。

浜口は、「政府は、ひとり海軍軍令部のみではありませぬ、軍部の専門的の意見は十分にこれを斟酌してある。随て、［軍令部長の］意見を無視した事実はありませぬ」[35]と、軍令部をふくめて軍部の意見は十分斟酌したと反論した。

その他の議員からの質疑において、訓請から回訓までの「内閣と軍部或は軍令部其他内部における意見交換の状況」についても、軍部の意見を斟酌した「範囲並に程度」についても、「答弁の限りではない」[36]と答えている。そのほか、請訓から回訓までの具体的経緯についてや、海軍部内と外務との意見の相違についての質問などにも、部内の交渉または意見の交換の状況については、答えることができない、もしくは答える必要がない、との姿勢であった。[37]

回訓前の軍令部長とのやりとりについては、くりかえし質問がなされた。それについて浜口は、「軍令部長を含んだる軍部の専門的の意見は十分に尊重」し、「斟酌」したうえで、最終的な決定は政府が下した。[38]「軍令部長は賛成したとか……賛成しなかつたとか」いうこと、「同意を得たかどうか」ということについては、答えを差し控え、「一切申し上げない積り」であり、「唯十分に斟酌した」という程度にとどめておきたい。軍部の意見を斟酌したについて、その意見を「全部入れたか一部入れたか」については、「内部のこと」であるから答えられない、[39]などの応答をしている。ちなみに浜口は、「軍機、軍令に関すること」は、「議会の問題とならない」「議会に於て論議の主題たるべきことではない」[40]との判断であった。これについては、政友会から議会軽視との批判がなされた。

また、回訓案をめぐって内閣と軍令部長とのあいだで「意見の扞格」があったとされること、「軍令部長が倫敦の協定に反対」であったとされることについて、「私は其事実を認めない」[41]としている。したがって、軍部との関係において将来国務の遂行上障害をきたす心配は、少しも持っていないという。[42]

さらに、政府の条約締結決定は、軍の編成権に関する憲法第一二条に基づくものか、統帥権に関する第一一条に基づくものか、との質問にたいして浜口は、「政府が責任を以て調印したる以上は政府の責任であり、「其根拠が何処に在るとか、統帥権との関係はどうであるか」ということについては、「私は答弁しませぬ」[43]と、これも応答を拒否している。すなわち、「元来憲法第十一条と第十二条との解釈」については「学者に依つても非常に意見が違つて」おり、実際に「此両者の関係は極めて微妙」であり、答弁を差し控えることが適当だ、「憲法上の解釈をすると云ふことは差控へる」、というのである。[44]

ちなみに、西園寺の政治秘書原田熊雄の口述筆記によれば、議会開会前に政府は、議会対策としてこの問題についての答弁の根本方針を、次のように立てていた。「一、軍令部の意見は最も尊重して斟酌した。二、議会に対する国防上の責任は政府においてこれを負ふ。三、回訓当時における内部手続上の質問、並に憲法上の論議に対しては答える必要がない」[45]。浜口の発言は、その線にそったものであったが、後述するように、当時についての浜口自身の判断からくるものでもあった。

なお、原田は、五月十三日の貴族院本会議における浜口の答弁について、こう記している。「従来［政府が］答えた『軍令部の意見は斟酌した』という言葉を特に変更し、『軍令部を含む軍部の意見を聴取し、陸海両相を包含する政府が之を決定した』と断言した。漸く之によつて政府が最も用意周到の態度で臨んだ憲法上の解釈問題たる第十一条と第十二条との相関する事項に、一つの解決が下されたわけである。即ち浜口首相は用兵上の職責と軍編成・軍政上の職責につき言外に明瞭な対案を下した」[46]、と。つまりそれまで「斟酌」としていたものを「聴取」に変更し、憲法解釈に事実上の判断を示したというのである。

しかし同日の浜口の発言は正確には、「軍部の専門的意見を十分に聴取いたし、之を尊重し、之を十分に斟酌いたしまして、而して、海軍大臣、陸軍大臣、即ち軍部大臣を包含したる政府が之を決定した」[47]とのものであり、また浜口は、それ以前、たとえば五月一〇日の答弁でも「聴取」という表現を使っており、[48]原田が引いている五月一三日の発言の後でも、同じ日の別の質問者への続けての答弁のなかで「斟酌」という表現をなお使用している。[49]近年の研究のなかには、原田の口述を踏襲して、浜口がその答弁を議会審議中五月一三日に変更したとみるものがあるが、浜口自身にその段階で、答弁を変更したとの認識があったのかどうかは疑問である。なお、浜口の日記にも特段の記載はない。また、五月一三日の前記発言の直後にも、「憲法上の抽象的の解釈は之を避くる積もり」[50]、「憲法上の解釈をすると云ふことは差控へる」[51]との答弁を繰り返している。

ちなみに、翌五月一四日の東京朝日新聞には、浜口が一三日の答弁で、「政府は軍部の意向を聴取した上でこれを斟酌したに止まる……と新たに聴取といふ文句を持ちだして政府は断じて軍部を恐れてないぞといはぬ許りに何時になく声を励まして応酬」したとの記事がある。原田は、あるいはこのような報道に影響され、先のような判断をもったのかもしれない。

さて、この請訓から回訓までの手続きの経緯については、のちに枢密院でおこなった浜口の陳述があるので、それを参照しながら、もう少し詳しくみておこう。

まず、ロンドン海軍軍縮会議参加までの経緯について。

浜口の認識によれば、「軍備縮小の実現」によって、「世界平和の確立並に人類福祉の増進に貢献」することは、日本の外交政策に合致するところであり、大正九年（一九一九年）の国際連盟加盟、翌年のワシントン軍縮会議への参加も、「此の目的に出たるもの」であった。しかるに、ワシントン軍縮条約によって、主力艦については軍縮が実現したが、巡洋艦以下の補助艦艇については問題が残された。そして国際連盟の問題提起のもとに、海軍補助艦艇の軍備制限について、ロンドンで主要五カ国会議が開催されることとなったのである。なおその間ジュネーブで会議がもたれたが決裂していた。[52]

浜口は、ロンドン軍縮会議を、財政負担の軽減という観点からのみならず、世界平和の追求という国際連盟設立の趣旨のもとにおこなわれたもの、と考えていたといえよう。この時期、世界平和の問題は、たんなる普遍史的なスローガンではなく、第一次世界大戦の膨大な犠牲と破壊からの深刻な教訓として、欧米諸国の政府にとっても、次期大戦の防止という意味で切実なものであった。すでにみたように、浜口は国際連盟の役割をかなり重視し、国際社会の安定の実現を強く望んでいた。国際社会の安定は、彼の国家構想、その全政策体系の前提となるものであったからである。

なお浜口は、この間ジュネーブ会議の決裂によって、アメリカの「大海軍論者」に絶好の口実をあたえ、一九二九年の海軍建造法成立の原因となったとして、アメリカ内部にも軍縮派と大海軍論派との対立がある旨の認識を示している。[53] 当時アメリカ国内では、海軍拡張を推進しようとする海軍当局や上下院海軍委員会などと、軍縮を実現しようとするクーリッジ・フーバー両共和党政権との確執が存在していた。[54]

ロンドン軍縮会議には、米英日仏伊の五カ国が参加したが、米英日間で合意に達した補助艦艇の軍縮協定には仏伊は同意せず、三カ国での協定締結となった。その主要な内容と日本の当初の主張についてはすでにふれたとおりである。

浜口は、当初の主張が十分受け入れられたとは必ずしもいえない三カ国妥協案に同意した理由について、次のように説明している。

妥協案は、英米側における「最終譲歩案」としてだされたものであり、これ以上彼らを譲歩させる余地のないものである。したがって、これを拒否し、さらに一押しするには、「会議の決裂を賭して」かからなければならない。もし交渉決裂となれば、米英との関係に「深刻なる衝動」をあたえ、日英米の国交に悪影響をおよぼすこととなる。

日本と米英両国とのあいだには、これからも「平和的解決と友好的協力とを要する幾多重要案件」があり、交渉決裂は、そのような問題の処理に大きな障害となるであろう。「特に支那問題については、兎角《とにかく》我国に取つて不利なる影響を及ぼすものと覚悟せざるべからず」。日英米の「友好的了解」があってはじめて、「極東における帝国の地位」も強固なものとなり、「極東の平和」が保たれる。その米英との関係が悪化すれば、「極東の政局は安定を期し難」いこととなる。

また会議決裂の海軍への影響を考えれば、その場合、アメリカは日本の海軍力を「対米六割以下の比率に低下する迄」造艦競争を試みるもの、と覚悟せざるをえない。アメリカでは、すでに海軍建造法によって、協定不成立の場合、大型巡洋艦二三隻の建造が定められており、大海軍論者にそれを利用され、結局その竣工を急ぐことになるであろう。またそれのみならず、すでに合意に達しているワシントン海軍軍縮条約での主力艦についての協定の延長も取り消しとなり、アメリカは主力艦の代換建造も開始するであろう。

その結果、日本は補助艦対米七割の建造を実行するだけでなく、代換主力艦の建造にもとりかからなければならない。それは「財政の困難を招き、国民の負担を過重ならしめる」こととなり、とうてい「国力の堪えざる所」である。また日米間の関係悪化は、「通商、経済、金融の関係にも障礙」をきたし、「国力総体」のうえからみて「我国際的地位」は低下するであろう。したがって、「広義に於ける我国防上の憂慮」はかえってますます増加することになる。

しかも現在、国民負担軽減、社会政策、失業救済などの必要が切迫しており、これら一切を犠牲にして軍艦建造の競争をおこなうことは、「国家大局」の観点から避けなければならない。したがって、当初の主張よりすれば不満足な点はあるが、相当の方策によって軍事的観点からの「作戦計画上の困難を緩和」することは可能であり、協定をまとめることが国家のため得策である。[55]

こう浜口は述べている。

会議決裂は、米英との外交関係を悪化させ、東アジアとりわけ中国での日本の国際的地位を危うくするばかりでなく、アメリカとの建艦競争をひきおこし、国家財政上対応困難となるがゆえに、国策上回避しなければならないというのである。

のちにふれる岡田・加藤ら海軍首脳との四月一日の会談でも、浜口は同様の説明をしている。たとえば、外交上の見地からみて、協定決裂は、対米英関係を悪化させ、そのことは、「支那に於ける各種問題の取扱方」において、「我国の正当なる権利」を防護し、「経済上貿易上の利益」を発展させるうえにおいて、「言ふべからざる不便不利」をもたらす。また、アメリカとの移民問題、イギリスとの公債借換問題、さらには建艦競争の発生など、多くの国際問題の処理に多大な悪影響が生じさせることとなる、と。また財政上からも、会議決裂の結果生じるであろう建艦費用の増大は、財政上「国力の許さざる所」であり、「国力の許さざる軍備の拡張は、無理に之を行ふとも実際に国防の用をなし難し」[56]、と説いている。

では、請訓から回訓までの手続きの具体的経緯であるが、おもに問題とされた加藤軍令部長と浜口の交渉関係を中心にみていこう。

第三節　回訓案をめぐる浜口と加藤

浜口の陳述によれば、その間加藤と直接交渉をもったのは三回で、ロンドン全権団からの請訓をうけた四日後、三月一九日、浜口と加藤との第一回目の会見がおこなわれた。そこで加藤は、「米国案「妥協案」」では、「国防用兵作戦計画の責任者として之を受諾することは不可能」であり、他に何らかの確固たる安全保障条件がないかぎり、当初の主張は譲れない旨の意見を述べている。[57] つまり、妥協案受諾には、はっきり反対の意志を伝えている。加藤の記録でも同様である。[58]

浜口の日記には、「加藤軍令部長来邸、軍縮問題に干《かん》する意見を開陳すること一時間以上に及ぶ、態度頗る強硬」[59]、とある。浜口は「篤と講究を要す」[60]旨を答えている。

西園寺秘書原田の口述によれば、このころ浜口は、「もう少し時の推移によつて海軍の軍令部あたりの熱の冷めるのを待ちたい」[61]、との態度であった。

第二回目は三月二七日で、海軍長老の岡田啓介軍事参議官も同席した。この時も加藤は請訓案に反対し、さらに押し返して強硬に交渉を試みるべきであり、「会議の決裂」もやむをえない、との意見であった。[62]

浜口は、会議決裂は、「外交上、国防上、財政上その他に渉つて、帝国の前途に重大なる影響」をおよぼすもので、国家大局の上から請訓案を基本に協定を成立せしめたいとの考えを示し、態度を明らかにした。[63] 岡田の日記には、「浜口総理の意志明瞭となる」[64]とある。

その朝浜口は、すでに原田にたいして、今まで無理のないように、できるだけのことをしてきたが、「もう自分はこの際決心した。断然所信に向かつて邁進するつもりだ」[65]と、その決心を伝えていた。また正午すぎ天皇に拝謁。天皇より「世界の平和の為め早く纏めるよう努力せよ」との言葉があり、「自分の決心益々強固となれり」[66]と、その日記に記している。岡田・加藤との会談はこの後おこなわれた。

また、山梨海軍次官には、二日前の二五日に、「会議決裂の危険を冒す能わざる決心」を伝え、さらに、「これは自分が政権を失うとも、民政党を失うとも、又自分の身命を失うとも、奪うべからざる堅き決心なり」[67]と、その決意を述べている。

なお、岡田参議官は、すでに請訓到着前から、「六割でも五割五分でも結局纏めなければならぬのだ」[68]との考えを内々に幣原外相らに示しており、請訓直後にも、「止を得ざる場合最後には此儘丸呑みにするより致方なし」[69]との見解を山梨海軍次官にもらしていた。ちなみに、西園寺や若槻も軍縮会議開催前から、対米比率について同様な考え方であった。[70]

第三回目の会見は、四月一日の、浜口による加藤、岡田、山梨への政府回訓案の説明会合においてである。浜口はこれによって海軍側の諒解を求めた。この日の会談については多くの議論があるので、少し詳しくみておこう。

そこで浜口は、すでにふれたような判断から会議決裂は、外交上、財政其他の内政上、「困難にして忍び難き結果を招来する」こととなり、「国家大局の上より諸般の点を総合」して判断し、請訓案を条約の基本とすることを決意した。本日その旨のロンドン全権団への回訓を閣議決定したいので承知ねがいたい、[71]として同趣旨の回訓案を示し、次のように述べている。

「会議決裂の場合に於ける国際関係に及ぼす影響、造艦競争の免かるべからざること、財政を中心とせる内政上の諸問題等に思を致し、軍縮会議の使命と目的とに考へ、国家の大局上遂に最後の判断を下すべき場合に到達し、……此回訓案を以て本日の閣議に諮り其の決定を乞はんとす」[72]。

「国家の大事を決するには、独り軍事上の見地のみならず……外交、財政、経済、思想等諸般の観察を総合して大局より判断を下さざるべからず。其判断の結果が軍部専門家の従来の意見を十分に満足せしむる能はざりしは、余の最も苦痛とし遺憾とする所なるも、若し……本日の閣議の結果此回訓案を可決し……事態一たび確定したる以上は、軍部当局としては其確定したる事態の上に立ち、其範囲内において君国の為最善の努力を尽くし其職務に尽瘁せられんことを切望す」[73]。

浜口陳述によれば、それにたいしてまず、岡田軍事参議官が、「此の案を以て閣議に御諮りになることは已むを得ぬことと思ひます。専門的見地よりする海軍の意見は従来通りでありまして、……閣議で定まりますならば、海軍としては之にて最善の方法を研究致さす様尽力します」[74]、と応答した。岡田の日記でも内容的にほぼ同様である（「此回訓案を閣議に上程せらるるは止を得ず。但し海軍は三大原則は捨てませぬ。……閣議決定の上は之に善処するよう努力すべし」[75]）。

つづいて、加藤軍令部長より、「用兵作戦上からは、米国案では困ります。……用兵作戦上からは……」、との発言がなされた（浜口陳述）。浜口日記では、その発言は、「請訓案には用兵作戦上からは同意することが出来ませぬ。用兵作戦上からは」、となっている。

加藤の日記には、「軍令部は国防用兵の責任者として米提案を骨子とする数字は計画上同意し難き旨明言す」[76]、とある。岡田日記では、「加藤は『米国案の如くにては用兵作戦上軍令部長として責任は取れません』と言明」[77]、と記されている。

陳述によれば、この加藤の発言を、浜口は次のように理解している。

「岡田参事官の意見は、海軍の専門的見地よりして代表意見なりと承知し居たり、（即ち、自分の説明に対して、岡田参議官が前述の如き挨拶を述べられたるは、予め加藤軍令部長に於ても承知と聞けり）。随て、最後になしたる加藤軍令部長の付言は、岡田参議官の代表挨拶の一部（即ち中段）を繰り返して述べられたるものにして、結論においては、岡田参議官の陳述と異ならざるものと信じたり。即ち、軍部専門家に於ても、結局回訓に異議を唱へざるものなることを信じ居たり」[78]。

ここでの岡田の発言内容にかかわって、岡田の日記には次のような個所がある。

「［三月三一日］夕刻加藤軍令部長を部長室に訪ひ、明朝浜口は回訓案を説明する趣なり。其際君は此案を閣議に付せらるるは止を得ず、但し海軍は三大原則を捨てる者にあらざるも、閣議にて決定すれば夫に対し善処すべし位のことは言はれんかと申したるに、それにては米案を承認したようになるからなあと云ふ。依て余は、然らば其意味の事を余より言ふべし。君はだまつて居てくれぬかと申したるに、そうしようと云たるに付辞去」[79]。

なお、堀海軍省軍務局長の記録では、四月一日の岡田発言は、三月三一日加藤との会談の時すでに手記されたもののかたちでできあがっており、加藤との協議はそれをみせておこなわれたようである[80]。もし陳述での浜口の、加藤は岡田の発言を事前に承知していたとの認識が、事実四月一日当時のものだとしたら、浜口はこのことを、岡田から、おそらく山梨を経由して聞いていたものと思われる。[81] 当時浜口は臨時海相事務管理として、軍令事項をのぞく海相のすべての職務を代行しており、次官である山梨を指揮命令する権限をもっていた。事実、浜口の日記をみると、山梨は頻繁に浜口を訪れ指示をうけている。なお、加藤の日記には、三月三一日の岡田とのやりとりの記述はない。

いずれにせよ、四月一日の加藤の発言では、全権からの請訓にある妥協案（加藤の表現では米国案）には用兵作戦上もしくは国防用兵の計画上からは同意できない旨の意思表示がなされたことは、当時の出席者の記録に共通しており、まちがいない。

これら浜口・岡田・加藤それぞれの記録から、次のことがわかる。海軍側は軍令部のみならず海軍省も三大原則を維持しており、その観点から妥協案は受け入れがたいとの姿勢で、その点は会談で岡田も浜口に明言し、浜口もそのように認識している（浜口陳述「海軍の意見は従来通り」、岡田日記「海軍は三大原則は捨てませぬ」、加藤日記「岡田は海軍の態度に付き依然一貫の旨を告ぐ」[82]）。一般の書物ではあまりふれられていないが、この点では公式に軍令部も海軍省も一致した姿勢をとっていたのである。それは後述する三月二六日の海軍部内の決定をみてもわかる。したがって、その観点からみれば、加藤の発言自体は、よくいわれているような、海軍内の合意から逸脱した苦しまぎれの反対もしくは意図不明の発言ではなく、内容的には海軍側の意向を反映した正当なものといえる。したがって、浜口もそれを、「岡田参議官の代表挨拶の一部（即ち中段［海軍の意見は従来通り］［海軍は三大原則は捨てませぬ］）を繰り返して述べられたるもの」と受け取ったとしている。問題は、そのうえで内閣の回訓案決定を受け入れるかどうかにあった。岡田は、それについて、閣議で決定されれば「最善の方法を研究致さすよう尽力」「善処するよう努力」する、すなわちそれに従う旨を答えている。[83] 加藤はこれについてはその場で否定的な発言をしていない。この点は三者の記録とも一致している。これを、浜口・岡田は、加藤が黙認したものと受け取ったといえよう。ただ、加藤自身はのちに、黙認したわけではない旨を繰り返し、回訓案への反対を表明している。

加藤は内心では、三月三一日の岡田との会話にもあらわれているように、回訓案を認めたくない気持ちが働いていたであろうが、少なくともこの会談では、政府の回訓案決定そのものに反対もしくは不同意の明言ないし意思表示はなされていないのである。これについては、加藤自身も、「政府が回訓発布数日前より既に軍令部無視の準備を為しあり……。予として悔恨に堪えざるは、当時これを許さざりし事情ありしにもせよ、敢然として防止の挙（非常手段）に出でざりしことなり」[84]、と回訓に反対する決定的な行動にでなかったことをのちに悔やんでいる。このことには、おそらく四月一日の会合での自分の対応についいのそれも含まれていたと思われる。この日をふくめ加藤が回訓案そのものに当初から反対姿勢で一貫していたとの見解が一部になおみられるが、それはかならずしも正確でないといえよう。

原田の口述筆記でも、四月一日当日の浜口からの話として、「軍令部長も、強いて七割を固持して各方面から遂に思はざる結果を生じ、或は政争の渦中に投ずるに至るが如きは、最も好まざるところであるから、慎重なる態度を以て、『政府の方針とあらば已むを得ぬ』という風に穏便な態度を見せて、静かにその日は帰つて行つたらしい」[85]、となっている。

事実、四月二日の加藤軍令部長の天皇への上奏内容も、「米国の提案は、実に帝国海軍の作戦上に重大なる欠陥を生ずる恐るべき内容を包蔵するもので御座ります。……今回の米国提案は……大正一二年に御裁定あらせられたる国防方針に基づく作戦計画に重大なる変更を来すを以て、慎重審議を要するものと信じます」[86]、とのものであった。請訓案では作戦上重大な欠陥が生じ、国防方針に基づく作戦計画に重大な変更をきたすゆえに慎重審議が必要だとするもので、政府の回訓そのものに反対する旨の明言はなされていない。

この加藤の上奏について、奈良武次侍従武官長も、「結論としては、米国提案に同意するときは、国防の遂行上不可能なりと言ふに非ずして、……大正一二年御策定の国防に要する兵力及国防方針の変更を要すと云ふに過ぎざる」[87]内容だとしている。

その日上奏後、加藤は、先にふれたように、「国防用兵の責任を有する軍令部の所信として米案なるものを骨子とする兵力量には同意できない」[88]との声明を発表したが、岡田はそれについて、「此程度ならば差支なからん」[89]とみていた。おそらく軍令部の所信としては認められる内容であったからであろう。

加藤が、少なくとも四月一日の会合で、それまでの軍縮会議の決裂もやむなしとの強硬姿勢とは異なる態度をとった背景には、三月二六日におこなわれた海軍の省部最高幹部会議での決定があったものと思われる。

この日、岡田、加藤、山梨、末次、堀悌吉軍務局長、矢吹省三政務次官（貴族院議員）があつまり、今後の方針を審議決定していた。その方針には、「一、米国案を応諾する能はず。……二、決意の件はざる中間妥協案を海軍より提出するは不可能なり……五、海軍の方針が……政府の容るる所とならざる場合と雖も……官制の定むる所に従ひ政府方針の範囲に於て最善を尽くす可きは当然なり」、などの項目がふくまれていた。さきの加藤の行動には、この決定が影響していた可能性は十分考えられる。なお、第五項を明記することに末次は消極的であったが、加藤は一切異論をはさまなかったようである。[90]

しかし、その後加藤はふたたび態度を硬化させ、回訓後締結された軍縮条約が国内で批准されるのを阻止する方向で、各方面への説得工作に積極的に動きはじめる。原田の推定では、そのような変化には、末次の加藤への働きかけの影響があり、さらにその背後には政党内閣に否定的な平沼騏一郎枢密院副議長が存在し、また末次・平沼らは倒閣を意図する森恪政友会幹事長とも繋がりをもっていた。[91]

森恪は、加藤軍令部長の上奏と声明がなされた直後、国防に直接責任をもたない内閣が軍令部の反対を無視して回訓決定をおこなったことは政治上重大な問題だ、との談話を発表していた。

さらに政友会は、議会閉会前後の五月中旬から六月中旬にかけて、有力者の山本悌二郎や久原房之助、鈴木喜三郎らが、岡田啓介海軍軍事参議官に働きかけるなど、枢密院での条約批准阻止の方向で積極的に動いている。

これらの動向は、条約問題での民政党内閣の倒閣をねらったものであった。

その点はともかく、なぜ加藤はこのように三大原則にこだわったのであろうか。このことにかかわって、たとえば加藤は当時次のような発言を残している。

「どうも実に英米に縄を付けられて牢屋にでも放り込まれたようだ。……日本が、たとえば東洋、殊に支那において発展するためには何が障碍になるか……と言ふことで大体判断して、相手に対して脅威を感ぜしめるだけの威力を整へるということでなくてはならぬ」[92]。

「支那問題は所謂幣原外交で米国と提携してやつて貰ふことを冀《こいねが》う次第であるけれども、米のエコノミック・ペネトレーションの欲望は日本を邪魔にして、中々妥協を許すまい。斯くして利権の争奪が政治問題となり、そこに暗闘が起こり、……支那問題は海軍の力で強行すべしと言ふ［米国の］勢は到底削減すべくもないと思ふ。……我々は彼を畏怖すべき何物かを持つていなければ、足下を見透かされて米国一流の高圧手段を防止することは出来ぬと思ふ」[93]。

つまり、日本が中国大陸に発展していくうえで障害となるものを考え、それを排除できるだけの威力、すなわち障害となる国にたいし脅威を感じさせるレベルでの威力をととのえなければならない。ことに中国問題では日米間で利権の争奪がおこり、軍事的緊張状態となる可能性なしとしない、というのである。

ちなみに、一九二三年（大正一二年）裁定の第二次改定帝国国防方針には、次のような記述がある。

「大戦後国際の政情未だ安定せず。……政局紛糾、禍機醞醸の起因は主として経済にあり。惟ふに列強経済戦の焦点たるべきは東亜大陸なるべし。蓋し東亜大陸は地域広大、資源豊富にして他国の開発を俟つべきもの多きのみならず、巨億の人口を擁する世界の一大市場なればなり。是に於て帝国と他国との間に利害の背馳を来し、勢いの趨くところ遂に干戈相見ゆるに至るの虞なしとせず。而して帝国と衝突の機会最多きを米国とす」[94]。

加藤は、おそらくこの国防方針に忠実な姿勢から、対米戦の現実的可能性を想定して、用兵作戦の責任者として三大原則の実現にこだわったものと思われる。海軍内部では一般に、対米戦を実際に想定すれば、三大原則は軍事戦略上必要不可欠なことと考えられており、また加藤自身国防方針策定に深く関わっていた[95]。

それにたいして、岡田や山梨は、次のような、ワシントン海軍軍縮会議（一九二一年―一九二二年）での全権代表加藤友三郎海相の考え方のラインをひくものであったと思われる。

「先般の欧州大戦後……国防は軍人の専有物に非ず。……国家総動員して之に当たるに非ざれば目的を達し難し。故に、一方にては軍備を整ふると同時に民間工業力を発達せしめ、貿易を奨励し、真に国力を充実するに非ずんば、如何に軍備の充実あるも活用する能わず。平たく言へば、金が無ければ戦争が出来ぬと云ふことなり。戦後……日本と戦争の起る Probability のあるは米国のみなり。……然らば其の金は何処より之を得べしやと云ふに、米国以外に日本の外債に応じ得る国は見当らず。……英仏は在りと雖も当てには成らず。斯く論ずれば、結論として日米戦は不可能といふことになる。……茲に於て日本は米国との戦争を避けるを必要とす」[96]。

すなわち、総力戦段階の認識からする日米不戦論である。加藤（友）海相はこのような観点から、主力艦の対米六割を受け入れたのである（当初の日本側主張は対米七割）。

つまり、岡田や山梨は、必ずしも対米戦の現実的可能性を実際には想定していたわけではなく、対米軍備は一種の抑止的な効果のレベルでもかまわないとみていたのではないだろうか。したがって、もちろん三大原則の実現は望ましいとの姿勢であったが、外交上財政上の判断から、それに必ずしも固執しなかったものと思われる。浜口や若槻、幣原、西園寺らもまた同様であろう。

ちなみに、第一次世界大戦の経験によって、今後、先進国間の全面戦争は長期の総力戦となり、そのコストや犠牲はどのような戦争目的をも超えるものとなることが明らかとなっていた[97]。したがって、応戦能力と国力が一定のレベルに達していれば、たとえば対米六割程度でも、その点から対外的に戦争抑止の効果があると考えられていたのである。

浜口は、国際協調と中国内政不干渉のもとで、金解禁や産業合理化政策などよって、東アジアにおいて欧米諸国と本格的に経済レベルで競合しうるだけの国際競争力のある国民経済の編成をつくりあげ、中国との経済交流の増大、輸出市場の拡大をはかろうとしていた[98]。それには国際社会とりわけ東アジアとそこをめぐる国際環境の安定が必要であり、それが彼の全政策体系の実現の前提となっていた。浜口にとって、対米戦はその国家構想のみならずより長期的な将来におけ日本の安定的な発展の可能性を全面的に破砕するものとなり、対米不戦はいうまでもないことであった。そして浜口も大戦後先進国間での戦争は国家総動員となることを認識していた。[99] また対米協調は、原内閣以来政党内閣の基本的な路線であったのである。

海軍軍令部は、実際に日米戦となった場合を想定し、条約兵力量では不足だとして反対していた。それに対して浜口は、国家総力戦認識の観点からみて抑止効果をもちうる一定の軍備と国力を備えていれば、ある程度戦争は防止できるとの見地に立っていたのである。実際に日米戦を想定し、そこでの勝敗の可能性判断から対米戦備を決定する必要はないと考えていたといえよう。

なお、加藤（寛）軍令部長らは対米戦として、具体的には二年程度の短期戦を想定しており、必ずしも長期にわたる国家総力戦を念頭に置いていなかったようである。したがって海軍の戦闘形態としては、日露戦争の勝敗を決した日本海海戦のような艦隊決戦を想定し、そのための装備（兵力量）を要求していたのである。

ところで加藤（寛）は、前年一一月の浜口との会談で、東郷平八郎（元帥海軍大将）の、「支那の現状を見よ。至る所に国際問題を引起こすべき不安がある。而して支那自身の力では決して之を処理し得ず。必ず日英米の厄介にならざれば済むまい。この危険が伏在する以上口舌の折衝のみで無事に解決する望みは殆ど無い」、との発言を紹介している。その上で、自身の意見として、「今や日米両国は嵐の前の静寂」の状態で、「国際間の道義を無視する暴戻支那を相手として日本が絶対不戦で解決せんとすれば畢竟支那の言うなり次第となるより手なく」、しかも「今回のスティムソンの回答を見るに、……日本に必敗的比率を強いて支那問題について覇者たらんとする企図に出づるものなること明瞭なり」[100]、と述べている。

加藤（寛）軍令部長の中国認識は、国際間の道義を守らず、かつ国としての自己統治能力を欠いているとするもので、したがってアメリカの介入は必至で、しかも中国への経済的浸透を企図するアメリカには対日圧迫の意志があり、覇権掌握の野心がある、というのである。このような認識は、中国の統一は可能であるし日本にとっても望ましく、脅威をうけるものではないとする浜口の中国認識[101]とは対立的なものであり、ロンドン海軍軍縮条約問題は、たんに米英をどうみるかのみならず、その核心に対中国認識、対中国政策の相違があったといえよう。

ちなみに、加藤（寛）・末次と繋がる政友会幹事長森格は、中国からアメリカの勢力を駆逐しなければ日本の指導権を確立することができず、それには対米七割の海軍力を必要とするとの見方をとっていたようである。[102]

他方、陸軍の最有力者宇垣一成陸相は、回訓案に肯定的な姿勢で、「帝国が支那に於て機会均等主義の下に発展を図るならば、米国としても実力を以て之を妨害し戦争に導く如きことは為さざるべし」[103]、との考えだった。日本が中国内政不干渉、機会均等の原則に基づいて、純粋に経済的レベルでの国際競争に徹するならば、アメリカとの軍事的な紛争になることはない、と判断していたのである。

さて、一九三〇年（昭和五年）五月一三日、議会が閉会し、まもなく財部彪海軍大臣が帰国。浜口は臨時海相事務管理の職をはなれた。その後、軍事参議官会議で軍縮条約締結の可否が議論されることとなったが、そこでも海軍元帥東郷平八郎、伏見宮博恭王の反対が予想され、財部の日記によれば、彼が浜口にたいして「ほとんど元帥らの緩和は絶望」の旨を告げ、それでも「ただ一路正道を歩まん」との方針で二人の意見が一致したさい、浜口は財部に「たとえ玉砕すとも男子の本懐ならずや」との意志を伝えている。[104]

しかし、軍事参議官会議は、財部らの必死の説得工作や宮中からの働きかけにより軍縮条約容認の姿勢となり、[105]五月二三日、軍縮条約についての天皇からの諮問にたいして、その協定内容では、「海軍作戦計画の維持遂行に兵力の欠陥を生ず」としながらも、一定の補充対策を講ずれば、「国防用兵上ほぼ支障なきを得るものと認む」、とする奉答文を全員一致で決定。[106]同日奉答がおこなわれ、条約は枢密院に諮詢されることとなった。

その間、加藤軍令部長が辞職。後任には財部の奏薦により条約容認派の谷口尚真が就いた。同時に、山梨次官、末次次長も更迭された。また、従来の慣行にもとづいて、兵力量の決定には海軍大臣と海軍軍令部長との間で意見の一致が必要とされる旨があらためて覚書のかたちで成文化された。[107]なお加藤は辞職後軍事参議官となり、先の奉答文決定にも参加署名している。[108]

なお、末次次長が、当初から請訓安に強く反対し、政友会や枢密院、右翼に働きかけ執拗に条約締結阻止に動いたのは、一面では、よくいわれているように彼の性格や政治性に要因があるといえる。だが、それ以上に、末次自身が、潜水艦を軸とした対米漸減邀撃作戦の実質的な立案責任者であり、かつ第一潜水戦隊司令官として、そのための潜水艦隊を育成し具体的戦術を案出した経緯によるものと思われる。

協定案ことにその潜水艦保有量の大幅削減によって、彼のこれまでの潜水艦隊育成の努力と作戦プランは水泡に帰し、対米戦における勝利への具体的見通しを失わせることになるからであった。

第四節　枢密院審議

次に枢密院での浜口の発言をみていこう。ただし、いくつかの発言についてはすでに論及しており、また議会での応答と重複する部分もあるので、それ以外のポイントとなる点のみにかぎる。

さて、枢密院ロンドン海軍条約審査委員会は、一九三〇年（昭和五年）八月一三日から九月二六日まで開かれた。

まず、さきに述べたの加藤軍令部長の態度にかかわって、軍部に反対があったにもかかわらず首相が国防の安全を断言することができるのか、との疑義がだされた。

浜口はそれにたいして、「当初軍令部長に反対ありたるは事実なるも、結局においては、軍令部長に於ても回訓に対して異議を唱へず、自分は軍令部長に異議なかりしものと諒解したるものなり」、と答えている。

さらにそれについて、政府は、議会では軍部の意見は尊重し斟酌したとし、軍令部長が同意したのかどうかにの質問についてては応答していない。それがさきのように口調を変えたのはなぜか。首相は態度を一変したのではないか、との質問がなされた。

その点について浜口は、軍令部長がどのような意見であったのか、「帷幄機関」と意見が一致したかどうかというような点について、議会においては「自分は斯かる内部関係のことは答弁すべきものにあらずと考へ」、そのように答弁した。ここではその「内部の実状を説明」しているのであって、「議会に於ける答弁との間に矛盾あるものにあらず」、と応答している。[109]

「帷幄機関との交渉顛末の如きは、議会に於て詳細に亙り答弁することを得る性質のものにあらず。……本［枢密院］委員会に於ける用語の異なるは、自分の態度一変したるが為にあらず。答弁の場所が異なる為にして、趣意は一貫せるものなり」。[110]

すなわち、軍令部など帷幄機関は、帷幄の「内部」にあるもので、「議会と何ら接触を有せず」、したがって直接議会にたいして責任を負うものではなく、[111] その発言やそれとの交渉内容を議会にたいして明らかにすることは、内閣の権限を超えることで不可能であったが、枢密院では機関の性質上それが可能で、したがって軍令部長に異議はなかったと答えたのである。したがって自分の態度は一貫している、というのである。

浜口が、なぜ加藤軍令部長が回訓案に同意したと考えたかについては、さきにみたように、枢密院の浜口陳述で、四月一日の岡田発言への加藤の対応から、「結局回訓に異議を唱へざるものなることを信じ居たり」、とふれられている。また、臨時海相事務管理である自分にたいして、当時加藤はそのほか回訓案を否定するような、また回訓を阻止するような積極的行動をとらなかったことからもそう判断した旨の発言もつけくわえている。[112]

なお、四月二日の加藤の上奏についても、浜口は事前に海相事務管理として加藤より通牒をうけており、内容を承知していた。そしてそれを、「国防上の責任を執ること能はずと云ふが如きものにあらず」、と判断していたのである。[113]

またこの件にかかわって、近時の研究には、加藤軍令部長とのやりとりについての浜口の答弁が議会と枢密院とで相違している点について、その間に兵力量決定に関しての海軍省軍令部間の覚書が作成されたため、枢密院ではそれにそって答弁せざるをえなかったためだとする解釈がある。しかし、浜口は、すでにみたようにその相違は発言の場所の性格によるもので、自分の判断は一貫しているとし、「従来の「兵力量決定に関する」慣行は大体承知し居たる故、慣行の精神に従て処理したる積りなり」[114]、と枢密院で述べている。

もちろんこの発言は事後でのものであるが、これまでみてきたような関係者の記録や当時の経緯からして、浜口のこの件についての答弁はある程度一貫性があり、必ずしも虚偽の言辞を弄しているようには思われないがどうであろうか。ちなみに、兵力量決定に関する従来の慣行とは、一八九三年（明治二六年）制定の「省部事務互渉規定」によるもので、そこでは兵力量に関する権限は海軍省軍令部双方に両属的なものとされている。[115]

ではなぜ浜口は議会答弁で、加藤が回訓に異議をとなえなかった旨をはっきりといわず、海軍専門家の意見を「斟酌」したとの表現にとどめたのであろうか。浜口はそれが内閣の権限の外にあるゆえだとしているが、それだけではなく、おそらく加藤の海軍内での、とりわけ軍令部での立場を考慮したものと思われる。

さきの原田の記録でふれたように、浜口は四月一日の加藤の態度を「穏便な」ものとして評価していた。したがって、加藤が異議をとなえなかったことを明言して、彼が軍令部内で苦しい立場に追い込まれることを避けようとしたのではないだろうか。加藤が強硬な回訓反対論にふたたび立場を転じないとは限らなかったからである。事実加藤は、回訓前、政府が決定すれば受け入れるべきだとする岡田らと、強い反対姿勢の末次らとの板挟みにあって、「連日苦悶、自決を思うことあり」と煩悶していた。[116]

しかし、議会終了後、加藤は、慣例となっていた海軍大臣の事前承認をえないまま、強い内閣弾劾の上奏を強行して辞職。これには浜口「手続違法なり」[117]と強い不快感を示している。したがって、枢密院審議時にはもはや加藤の立場に配慮する必要なしと考えていたと思われる。

なお、兵力量決定に関し海軍省軍令部の意見が一致しない場合は内閣はどう取り扱うのかとの質問にたいし、浜口はこう答えている。従来の慣行からしても一致しない意見が内閣に提出されるはずがなく、たとえ一致した意見であっても内閣として反対ならば軍部に再考をうながすこととなる。これまでにも政府が「財政上外交上等の見地」から軍部の意見に「同意せず」、そのため「取止」ないし「重要なる変更」をくわえられた「実例」は多い、[118]と。つまりことさら憲法上の解釈にふみこまなくても、これまでの実例によって内閣の判断が軍部の上位にあることを示そうとしているのである。この発言は、内閣と軍部との関係について、したがってまた内閣と統帥権との関係について重要な意味をもつものであるが、これにたいする反論はなされていない。

また、内閣が帷幄機関の意見を無視して回訓を決定したのは統帥権侵犯ではないかとの非難については、浜口は次のように反論している。憲法上、統帥権も兵力量決定権もともに天皇の大権である。したがって、同じく天皇に属する「一の大権が他の大権を如何にして侵犯することを得べきや」。そのようなことは想定できないことである。いま問題となっているのは、行政上の輔弼機関たる政府が、統帥事項を補弼する帷幄機関の権限を侵したかどうかであり、これは大権の侵犯という問題とはまったく別の事柄である。しかも、すでに述べたように、軍令部長は当時政府の処置に異議をとなえたわけではなく、その権限の侵害云々の問題はありえないことである、[119]と。

そのほか、枢密院からの軍事参議院会議奉答文の提出要請については、「政府の手元に存せず」、したがって、提出を拒絶したり承諾する立場にない旨を答えている。ただし、内閣官制第七条によって浜口は奉答文を正式に入手しうる立場にあったが、この問題については「充分に慎重考慮を遂げたるものにして、今更考慮の余地なし」[120]、とつっぱねている。原田の口述によれば、八月四日倉富勇三郎枢密院議長が浜口との会談において、さきの法的手続きによって入手するよう求めたのにたいして、「閣下は敢えて政治に干渉なさるのか」[121]、と言下に拒否。浜口がかなり強い態度で枢密院に臨んでいるのがわかる。ただ、じつは倉富らは、審査委員会開始前の八月六日にすでに奉答文の写しを手に入れていた。[122]

このように、当初倉富議長、平沼副議長、伊東巳代治審査委員長はじめ枢密院側は、条約批准に否定的な態度であったが、浜口は、元老西園寺や牧野内大臣はじめ宮中グループ、さらには世論の支持をバックに、結局枢密院側を押し切り、一〇月一日枢密院本会議において全会一致で条約批准が決定された。

その間浜口は、枢密院にたいして、融和的な方法をとらず、強硬姿勢に終始し、「断固たる処置をとる決心」[123]を周囲に幾度かもらしているが、その決心は、たんに条約批准を実現するということのみでなく、この機会に枢密院を政治的に無力化しようとの決意がふくまれていた。枢密院は、第一次若槻内閣の緊急勅令案を否決して総辞職させるなど、しばしば政党政治、議会政治の発展に阻止的な役割をはたしてきた。浜口はにそれらが念頭にあり、これを非政治的で実務的な審議機関化することを考えていたと思われる。

「政府としては、「枢密院の審議について」規定方針どおり、左右を顧みず、一貫したる信念をもってこれに対し、一歩も譲るところはないのだから、あくまでもこの方針を確守し、憲政発達のために貢献したい」[124]。

宮中に大きな影響力をもつ元老西園寺も、「万一枢密院が不条理なことで政府に対抗してきた場合に、総理はその職権を以て、政府の都合により議長副議長を罷免し、新しい議長副議長を以て御諮詢に答えさせてもいいではないか」との意向をもらしていた。[125]また浜口自身も、事態の推移によっては、「枢密院正副議長および伊東「審査」委員長等を免官にする様な処分に出ざることとなるやも計り難く、前軍令部長［加藤］も軍機漏洩の廉にて免官処分に処する必要あるべく、一種のクーデターなるもこの際已むを得ず」[126]、との発言を残している。

そして、このロンドン海軍軍縮問題において内閣の強硬姿勢の前に枢密院は敗北し、これ以降、事実上政治的には無力化する。

第五節　むすびに

一九三〇（昭和五年）年一〇月二日、天皇の裁可をへて、正式に条約が批准され、翌日、財部海相が辞職。後任には財部の推薦によって条約容認姿勢の安保清種が就いた。その後、海軍補充計画について大蔵省と海軍側との折衝がおこなわれ、かなりの難航のすえ、一一月一一日の次年度予算閣議において、昭和六年から五年間に予定されていた建艦費留保財源五億八〇〇〇万円のうち、三億七四〇〇万円を補充計画にあて、残り一億三四〇〇万円を減税に向けることが決定された。

こうして、浜口内閣下において、海軍、陸軍、枢密院をふくめ、議会政党による国家システムの全体的なコントロールがほぼ可能となる体制がようやくできあがってきたといえよう。海軍は、海軍大臣・軍令部長に、条約容認の安保・谷口が就任し、内閣の決定を重視するスタンスであった。陸軍も、ロンドン海軍軍縮条約やそれをめぐる統帥権問題には基本的に介入せず、陸軍大臣宇垣一成は、当時政党内閣のリーダーシップを承認する立場をとっており、参謀総長も宇垣派の金谷範三で、陸軍省・参謀本部ともに、いちおう彼らの統率下にあった。

またそれとともに、ロンドン海軍軍縮条約の締結によって、日本は実質的にアメリカ、イギリスとならんで、国際社会をリードしていく国の一つとなったのである。

ロンドン海軍軍縮条約問題は、浜口にとって、じつは一般に考えられている以上に重要な意味をもっていた。彼の政治構想の核心的位置を占めるものであり、さらに「安全保障」[127]の問題とも深く関わっていた。

たとえば、その遺稿『随感録』において、「ただの随感雑録であるから、政治上の記事を目的としない」としながらも、ロンドン海軍軍縮条約の締結については、

「倫敦《ロンドン》会議の目的たる世界平和の樹立に依《よ》る建艦競争の危険の防止と、国民負担の軽減とを、二つながら成功せしめたことは、聊《いささ》か余の満足するところである。[128]」


と、特にふれている。

また本文においても、ロンドン海軍軍縮条約批准を記念する自らのラジオ演説を、「軍縮放送演説」、として全文収録している。

そして、その条約締結問題が大きな政治的争点となっていた頃、浜口はこう述べている。ロンドン海軍軍縮条約の締結は、「自分が政権を失うとも、民政党を失うとも、また自分の身命を失うとも、奪う

べからざる堅き決心なり」、と。このことはすでにふれた。

これらから、浜口自身にとって、ロンドン海軍軍縮条約が、とりわけ重要な比重をもっていたことわかる。

さて、さきの『随感録』の引用では、ロンドン海軍軍縮条約締結による列強間の建艦競争の停止は、国民負担の軽減に資するばかりでなく、「世界平和の樹立」と関わりがあることが示されている。国民負担の軽減とは、軍縮によって軍事費が削減され、国家財政への負担が減少することを意味する。実際、ワシントン海軍軍縮条約による主力艦（戦艦・空母）の軍縮によって、国家財政に占める軍事費の割合は、五〇パーセント近くから二七パーセントにまで減少してきていた。

だが、軍縮がなぜ世界平和と関連するのだろうか。列強間の軍備が縮小されることは、必ずしも戦争そのものの危険が減少することを意味するわけではない。では、どのように浜口は軍縮を世界平和と関連づけ、なぜロンドン海軍軍縮条約をことさらその面からも重視したのだろうか。

それは浜口の政治構想全体、ことに彼の国際秩序認識、安全保障構想と深く関係している。このことは、あまり知られていないので、少し立ち入って述べておこう。

浜口は、条約批准後の日米英首脳世界中継ラジオ演説で次のように述べている。

「ロンドン海軍条約は人類の文明に一新紀元を画したものであります。現在の世界は、列強互いに敵視して動《やや》もすれば力に訴へてまでも自国の利益を開拓せんとしたる所謂《いわゆる》『冒険時代』を既に経過い

たしまして、今は各国互に相信頼して共存共栄を計る所の『安定時代』に到達して居るのでありま
す。今回のロンドン海軍条約は……国際的平和親善の確立に向つて大なる一歩を進めたるものであ
りますが、我々は今後益々この崇高なる事業の進展を切望してやまざるものであります。[129]」

すなわち、これまでの国際社会は、力によって自国の利益を追求する、いわばパワー・ポリティックスの貫徹する世界だった。だが、今やそれを乗り超え、各国が平和的に「共存共栄」する新しい国際秩序が形成されつつあり、ロンドン海軍軍縮条約はそれにむけての「大いなる一歩」だ。そういうのである。

つまり浜口は、従来のパワー・ポリティクスを超える新しい国際秩序を追求し、ロンドン海軍軍縮条約をそのための重要な一環だと考えていたといえる。

この点は、浜口の政治構想における重要な議論の一つである。

では、どのような意味で、浜口はロンドン海軍軍縮条約をそのように位置づけたのだろうか。それは、前述したような浜口の外交構想や国際連盟評価（第二章第三節参照）と関連していた。

浜口は、そもそも「軍備縮小の実現」は、連盟の「重要なる使命」の一つだと考えていた。浜口のみるところ、大正九年（一九二〇年）の国際連盟加盟、翌年のワシントン会議への参加、さらには今回のロンドン軍縮会議も、「世界平和の確立」に貢献するためであった。

すなわち、浜口において軍縮は、よくいわれているような財政的観点（軍事費負担の軽減）や対英米

協調のみならず、連盟を軸とする世界の平和維持との関係を強く意識したものだったのである。浜口は海軍軍縮によって、国民負担を軽減するとともに、国際協調をより安定的なものとし、さらには「競争的軍備に伴ふ危険」を防止することによって「世界平和の保障」をいっそう強固なものにしたいとの姿勢だった。[130]

このような浜口の平和維持の観点からする連盟重視の姿勢が、ロンドン海軍軍縮条約締結への強い決意とかかわっていた。

いうまでもなく連盟は、旧来からの単なる大国間協調とは異なるレベルの、一定の強制力を伴うまったく新しい型の集団的安全保障システムである。そして、浜口自身も、大国間協調としての対米英協調と、連盟重視とは、重要な関連をもつが性質を異にする問題として区別して論じており、そのことは充分承知していた。

この問題にかかわる浜口の認識と姿勢は次のようなものであった。

日本は、「世界平和の確立」という国際連盟の趣旨に賛同し、その目的から、ワシントン会議にも参加した。その後、連盟の軍備縮小の課題を引き継ぐかたちで、ロンドン海軍軍縮会議が開催された。したがって、ロンドン海軍軍縮条約の成立は、国民負担の軽減や対米英協調とともに、連盟の趣旨である「世界の平和を確立」することに多大な「貢献」をなすものである。

しかも、一九二八年（昭和三年）に締結された不戦条約は、「戦争を絶対に否認したるもの」であり、この条約に違反するものは「全世界を敵とする」ことになる。その場合、世界の各国は「侵略せられたる国」を援助するであろうし、条約違反国の行動を傍観することはないであろう。[131]

このように浜口は、世界の平和維持という国際連盟の役割を重視し、ワシントン会議、ロンドン海軍軍縮会議などもそのような連盟の役割と関連させて位置づけていた。また、同様の観点から不戦条約成立の意味も積極的に評価していた。

すなわち、浜口においては、ロンドン海軍軍縮条約が、国際連盟、ワシントン海軍軍縮条約、九カ国条約、不戦条約などによる、平和維持システムの重要な一環と考えられているのである。いいかえれば、国際連盟の存在を軸に、それら多層的多重的条約網の形成による平和維持システム、戦争抑止システムの構築が、極めて意識的に追求され、ロンドン海軍軍縮条約は、その大きな画期となるものとして位置づけられていたといえる。

ちなみに、一九二一年末から開催されたワシントン会議において、九カ国条約、ワシントン海軍軍縮条約などが締結された。これによって、いわゆるワシントン体制が形成されるが、浜口は、とりわけ九ヵ国条約の意味を重視していた。それが中国での国際紛争を防止する役割をもっていると考えていたからである。当時一般に、中国での列強間での国際紛争の勃発は、次期大戦を誘発する可能性をもつものの一つとみられていた。それゆえ中国は「東洋のバルカン」とも呼称された。第一次世界大戦がバルカン半島から始まったことが念頭に置かれていたのである。

九カ国条約（米英日仏伊中ほか）は、国際連盟規約における戦争違法化の方向とともに、二〇世紀世界史にとって重要な意味をもつものであった。列強諸国による植民地や勢力圏の拡大を、中国に限ってであるが、はじめて条約のかたちで禁止したからである。

ワシントン会議で締結された条約として、一般には、ワシントン海軍軍縮条約がよく知られているが、世界史的観点からすれば、むしろ九カ国条約こそ、ワシントン体制の核とみられており、その後の国際社会の理念と現実に大きな影響を与えたといえよう。

また浜口は、不戦条約の意味も重視していた。その発効時（浜口内閣期）に浜口は、「世界平和のため人類幸福の上に慶賀に堪えざるところ」であり、「その目的たる国家政策遂行の手段としての戦争放棄を永遠に遵守して世界平和の実を挙げんことを余は衷心より希望するものである」、との談話を発表している。

不戦条約は、現行の昭和憲法第九条第一項の「戦争放棄」規定の原型となったもので、その第一条において、「国家の政策の手段としての戦争を放棄することを、その各自の人民の名において厳粛に宣言す」と規定していた。この条約は、国際連盟規約において本格的な第一歩をふみだした戦争違法化の方向を、さらに進めたものであった。現行憲法の戦争放棄規定は、一般には、第二次大戦の反省から始めて考え出されたものと理解されがちだが、じつは戦前政党政治の時期に日本自身も加わって締結された国際条約を一つの重要なベースとしているのである（ただし、第九条第二項の戦力不保持の規定は、また別の要因による）。

なお、浜口も、連盟の戦争防止システムや制裁システムが必ずしも十全ではないことは、当然承知していた。だが、それは連盟の平和維持機能を補完する多層的多重的な条約網によってカバーできると判断していた。ロンドン海軍軍縮条約締結も、財政負担の軽減や対英米協調のためだけでなく、連盟および戦争抑止にかかわる条約網の存在を前提とし、その強化を意図するものであった。

連盟を軸とする多層的多重的な条約網は、明らかに安全保障の問題とも関わっていた。

つまり、安全保障の問題について、浜口は、自国の軍事力のみならず、国際連盟の存在と、平和維持に関する多層的多重的な条約網の形成による戦争抑止システムの構築によって対処しようとしていたのである。そして、そのような対処は可能であるし、これまで述べてきた国際的国内的諸条件の総合的な判断から、そうすべきだとの観点に立っていた。

ただ、いうまでもないことであるが、そのような、連盟を軸とする平和維持・戦争防止システム形成の努力と決意にもかかわらず、国際的な何らかの事情でふたたび世界大戦となる可能性はありえた。

浜口もそのような場合をまったく想定していなかったわけではなかった。

もし万一、次期大戦となれば、国家総動員を必要とし、したがって少なくとも「工業動員」の準備は考慮しておかなければならない。そのためには、「工業の組織」を充実させることが要請される。これは「実に経済発展の要訣であり、同時に万一の場合に処すべき用意」ともなりうる、とかねてから考えていた。そして、それには「外国貿易を盛んにするにしくはない」との意見であった。[132]

かりに国家総力戦となった場合は、工業動員をおこなわなければならないが、その前提として、総力戦に耐えうる充実した工業組織、それを支える経済発展が必須である。それには国際的な経済交流、通商・投資の増大をはからなければならない。このような外国貿易の興隆によってはじめて国民経済全体の生産力が上昇し、より高度な工業動員が可能になる。それが浜口のスタンスであった。

もし次期大戦となった場合の対外的対処についての浜口の具体的な記述は、管見のかぎりでは見あたらない。しかし、その場合の対処方法は、恐らく宇垣一成陸相ら陸軍主流（宇垣派）のそれとほぼ同様の方向とならざるをえなかったのではないかと思われる。[133] たとえば、浜口内閣下でも、田中前内閣で設置された内閣資源局による各年度の「国家総動員計画」の作成は続けさせていた。

だが、いうまでもなく、そのような万一の場合の到来は、結果の勝敗にかかわらず、浜口の最も回避したい破滅的な事態であった。前回の大戦は「全世界の人類に未曾有の惨禍」をもたらしたものであり、次期大戦が起これば、ふたたび「世界を挙げて一大修羅場たらしめ、人類の不幸はこの上もないことになる」、との認識をもっていたからである。[134]

このような浜口の国際秩序構想、安全保障構想は、原敬の外交構想の残された課題に、一つの対処方法を示すものだった。原は日米提携を軸とする世界戦略をもっていた。しかしそれは、日米の国力差から非対称的な関係となり、「米国のなすがまま」の状況に陥る可能性があった。その問題——対米協調と自律性保持のディレンマ——が、原の構想において残された課題の一つだった（本書五八—九頁参照）。

浜口においても、対米協調はその世界戦略の大前提であった。そして、その対米協調は、原と同じく、必ずしもアメリカとの価値観の共有や強い信頼感にもとずくというよりは、アメリカの大きな国際的影響力（パワー）を判断根拠とするものだった。

たとえば、浜口は次のように述べている。

「発言の権威者は［第一次大戦後］やはり英米にある。それから、日本将来の態度如何《いかん》と考うるも、遺憾の次第ではあるが、やはり英米両国と歩調をともにするが肝要であると思う。……日本の方針はよろしく英米に親しむべしである。……遺憾といわば遺憾であるが、英米を友とせよというのが我々の主張である。[135]」

これはパリ講和会議時の発言であるが、その後も対米英協調とりわけ対米協調についての浜口の基本的観点だった。パリ講和会議後も、国際的な「権威」は依然として米英ことにアメリカにある。したがって、「遺憾」なことだが、対米協調は日米の国力差から非対称的な関係とならざるをえないとみていたのである。第二章でふれたように浜口は、米英との「三国協調のリング」を離れれば、「国際上いうべからざる窮地に立つ」との見地だった。その点は原と同様だったといえる。

原も浜口も、日本が軍事力を背景として大陸にさらに進出し、軍事強国として米英など欧米列強と比肩して覇を争う方向は、はっきりと否定していた。山県らがめざした「自主独立の実力」による軍事強国の道が、失敗していたからである。したがって、原内閣以来、政党政治の国策として、対米英協調の方向、平和的な貿易型産業国家形成の方向に転換していた。また、世界強国である米英とりわけアメリカとの協調は、安全保障上も必要なことであった。それゆえ、少なくとも原や浜口にとって、対米英協調における米英との非対称的な関係を、どのように克服するかが軽視しえない課題となったのである。

それに対して、浜口はこう考えていた。連盟を軸とした平和維持システム、集団的安全保障システムが構築されれば、少なくとも安全保障面での米英への考慮は軽減しうる。また、米英とりわけアメリカの行動に対する一種のチェック要因としても機能する。アメリカの理不尽な要求や圧力などを抑制する要因にもなりうる。つまり、原の危惧していた「米国のなすがまま」となる状況を抑制するファクターとして働きうる。そして、その問題が解決されれば、経済競争力においては、中国との地理的近接性などの有利な条件を考慮すれば、決して欧米諸国にひけをとるものではない。金解禁や産業合理化政策など経済的諸条件の整備によって、将来、平和的な貿易型産業国家として米英とも対等な関係に立ちうる、と。もちろん、それには連盟のみではなく、それを補完する平和維持に関する多様な条約網、とりわけ東アジアにかかわるそれが必須であった。ロンドン海軍軍縮条約の締結は、そのような意味をもっていた。

どのようにして、世界の「権威者」であるアメリカと協調しながら、「米国のなすがまま」に陥る状況を抑制できるのか。浜口の構想した、パワー・ポリティックの時代を超える新しい国際秩序の形成は、そのこととかかわっていたのである。

このように浜口内閣は、戦前において議会政治と国際的な平和協調の政策をもっとも推し進めたといえる。ただ国際的平和協調といっても、両大戦間期の日本は、台湾、朝鮮半島、南樺太、南洋諸島などを植民地として領有しており、浜口においても、植民地領有の維持は前提とするものであった。また米英に対しても、あくまでも対等な協調関係を追求しようとしていた。

なお、浜口内閣下のロンドン海軍軍縮条約問題がその後の国論分裂の端緒となったとの見解がしばしばみられる。だが、浜口内閣時には、海軍の軍縮反対派は海軍中枢から駆逐され、枢密院も事実上その政治的発言力を失うかたちとなり、議会政党による国政のコントロールが強化された面が強い。一般にある政治的対立をこえて国論の分裂といえるような状態は、この問題とは別に陸軍部内の軋轢、そこでの一夕会など超国家主義グループの台頭から本格化するものであり、そのような理解は再検討を要するように思われる。

ロンドン海軍軍縮条約をめぐる一連の問題がようやく決着し、昭和六年度予算案が閣議決定されてから三日後。一一月一四日朝、浜口は、岡山での陸軍演習視察に向かおうとして、東京駅のプラットホームで狙撃された。犯人は右翼団体愛国社構成員の佐郷屋留雄であった。浜口は重体となったが、その後一命を取り留め、入院加療につとめることとなった。その間幣原外相が臨時首相代理に就いた。しかし途中、議会の混乱に対処するため無理を押して登院したことによって症状が悪化。翌年四月一三日、内閣は総辞職。八月二六日死去した。

浜口の最期については、浜口の三女悌子が次のように回想している。

「午後の三時［八月二六日］には、いよいよ最期の瞬間が迫ってきた。……父は塩田博士をはじめ、一々主治医の名を呼び、その顔を見ながら別々に、

『永い間の献身的なご努力にたいし誠に感謝に堪えません。厚くお礼申し上げます。万事は運命の

約束であります』

と述べ、次に看病人に対しても慇懃にその労を謝したが、苦痛が激しく声もかすれていたので、そばにいた「悌子の」妹が一語一語聞いては伝達した。

このお礼の挨拶がすむと、父は母や子供たちに取りまかれ手をとられていたが、一分前まで『みんなの顔はまだ見えるぞ』と言っていて、たえず苦しみながらも安心して逝去した。生死の境は全く瞬間にすぎなかった。[136]」

他方、このころ、陸軍中央の主要実務ポストの掌握と満蒙問題の武力解決などをめざしていた、永田鉄山ら一夕会メンバーが、ポスト掌握を実現しつつあった。たとえば、一九二九年（昭和四年）八月に岡村寧次が陸軍省補任課長に、翌年八月に永田が同軍事課長となっている。また同年九月、国家改造を標榜する橋本欣五郎らの桜会も結成された。そして、浜口の死の四日後、政友会筆頭総務の森格は、満州での「国力の発動」[137]を主張する満鮮視察報告を党幹部らの会合でおこなっている。一夕会の石原莞爾、板垣征四郎は、すでに前年一〇月に関東軍参謀として渡満していた。満州事変勃発は、浜口死去の約三週間後であった。

ちなみに、満州事変以降の日本の軍事発動について、一方で、アメリカ・イギリスに、ワシントン会議やロンドン海軍軍縮条約などにおいて不利な条件を強要されるなど、国際社会での行動に厳しい制約をうける状況に徐々に追い込まれるとともに、他方、中国のナショナリズムの高揚によって、日本にとって重要な意味をもつ、満鉄や遼東半島租借地などの満蒙権益が危機的な局面となり、そのような行動にでざるをえなくなったとの認識が、一般になお根強くある。それは当時の日本の大陸政策に肯定的もしくは批判的な立場をとわず、共通にみられる見解である。

しかし、これまでみてきたように、少なくとも浜口内閣は対米英協調と中国内政不干渉を外交政策の基本としており、浜口自身も、英米のみならず、中国国民政府とも協調が可能だとみていた。アメリカ・フーバー民主党政権、イギリス・マクドナルド労働党政権も、浜口内閣には基本的には協調姿勢をとっており、ロンドン海軍軍縮会議におけるアメリカの対応も、浜口内閣にたいして好意的なものであった。もちろん米英とも国内には様々な議論があり、日本にたいして強硬な主張も存在したが、大勢は政府の方向に同調していた。当時ほぼ中国全土を掌握していた国民政府も、公式には「革命外交」をかかげながらも、日本の軍事的介入を警戒し、その対日政策は実際にはきわめて慎重なものであった。また浜口内閣の対中政策を相対的に評価しており、よく言及される国民政府における満蒙権益の回収論についても、一般論のレベルで、政府内で具体的な政治日程にのせられていたわけではなかった。

このような事情は浜口辞職後の第二次若槻内閣においても同様で、したがって満州事変とそれ以後の日本の軍事的大陸膨張政策の展開は、さきのような見解とはまた異なる理由によるものであり、その点の検討はまた別の機会に果たしたいと思う。[138]

注

1 「施政方針に関する首相声明」『浜口雄幸集　論述・講演篇』（以下『論述・講演篇』と略）一三六頁。
2 「経済難局打開の使命」同一八三頁。「軍縮会議と我国の態度」同一九三頁。
3 『浜口雄幸集　議会演説篇』（以下『議会演説篇』と略）五七頁、一九七頁。
4 同六八八頁。
5 堀悌吉「昭和五年四月一日回訓ニ関スル経緯」『太平洋戦争への道』別巻、三八頁。「加藤寛治日記」『続・現代史資料』第五巻（みすず書房、一九九四年）九二頁。海軍軍令部作成（極秘）「倫敦会議交渉経過概要並米国提案の内容検討」『法学雑誌』一五巻四号二一七頁。
6 若槻礼次郎『明治・大正・昭和政界秘史』（講談社文庫、一九八三年）三五四―五頁。
7 大竹万里「資料・スティムソンとロンドン海軍軍縮条約」『人間環境学研究』四巻二号。
8 五百旗頭真「スティムソンと近代日本」猪木正道先生古稀祝賀論集刊行委員会編『現代世界と政治』（世界思想社、一九八八年）二一一頁。なお、ロンドン海軍軍縮問題など昭和初期のアメリカ側の動きについては、Raymond G. O'connor, Perilous Equilibrium: The United States and the London Naval Conference of 1930 (Lawrence, 1962). Robert Ferrell, American Diplomacy in the Great Depression: Hoover-Stimson Foreign Policy, 1929-1933 (New York, 1970)、参照。
9 入江『極東新秩序の模索』一〇頁以下。
10 『議会演説篇』八四頁。
11 同右。
12 同八八頁。
13 同六八八頁。
14 同一六一―一六二頁。
15 同六八〇頁。

16 同右。
17 同一九四頁。
18 同六六五頁。
19 鹿島平和研究所編『日本外交史』第一六巻（同、一九七三年）一一頁、一四一―二頁。
20 『議会演説篇』六八一頁。
21 同六六六―六六七頁。
22 『日本近代史事典』付表（九一六頁）、ポール・ケネディ『大国の興亡』（草思社、一九九三年）より。
23 堀悌吉「倫敦海軍条約締結経緯」『現代史資料』第七巻（みすず書房、一九六四年）八八頁、一九三〇年末。
24 『議会演説篇』一五七頁、一八〇頁。
25 同六八二頁。
26 同一五九頁。
27 同一五八頁。
28 同右。
29 同右。
30 同一九一頁。
31 同五七頁。
32 『帝国議会衆議院議事速記録』昭和五年四月二十六日。
33 『議会演説篇』五七頁。
34 『帝国議会衆議院議事速記録』昭和五年四月二十六日。
35 『議会演説篇』六二一頁。
36 同六七頁。
37 同一四五頁、一六〇頁。

38 同一八一頁。
39 同一九六頁、一四六頁、一六〇頁。
40 同一〇五頁。
41 同八二―八三頁。
42 同一四五頁。
43 同一九五頁。
44 同八一頁。
45 原田熊雄『西園寺公と政局』第一巻五六頁。
46 同五八頁。
47 『議会演説篇』一七〇頁。
48 同一九七頁。
49 同一七三頁。
50 同一七〇頁。
51 同一七三頁。
52 同六六二―六六三頁。
53 同六六三頁。
54 鹿島平和研究所編『日本外交史』第一六巻一一―一二頁、一四〇―一二頁。
55 『議会演説篇』六六五―六六七頁。
56 「回訓決定の件説明原稿」『論述講演篇』二五三―五頁。
57 『議会演説篇』六六九頁。
58 加藤寛治『倫敦海軍条約秘録』（私家版、一九五六年）一三頁。
59 『浜口雄幸　日記・随感録』三一四頁。

60 『議会演説篇』六六九頁。
61 原田熊雄『西園寺公と政局』第一巻二八頁。
62 『議会演説篇』六六九頁。「加藤寛治日記」『続・現代史資料』第五巻九三頁。
63 『議会演説篇』六六九―六七〇頁。「昭和五年四月一日回訓ニ関スル経緯」『太平洋戦争への道』別巻三一頁。
64 「岡田啓介日記」『現代史資料』第七巻六頁。
65 原田熊雄『西園寺公と政局』第一巻三二頁。
66 『浜口雄幸　日記・随感録』三一八頁。
67 堀悌吉「ロンドン会議請訓より回訓までの期間身辺雑録」『現代史資料』第七巻三七頁。
68 原田熊雄『西園寺公と政局』第一巻二六頁。
69 「岡田啓介日記」『現代史資料』第七巻四頁。
70 原田熊雄『西園寺公と政局』第一巻一八―九頁。
71 「回訓決定の件説明原稿」『論述講演篇』二五五頁。
72 『議会演説篇』六七〇頁。
73 「回訓決定の件説明原稿」『論述講演篇』二五六頁。
74 『議会演説篇』六七〇頁。浜口の「軍縮問題重要日誌」でも表現が少し異なるが同内容（『浜口雄幸　日記・随感録』四四六頁）。
75 「岡田啓介日記」『現代史資料』第七巻七―八頁。
76 「加藤寛治日記」『続・現代史資料』第五巻九四頁。
77 「岡田啓介日記」『現代史資料』第七巻八頁。
78 『議会演説篇』六七一頁。
79 「岡田啓介日記」『現代史資料』第七巻七頁。堀悌吉「ロンドン会議請訓より回訓までの期間身辺雑録」『現代史資料』第七巻三九頁、参照。

80　堀悌吉「ロンドン会議請訓より回訓までの期間身辺雑録」『現代史資料』第七巻三九頁。「加藤寛治日記」『続・現代史資料』第五巻九四頁。
81　堀悌吉「ロンドン会議請訓より回訓までの期間身辺雑録」『現代史資料』第七巻三九頁、参照。
82　「加藤寛治日記」『続・現代史資料』第五巻九四頁。
83　加藤寛治『倫敦海軍条約秘録』でも同様（同一八頁）。
84　同一九頁。
85　原田熊雄『西園寺公と政局』第一巻三五―六頁。
86　「昭和五年四月一日回訓ニ関スル経緯」『太平洋戦争への道』別巻四七頁。加藤寛治『倫敦海軍条約秘録』六二―三頁。
87　『奈良侍従武官長日記』第〇巻昭和五年五月二一日。
88　『東京朝日新聞』昭和五年年四月三日。
89　「岡田啓介日記」『現代史資料』第七巻八頁。
90　「昭和五年四月一日回訓ニ関スル経緯」『太平洋戦争への道』別巻二五―六頁。堀悌吉「ロンドン会議請訓より回訓までの期間身辺雑録」『現代史資料』第七巻三七頁、同「倫敦海軍条約締結経緯」『現代史資料』第七巻九〇―一頁、も参照。
91　原田熊雄『西園寺公と政局』第一巻六三頁。伊藤隆『昭和初期政治史研究』（東京大学出版会、一九六九年）二三六頁以下、二三七頁以下。小林龍夫「海軍軍縮条約」『太平洋戦争への道』第一巻一二一―二頁。
92　原田『西園寺公と政局』第一巻四〇頁。
93　加藤寛治『倫敦海軍条約秘録』三頁。同「幣原と会見」『続・現代史資料』第五巻四六五頁、参照。
94　島貫武治「国防方針、所用兵力、用兵綱領の変遷（下）」『軍事史学』第九巻第一号六六頁。
95　麻田貞雄『両大戦間の日米関係』一六一―二頁。なお、堀悌吉「倫敦海軍条約締結経緯」『現代史資料』第七巻八八頁、参照。

96 「加藤全権伝言」『太平洋戦争への道』別巻三頁。
97 ジョージ・ケナン『アメリカ外交50年』(岩波書店、一九九一年)八六頁以下。
98 拙稿「戦間期政党政治の国家構想と対中国政策」『思想』二〇〇二年二月号、参照。
99 浜口雄幸「財政の余裕と其処分問題」『太陽』大正一一年一月号。
100 加藤寛治『倫敦海軍条約秘録』五―六頁。
101 拙稿「戦間期政党政治の国家構想と対中国政策」『思想』二〇〇二年二月号、参照。
102 『森格』六七一頁。
103 『宇垣一成日記』(みすず書房、一九六八年)第一巻七七五頁。
104 『財部彪日記』昭和五年七月七日(国立国会図書所蔵)。
105 茶谷誠一『昭和戦前期の宮中勢力と政治』(吉川弘文館、二〇一〇九年)二二一―二二三頁。
106 「昭和五年四月一日回訓ニ関スル経緯」『太平洋戦争への道』別巻五五頁。加藤寛治『倫敦海軍条約秘録』六六頁。
なお、この時の海軍軍事参議官会議をめぐる動向については、関静夫『ロンドン海軍条約成立史』(ミネルヴァ書房、二〇〇七年)二八五―三六四頁、参照。
107 堀悌吉「倫敦海軍条約締結経緯」『現代史資料』第七巻九四―五頁。
108 その経緯については、田中宏巳「昭和七年前後における東郷グループの活動(一)」(『防衛大学校紀要』第五一輯、一九八五年)、参照。
109 『議会演説篇』六七五―六七六頁、六七八頁。
110 同六九四―六九五頁。
111 同六七四頁。
112 同六七二頁。
113 同六七六頁。
114 同六七四頁。

115 海軍省編『海軍制度沿革』第二巻二六〇頁以下。伊藤孝夫『大正デモクラシー期の法と社会』（京都大学出版会、二〇〇〇年）二二三頁。
116 「加藤寛治日記」『続現代史資料』第五巻九三頁。
117 「浜口雄幸日記」『浜口雄幸日記随感録』三五一頁。
118 『議会演説篇』六七四頁。
119 同六七三―六七四頁。
120 同六九五―六九六頁。
121 原田熊雄『西園寺公と政局』第一巻一三九頁。
122 伊藤之雄「浜口雄幸内閣と立憲君主制の動揺」『法学論叢』一五〇巻二号五頁。
123 原田熊雄『西園寺公と政局』第一巻一五九頁。
124 『東京朝日新聞』昭和五年九月一七日夕刊（浜口発言）。
125 原田熊雄『西園寺公と政局』第一巻一四五頁。なお、枢密院の条約批准決定の背景には、民政系貴族院議員の伊沢多喜男らが、枢密顧問官の説得に動き、その切り崩しにある程度成功していたこともあった（伊藤隆『昭和初期政治史研究』三四九―三五一頁）
126 『岡部長景日記』（柏書房、一九九三年）四三三頁。
127 『論述・講演篇』二二一頁。
128 浜口雄幸『随感録』（講談社学術文庫、二〇一一年。元版は一九三一年）五頁。
129 「人類文明の一新紀元」『論述・講演篇』二六五頁。
130 『議会演説篇』六六二頁。「強く正しく明るき政治」『論述・講演篇』二〇八―二一一頁。「ロンドン海軍軍縮条約批准に関する首相声明」『論述・講演篇』二五八―二五九頁。
131 「人類文明の一新紀元」『論述・講演篇』二六四頁。
132 「財政の余裕と其処分問題」『太陽』二八巻一号二四頁、大正一一年。

133 宇垣の国家総動員論については、川田稔編『永田鉄山軍事戦略論集』（講談社選書メチエ、二〇一七年）三二一―三二二頁、参照。

134 『議会演説篇』二八八―二九一頁。「戦後の経済問題」『論述・講演篇』三八五―三七六頁。第四四回帝国議会（一九二一年）衆議院予算委員会での浜口発言も参照。

135 浜口雄幸「敵よりも味方の利害」『日本及日本人』第七四五号五一頁。

136 北田悌子『父浜口雄幸』（日比谷書房、一九三二年）二九九―三〇〇頁。

137 『立憲政友会史』第七巻六四四頁。

138 『昭和陸軍全史』（講談社現代新書、二〇一四年）第一巻、参照。なお、その後の海軍の動向については、太田久元『戦間期の日本海軍と統帥権』（吉川弘文館、二〇一七年）参照。

第六章　浜口雄幸と永田鉄山

はじめに

浜口雄幸は、昭和初期に民政党総裁として内閣を組織し、戦前政党政治の内外政策を最も徹底して推し進めたとされる代表的政党政治家であり、永田鉄山は、同じく昭和初期の陸軍中堅幕僚層の中心的存在で、満州事変以降の陸軍を主導した人物の一人として知られている。

本章は、このような対抗的な立場にあった、浜口雄幸と永田鉄山の政治構想を、当時政治的に枢要な意義をもっていたと思われる、国家総力戦認識、国際連盟評価、対中国政策の問題に焦点をあてて比較検討し、それぞれの構想の歴史的意味を明らかにしようとするものである。両者の構想は、この三つの問題をめぐって極めて興味深い交錯を示しており、それがその後の歴史展開にとって重要な意味をもっていると思われるからである。

浜口は、一八七〇年（明治三年）高知県に生まれ、東京帝国大学卒業後大蔵省に入省。専売局長官から第三次桂内閣の逓信次官に就任、政界に転じた。その後、衆議院議員となり、立憲同志会、憲政会を経て、立憲民政党初代総裁に就任した。その間、蔵相、内相などを務めている。そして、一九二九年（昭和四年）七月、浜口民政党内閣を組織。首相在任中、金解禁や中国関税自主権の承認、ロンドン海軍軍縮条約の締結などをおこなった。しかし翌年一一月東京駅で銃弾を受け、一九三一年（昭和六年）四月総辞職。同年八月に死去した。満州事変の勃発はその三週間後であった。[1]

永田は、一八八四年（明治一七年）長野県に生まれ、陸軍東京幼年学校、陸軍士官学校、陸軍大学を経て、陸軍中枢に入った。その後、ドイツ・デンマークほか中欧駐在武官、陸軍省軍務局軍事課高級課員、同整備局初代動員課長等を歴任するとともに、一夕会など壮年・若手中央幕僚グループをリードし、陸軍中堅幕僚層の中核的存在となった。満州事変から満州国建国にかけての時期には、軍務局軍事課長という実務上もっとも重要なポストに就いており、また、五・一五事件から塘沽停戦協定をへて華北分離工作が本格化する時期、参謀本部第二部長、陸軍省軍務局長として陸軍中枢の要職にあった。しかし、軍務局長在任中の一九三五年（昭和一〇年）八月、執務室において刺殺された。[2] 二・二六事件は翌年、日中戦争突入はその翌年である。

ちなみに、一夕会（一九二九年発足）は、陸軍中央の主要ポスト掌握と、満蒙問題の武力解決などをめざしていた中堅幕僚グループで、永田はその指導的中心人物であった。一夕会メンバーは、会発足直後から目的実現に着手。満州事変直前には、陸軍中央および関東軍の主要ポストをほぼ掌握していた（陸軍省は、永田軍事課長、岡村寧次補任課長、鈴木貞一軍事課支那班長ほか。参謀本部は、東条英機動員課長、武藤章作戦課兵站班長、根本博支那課支那班長ほか。関東軍は板垣征四郎高級参謀、石原莞爾作戦主任参謀）。[3]

このような二人の政治構想とその射程を比較検討することは、歴史的に昭和初期政治外交の展開に新たな角度から光をあてるだけでなく、後述するように、現代にも示唆するところがあるのではないかと考えている。[4]

第一節　国家総力戦

1、永田の総力戦認識

よく知られているように、第一次世界大戦は、一九一四年（大正三年）七月から一九一八年（大正七年）一一月まで、四年半近くの長期にわたって続き、膨大な人員と物資を投入し巨額の戦費を消尽したのみならず、未曾有の規模の犠牲と破壊をもたらした。

そこでは、戦車、航空機など機械化兵器の本格的な登場によって、戦闘において人力より機械のはたす役割が決定的となった。したがって、戦争の性格も従来のものから大きく変化して、機械戦ともいうべき様相を呈することとなる。そこから、兵員のみならず、兵器・機械生産工業とそれをささえる人的物的資源を総動員し、いわば国の総力をあげて戦争遂行をおこなう国家総力戦となった。

したがって今後、近代工業国間の戦争は不可避的に国家総力戦となり、同時にまた、先進列強が相互に全面戦争にはいれば、第一次大戦と同様、その勢力圏の交錯や提携関係によって、長期にわたる世界戦争となっていくことが予想された。

永田鉄山は、そのような戦争の性格の変化について、次のように述べている。

戦争が、この「世界戦を一期としてどう変つたか」というと、まず第一に、「国民的性質」を帯びるようになり、「国力の全部を賭して争ふ」もの（「国力戦」）となったことである。今日のように「国民の総体の意思」が何らか国家の行為に反映されるような政治組織においては、戦争という重大な国家行為が、「国民の自覚」に基づかずに起こることはありえない。その意味で、今日の戦争は「国民的性質を帯びてきた」といえる。したがって、その当然の結果として、戦争が「極めて真剣」な、それゆえ「執拗」で「深刻」なものとなった。[5]

また、文明の進歩による科学技術、工業生産力の発達は、戦車・航空機などの各種「新兵器」の出現とその大規模な使用をうながし、さらに、通信・交通機関の革新によって、かつては思いもよらなかった「大軍」を、広大な地域にわたって随時に運用することが可能となった。そこから「戦争の規模」が格段に大きくなり、巨額の「軍需品」の供給を必要とし、各国は陸海軍のみならず「国家社会の各方面」にわたって戦争遂行のための動員、すなわち「国家総動員」をおこなわざるをえなくなったのである。[6]

しかも、政治経済関係の国際的錯綜によって、国家間の戦争は、「数国連盟の角逐」すなわち同盟関係にある数カ国が相互に角逐する大戦へと拡大していく趨勢にある。[7]

このように永田は、第一次世界大戦によって戦争の性質が大きく変化し、戦争の執拗化、深刻化を背景に、機械戦への移行、大軍運用による戦争規模の飛躍的拡大、膨大な軍需物資の必要などによって、国家総力戦となったことを認識していた。そして、今後、先進国間の戦争は、勢力圏の錯綜や国際的な同盟提携など国際的な政治経済関係の複雑化によって、世界大戦を誘発すると想定していた。

そこから永田は、将来戦争となった場合の対処への用意として、国家総力戦遂行のための準備とその計画、すなわち「国家総動員準備計画」の必要を主張する。

「往時の如く単に平時軍備に加ふるに、軍動員計画を以て戦時武力を構成し、これを運用したのみでは、現代国防の目的は達せられない。……必ずや更に進んで、苟も戦争力化し得べき一国の人的物的有形無形一切の要素を統合組織運用して……、茲に甫《はじ》めて国防施設の完備を称ふる事が出来るのである。換言すれば、国家総動員の準備計画なくしては、現代の国防は完全に成立しないのである」[8]。

つまり、従来のように、平時軍備と戦時の軍動員計画のみでは、今後の戦争には対応できず、大戦における欧米の総動員経験の検討からして、国家総動員のための準備と計画が必要だというのである。

永田によれば、国家総動員とは、次のようなものであった。

「国家総動員とは、有事の際に国家社会の全部を挙げて、平時の体制から戦時の体制に移り、さうして、国家が利用しうる有形無形、人的物的のあらゆる資源を組織し統合し運用いたしまして、最大の国家戦争力を発揮する事業である」[9]。

要するに、国家総力戦に対処するため、国のあらゆる人的物的資源を動員しようとするものである。そのために平時からその準備をおこない、「軍の需要を満たす」とともに、戦時期の「国民の生活を確保」するために、[10]必要な計画を策定しておかなければならないとされる。

国家総動員の具体的内実は、「国民動員」「産業動員」「交通動員」「財政動員」「その他の動員」からなっている。国民動員には、兵員としての動員や、産業動員・交通動員などのための人員の計画的配置がふくまれ、また、その他の動員としては、科学動員、教育動員、精神動員などがあげられている。[11]

永田は、さらに、この国家総動員のための平時における準備、すなわち「国家総動員準備施設」として、資源調査、不足資源の保護培養、総動員計画の策定、関係法令の立案などの必要を指摘し、ことに資源調査とそこから導かれる不足資源の確保、すなわち戦時にむけた資源自給体制の確保の問題を最重要視している。[12]

概略以上のように永田は国家総動員にかんする議論を展開しているが、そのほか彼が第一次世界大戦からどのような軍事的教訓をひきだしているか、国家総力戦の問題とかかわらせながら、もう少しみてみよう。

まず、大戦以降の戦争は、これまでとは異なり、「長期持久」となる場合が多いことを覚悟しなければならないという。

「方今の戦争は昔日のものと大に趣を異にし、長期持久に亘る場合が多いと覚悟しなければならず、……戦争の勝敗は経済的角逐に待つ所が甚だ大となつて来て居る」[13]。

現代の戦争は長期の持久戦となる可能性が高いため、経済力が勝敗の決定を大きく左右するというのである。

そのことは、例えば中国やロシアのように、現在軍事的には弱体と考えられている国でも、「潤沢なる戦用資源」をもち、他国から経済的技術的「援助」をうければ、持久戦のなかで徐々に大きな「交戦能力」を発揮するようになりうることを意味する。しかも、交通機関の発達により「世界は日一日と縮小」されている観があり、国際関係もますます「複雑」となり「紛糾を極め」、その急変も測りがたい。それゆえ、「敵に遠近なく」、随時にまた随所に敵対者が発生することを予想しておかなければならない。したがって、一般の議論のなかには、「支那恐るるに足らず露国また昔日の［強国］露国にあらず」として、中国の混乱する現状や、ロシアの近年の弱体化などから、兵備の改善強化に消極的な意見もあるが、それは現下の「世界の大勢」を認識していないものである。従来のように近隣諸国の事情や仮想敵国の観念にとらわれて国防方針を決定しようとするのは妥当ではなく、「世界の何れの強国をも敵とする場合ある」ことを予想しておかなければならない[14]。こう永田は主張している。

もちろん、世界の何れの強国をも敵とする、といっても、一国ですべての強国を敵とする可能性を考え、それに備えよと主張しているわけではない。そのようなことが不可能なことはいうまでもない。「数国連盟の角逐」すなわち同盟・提携関係の存在（日本ももちろんその中にふくまれる）を前提に、たとえば、国際関係や戦局の展開によっては、アメリカ・イギリスなどの強国でも敵側となる可能性があり、それに対応しうる準備が必要だということを含意しようとしているのである。

なお、ここで注意しておきたいのは、中国など近隣の弱国といえども、豊富な資源、支援国からの経済技術援助などによって交戦能力を増大させうること、また、それらの国との戦争が、同盟・提携関係によって有力諸国との戦争へと拡大していく可能性があることを指摘している点である。永田自身が強くコミットすることとなる、のちの日中関係の歴史的展開を考えるとき、示唆的なものがある。

このように世界の強国との長期持久戦をも想定するとすれば、永田のみるところ、帝国の版図内における国防資源は極めて貧弱であり、「成るべく帝国の所領に近い所に此の種の資源を確保」[15]しておかなければならない、と考えていた。この不足資源の確保・供給先として、永田は満蒙をふくむ中国大陸の資源を念頭においていたが、この点は彼の中国論と関連するので後述する。

次に、永田は、大戦において、戦車、飛行機、大口径長距離砲など新兵器、新軍事技術によって「物質的威力」が飛躍的に増大し、それへの対応が喫緊の課題として迫られることとなるとみていた。

「二〇世紀に於て長足の進歩を遂げた科学工芸の精髄は、世界大戦に於てあらゆる兵器となつて現はれてきた。飛行機・自動車・『タンク』・毒瓦斯・軽機関銃・火炎放射器・擲弾銃・煙幕・大口径火砲、各種電気通信等が其例である」[16]。

これらの新兵器はきわめて強大な破壊力を有し、その物質的威力にたいしては、旧来の兵器のままでは、いかに十分な訓練を受けた優秀な将兵でも、まったく対抗できない。新兵器など装備の改良とそれに対応する軍事編制の改変、「威力大なる兵器の多数採用」すなわち強力な兵器の大量配置によって、「軍の物質的威力の向上利用」を図らなければならない。この点を軽視すれば国防上取り返しのつかないこととなる。

ことに飛行機の進歩とその広範な利用は、軍の編制・装備・戦略などを一変し、飛行機の数・性能が戦いの行方を左右することとなってきた。また戦車も、歩兵の戦闘ことに堅牢な陣地の攻撃に必須の兵器として不可欠なものとなってきている。[17]

このように永田は、大戦における兵器の機械化、機械戦への移行を認識しており、それへの対応が国防上必須のことだと認識していた。

だが、このような新兵器の採用とそれらの大量配置、それに対応する装備の充実など、いわゆる軍備の機械化・高度化をはかるには、それらを開発・生産する高度な科学技術と工業生産力を必要とする。ことに戦車、航空機、各種火砲とその砲弾など、莫大な軍需品を供給するために「如何に大なる工業力を要するか」は、容易に想像しうるところである。実際に大戦中欧米各国は「工業動員」「産業動員」をおこなって、「あらゆる工業を戦争に利用する」ことに「絶大の力」を用いた。このように、すべての工業は軍需品の生産のために、ことごとく転用可能である。したがって、一般に「工業の発達すると否とは国防上重大な関係」がある。[18] そう永田は考えていた。

では、日本の工業生産力は、そのような観点からして、どうであろうか。

まず、飛行機、戦車など最新鋭兵器の保有量そのものについてみると、大戦休戦時、飛行機は、フランス三二〇〇〇機、イギリス二〇〇〇〇機、アメリカ八〇〇〇機（在ヨーロッパのみ、本国では二万機製作）、ドイツ二六五〇〇機にたいして、日本約一〇〇機。欧米各国と日本との格差は、二〇倍から三〇倍である。この点について永田は、「列強に比し問題にならぬほど遅れて居る」状況にあり、「寔《まこと》に遺憾の極み」だという。ちなみに、永田が挙げている昭和七年段階の数字では、陸軍所属飛行機が、アメリカ一六六〇機、イギリス一五〇〇機、フランス三〇〇〇機、ソ連一六〇〇機にたいして、日本六〇〇機となっていた。戦車は、同年、アメリカ一〇〇〇輌、イギリス二二〇〇輌、フランス一五〇〇輌、ソ連五〇〇輌にたいして、日本四〇輌である。その格差は歴然としている。[19]

日本を含めた各国の工業生産力比較、国力比較については、永田は直接には言及していない。だが、「軍需工業品の生産力」の例示として、大戦時砲弾日製量の英仏独露比較をおこなっている。それによると、砲弾日製量ピーク時の一九一七年中期において、ドイツ四五万トン、フランス三〇万トン、イギリス三〇万トン、ロシア一〇万トンである。これにたいして、日本に関しては、日露戦争全期間での日本軍の砲弾使用量が約一〇〇万発であった（これは当時の砲弾生産力の限界に達したとされている）のに比し、大戦において独仏英がわずか一日に使用した砲弾数でさえ三―四〇万発であったことを示し、間接的に、その驚くべき劣位を明らかにしている。しかも、大戦でのロシアの敗因について、先の比較から、「軍需工業生産力頗る低く」、主としてそれによる「兵器弾薬の不足に起因」したものだと指摘しているのである。[20]その言わんとするところは明らかであろう。

永田は、欧米列強との深刻な工業生産力格差をはっきりと認識し、国家総力戦遂行能力において大きな問題があると考えていたのである。

ちなみに、一九二〇年（大正九年）に発表された、臨時軍事調査委員『物質的国防要素充実に関する意見』[21]（陸軍省）においては、大戦開始前一九一三年時点での日本を含め各国の工業生産力比較がなされている。それによると、たとえば、製鋼額で、日本二六万トン、アメリカ三七一五万トン（日本の一二五倍）、ドイツ一八八九万トン（七四倍）、イギリス六九〇万トン（二七・四倍）、フランス四二五万トン（一七倍）。鋼材需要額で、日本八七万トン、アメリカ二八四〇万トン（三二・五倍）、ドイツ一四五〇万トン（一六・四倍）、イギリス四九五万トン（五・七倍）、フランス四〇四万トン（四・六倍）であった。総力戦遂行能力の観点からすれば極めて深刻な格差である。

臨時軍事調査委員の一員として永田も当然この数字は承知していたであろう（おそらく分掌関係など様々な考慮から、この数字への直接的言及を避けたものと思われる）。

この深刻な工業生産力格差の認識から、永田は、平時においては、「国際分業の流通経済に依て有無相通を図り国富を増進する」必要があると判断していた。だが他方、戦時への移行プロセスにさいしては、国防資源の「自給自足」体制が確立されねばならないとの考えであった。[22]すなわち、平時は、国家総力戦の物的遂行能力を欧米列強レベルにまで高めるためにも、「国富の増進」とりわけ工業生産力の飛躍的強化が必要である。それには国際間のある程度の分業関係を前提とした経済や技術の交流が必須で、欧米や近隣諸国との関係も友好的かつ密接にしていかなければならない。したがって外交的には国際協調を重視することとなる。だが、実際に戦争が予想される事態となれば、国家総力戦遂行に必要な物的資源を持続的に供給しうる、いわば「自給自足」の体制をとることが必須となる。とりわけ不足資源の確保の方策、具体的には、後述するように、軍事的手段を含め中国大陸の資源確保の方策をとらなければならない。これが永田の基本的な姿勢であった。

2、原・浜口の総力戦認識

第一次大戦末期、最初の本格的な政党内閣を率いた原敬も、大戦が、歴史上かつてない大規模な戦争であり、そこにおいて航空機や戦車などさまざまな新兵器が全面的につかわれる機械戦となったこと、しかも全列強諸国が膨大な人力と資源を投入し、国の総力をあげて長期に戦闘を継続する、国家総力戦となったことを十分認識していた。

「今回の戦争ほど大規模にして且つ世界的なるものは古来未だ曾てあらざりし所にして、……列強悉く皆此戦争に参加し、……人知人力を尽し、あらゆる文明の利器を用いて実戦に従事しつつあるは何人も熟知せる所なり」[23]。

原は、これからの戦争は国家総力戦とならざるをえないととらえており、「此大戦の教訓は兵力のみにては結局目的を達すべきに非らず、国力の充実もつとも必要」との判断をもっていた。軍事技術上も、ことに航空機の役割に注目し、「航空隊は大いに拡張するの必要あるべし」との意見であった。[24]

浜口もまた、大戦終結後も「工業動員の準備は必ずや之を怠るべからず」として、今後の戦争は国家総力戦となるとの認識をもっていた。

「工業動員の準備は必ずや之を怠るべからず。之が為めには工業の組織を充実せしむることが大に必要である。これ実に経済発展の要訣であり、同時に万一の場合に処すべき用意でなければならぬ」[25]。

もし戦争となった場合には、工業動員が必要であり、そのためにも経済発展、工業生産力の上昇をはかり工業組織を充実しておかなければならないというのである。

そして、それには「外国貿易を盛んにするに如くはない」[26]との考えであった。総力戦にさいしては、工業動員をおこなわなければならないが、その前提として、総力戦に耐えうる充実した工業組織、それを支える経済発展が必須であり、それには国際的な経済交流、通商・投資の増大をはからなければならない。このような外国貿易の興隆によってはじめて国民経済全体の生産力が上昇し、より高度な工業動員が可能になるとの見地が、浜口のスタンスであった。

第二節　国際連盟

1、浜口と連盟

しかし他方、原や浜口は、戦争抑止の観点から、次期大戦の防止を主要目的として創設された国際連盟の存在とその役割を重視していた。

原は、パリ講和会議参加にあたって、米大統領ウイルソンから提唱された、国際的な平和維持機構としての国際連盟について、「進んで主義上の賛成を表すべし」との方針を示し、また連盟創設に際しては常任理事国の一員となることを決定した。

原はこう考えていた。世界大戦は、「約一千万の壮丁を喪ひ、之に不虞廃疾者を加ふれば二三千万に達する」膨大な人的犠牲と、広範囲にわたる深刻な物的破壊をもたらし、莫大な財を「人類の幸福を破壊する戦乱闘争」のために消尽した。国際連盟は、このような「未曾有の大惨劇」の経験から、次期大戦を防止するための、「世界の平和を強制する」国際機関として生み出されたものである。世界は戦後、平和を志向する動きが国際的にも拡大しているが、しかし今後「何時如何なる機会」に人類は「再び擾乱の惨禍」に陥らぬとも限らない。「世界平和」を鉄則とし「戦争防止の為め凡ゆる規定を設けた」国際連盟が設立されたのは、そのような事態を招来しないがためである。連盟規約は「世界の大憲章」ともいうべきものであり、日本も「国際連盟の幹部」すなわち常任理事国として、その基本理念の実現に積極的に寄与し、世界の永久平和に貢献しなければならない、[27]と。

周知のように、欧米列強諸国にとっても次期大戦の防止は切実な課題であり、ナショナル・インタレストの観点からしても必須のことと考えられていた。大戦の経験から、ふたたび同様な世界戦争が起きれば、前回をはるかに超えるレベルで、新鋭の大量破壊兵器を大規模に使用する長期の総力戦となり、それは、これまで欧米社会が築き上げてきた文明を根底から破壊する可能性があると予想されていた。そのような事態は、列強諸国にとっても、そのよってたつ基盤である西欧文明を壊滅させることによって、ナショナルな利害そのものを無意味化するものであり、国家理性の観点からしても回避しなければならなかったからである。

「これから先に起こる［第一次大戦後の］戦争では、何千という兵士たちが電話一本で機械の力によって殺され息の根を止められ、一方、女性や子供や一般市民全体が殺されることになるだろう。そしてそれぞれの国に、大規模で限界のない、一度発動されたら制御不可能となるような破壊のためのシステムを生み出すことになる。人類は初めて自分たちを絶滅させることのできる道具を手に入れたのだ」[28]（チャーチル）。

国際連盟は、そのような次期大戦の防止を最優先の課題として設立された国際機関であった。[29] 連盟規約は、その観点から、国際紛争の平和的解決を義務化し（紛争当時国間で合意に達しない場合は、連盟が裁定・勧告する）、そのような規定に反する戦争を原則的に禁止するとともに、その違反にたいしては共同の制裁処置を定めた。それは、大戦の教訓から、連盟による一定の法的規制力によって、国際紛争の平和的解決をはかり、国家間の戦争を防止しようとするものであった。連盟についてその後の歴史的経過からさまざまな批判がなされているが、にもかかわらず、それは国際紛争を解決する手段としての戦争を原則として禁止する、いわゆる戦争違法化への第一歩を踏みだしたものであった。[30]それは、不戦条約、国連憲章へと受け継がれていく。

連盟創設について、一般には、ウィルソンの理想主義による面が強調されがちであるが、他面、このような国家理性に基づく極めて現実主義的な判断によるものでもあった。むしろヨーロッパ諸国にとっては、そのような判断が主要なファクターとなっていた。[31]

原にとっても、このような国際連盟の存在は、国際社会とりわけ東アジアの安定を不可欠とする自らの国家構想からして、戦争抑止の観点から重要な意味をもつものであった。

周知のように原は、大戦末期政権を掌握すると、対華二一ヶ条要求など軍事的政略的圧力によって大陸での勢力圏拡大をはかろうとした旧来の外交政策を転換し、中国内政不干渉と対米英協調を軸とする国際的平和協調に外交方針の基本を設定した。そのことは将来の国家発展の方向として、基本的には、軍事力による植民地・勢力圏の拡大ではなく、産業発展によって国際社会とりわけ中国での経済的市場競争力、国際的な経済競争力を強化し、そこでの通商・投資の拡大をとおして国民経済の充実をはかり、国民生活の安定、国際的地位の確保を実現しようとするものであった。[32]

それには、国際社会とりわけ東アジアの安定が何よりも不可欠だったのである。その観点から、世界の平和的安定の永続、その意味での「世界の永久平和」、全世界の「脅威」となるような「戦争」を「絶滅」させることは、原にとって、たんなる人道主義的な理想ではなく、日本のナショナル・インタレスト、国家理性からしても必須のことでありに追求さるべきことであった。そのような見地から、連盟にたいして、「日本としても其基礎の強固ならんことを希望して止まざる」ものとの姿勢を示していたのである。[33]

浜口もまた、早くから、大戦は「全世界の人類に未曾有の惨禍」をもたらし、その教訓から、国際連盟が「人類永久の平和を目的」とする「世界人類最初の試み」の機関として創設されたとの認識をもっていた。したがって、もしそれが機能しなくなれば、「世界を挙げて一大修羅場たらしめ、人類の不幸は此上もない事になる」可能性があると考えていた。[34]その意味で浜口は連盟について、世界の安全保障システムとして次期大戦防止のため重要な役割を担っており、国際社会の安定にとって枢要なものとして位置づけていた。

浜口にとっても、原と同様に、このような目的と役割をもつ連盟の存在は、国際社会なかんずく東アジアの安定の維持の観点から、重要な意味をもつものであった。

一九二九年（昭和四年）、民政党総裁として政権についた浜口は、原が設定した、中国内政不干渉による日中親善、対米英協調という外交政策を継承し、中国の関税自主権の承認、ロンドン海軍軍縮会議への参加など、対米英協調と中国内政不干渉を中心とする国際的な平和協調路線をおしすすめた。

それとともに、経済政策においては、金解禁や産業合理化政策によって、通商・投資環境の安定化と国民経済の国際競争力の一層の強化をはかり、さらなる産業発展を実現しようとした。そのことによって、非軍事的なかたちでの、経済的競争による市場拡大、とりわけ中国での通商・投資両面での輸出市場の拡大をはかり、日本経済の発展と国民生活の安定を実現しようとしたのである。[35] これらの政策を遂行し、それをベースに日本の長期的発展をはかっていくには、国際社会とりわけ東アジアにおける平和維持、そこをめぐる国際環境の安定が必須であり、それが彼の全政策体系の実現の前提となっていた。[36]

このように浜口の構想にとっても、国際社会とりわけ東アジアの安定と平和の維持は不可欠の前提条件であり、その観点から、国際連盟の存在とその平和維持機能は、重要な意味をもつものとして位置づけられていた。

それゆえ浜口は、首相就任時の声明において国際連盟に論及し、現在の日本の国際的位置からして、その活動に積極的に協力し、「世界の平和と人類の福祉」とに貢献することは日本の「崇高なる使命」だとして、連盟重視の姿勢を示した。

「今日帝国の列国間に於ける地位に顧み、進んで国際連盟の活動に協戮し、以て世界の平和と人類の福祉とに貢献するは我国の崇高なる使命に属す。政府は国際連盟を重視し、其の目的の遂行に鋭意努力せむことを期す」[37]。

浜口は、このように国際社会と東アジアの安定と平和維持の観点から、国際連盟の役割を重視していたのである。

いうまでもなく連盟は、旧来からの単なる大国間協調とは異なるレベルの、一定の強制力を伴うまったく新しい型の集団的安全保障システムであり、浜口自身も、大国間協調としての対米英協調と、連盟重視とは、重要な関連をもつが性質を異にする問題として区別して論じおり、そのことは充分承知していた。

そのような見地から、かねて連盟規約第八条（軍備縮小規定）との関連でも議論されていた軍縮問題について、組閣当初から、単に軍事費の削減や対米英協調の面からのみならず、連盟の課題につながる平和構築の観点からも積極的に対応しようとしていた。

「各国が一律に軍備縮小を行うふとにありますれば、国防の安固を害することなく、国民負担の軽減を期することが出来るのでありまして、同時に世界平和の保障は一層強固を加ふる次第であります」[38]

そして、組閣後まもなくロンドン海軍軍縮会議への参加を決定した。浜口は、ロンドン会議を、陸海空それぞれの軍備縮小をめざした、国際連盟の軍備縮小会議準備委員会（一九二六年ジュネーブ開催）の課題を引き継いだものと位置づけていた。そして、そもそも「軍備縮小の実現」は、連盟の「重要なる使命」の一つだとの考えであった。

浜口のみるところ、大正九年（一九一九年）の国際連盟加盟、翌年のワシントン会議への参加、さらには今回のロンドン軍縮会議も、国際的な「軍備縮小」によって「世界平和の確立」に貢献するためであった。ワシントン会議当時においても、その目的は、各国民の「負担の軽減」とともに「平和の確立」にあると浜口は考えていた。[39]

すなわち、浜口において軍縮は、財政的観点や対英米協調のみならず、連盟を軸とする世界の平和維持との関係を強く意識したものであったといえよう。（この点は、後述する永田との対比において興味深いところである）。

ロンドン会議に関して浜口は次のように述べている。

「本条約が、その目的たる競争的軍備に伴ふ危険を防止し、かつ国民負担の軽減を計るものたるは言をまたざる所なるも、吾人が特に祝意を表する所以のものは、……［列強間の］相互信頼を増進せしめ得るのみならず、更に進んでは、一層効果ある平和事業の完成をも企図し得べしと信ずるがためである」[40]。

このように浜口は海軍軍縮によって、国民負担を軽減するとともに、国際協調をより安定的なものとし、さらには「競争的軍備に伴ふ危険」を防止することによって「世界平和の保障」をいっそう強固なものにしたいとの姿勢であった。

なお、首相就任直後、不戦条約の発効にさいして浜口は、それを平和構築の観点から重要な意味をもつものと位置づけ、「世界平和のため人類幸福の上に慶賀に堪へざる」ところであり、各国が「国家政策遂行の手段としての戦争放棄を永遠に遵守して世界平和の実を挙げん」ことを「衷心より希望する」との談話を発表している。[41]

周知のように、不戦条約は、昭和憲法第九条第一項「戦争放棄」規定の原型となったもので、「国家の政策の手段としての戦争を放棄する」ことを規定していた。この条約は、国家政策の手段としての戦争を違法なものとして禁止し、国際連盟規約において本格的な第一歩をふみだした戦争違法化の方向をさらに進めたものであった。[42]

このような浜口の平和維持の観点からする連盟重視の姿勢は、ロンドン海軍軍縮条約締結への彼の態度ともかかわっていた。

よく知られているように、条約締結をめぐって、補助艦総トン数対米六割九分七厘五毛、一万トン級八インチ砲大型巡洋艦対米六割、潜水艦日米均等五万二七〇〇トンの条約案でやむをえないとする浜口と、当初の日本側の主張である三大原則（総トン数対米七割、大型巡洋艦対米七割、潜水艦現有量七万八五〇〇トン保持）は譲れないとする加藤寛治海軍軍令部長とが対立し、大きな政治紛争に発展した。

加藤軍令部長は、日米必戦論の見地、日米戦争は不可避との判断から、三大原則の実現は不可欠であり、国家の安全保障が対米英協調や財政的考慮に優先すると主張した。だが、浜口が条約締結を決断したのは、対米英協調と財政上の理由からだけではなかった。浜口自身、安全保障の観点からみても、締結された協定の兵力量で、「帝国の国防は極めて安固である」との判断に立っていた。[43]

この問題にかかわる浜口の認識と姿勢は次のようなものであった。

日本は、「世界平和の確立」という国際連盟の趣旨に賛同し、その目的から、ワシントン会議にも参加した。その後、連盟の軍備縮小の課題を引き継ぐかたちで、ロンドン海軍軍縮会議が開催された。したがって、ロンドン海軍軍縮条約の成立は、国民負担の軽減とともに、「世界の平和を確立」することに多大な「貢献」をなすこととなった。

しかも、先に締結された不戦条約は、「戦争を絶対に否認したるもの」であり、この条約に違反するものは「全世界を敵とする」ことになる。その場合、世界の各国は「侵略せられたる国」を援助するであろうし、条約違反国の行動を傍観することはないであろう。[44]

このように浜口は、世界の平和維持という国際連盟の役割を重視し、ワシントン会議、ロンドン会議などもそのような連盟の役割と関連させて位置づけ、同様の観点から不戦条約成立の意味も積極的に評価していた。すなわち、浜口においては、国際連盟規約、ワシントン海軍軍縮条約、九カ国条約、四カ国条約、不戦条約、ロンドン海軍軍縮条約などの多層的多重的条約網の形成による平和維持システム、戦争抑止システムの構築が、極めて意識的に追求されており、そのことは明らかに安全保障の問題とかかわっていた。

つまり、安全保障の問題について、浜口は、国際的国内的諸条件の総合的な判断から、自国の軍事力のみならず、国際連盟の存在と、軍縮や平和維持に関連する多層的多重的な条約網の形成による平和維持システム、戦争抑止システムの構築によって対処すべきだし、対処可能だとの観点に立っていたのである。[45]

当時、第一次世界大戦の経験によって、今後、先進国間の全面戦争は、膨大な人員と物的資源を投入した長期の総力戦となり、それゆえ、そのコストや犠牲はどのような戦争目的をも超えるものとなることが明らかとなっていた。[46]したがって、応戦能力と国力が一定のレベルに達していれば、その点から対外的に戦争抑止の効果があると考えられていた。浜口も、対米軍備は一種の抑止的な効果のレベルに達していれば、外交・財政を含めた総合的な見地から、それで可としなければならないと判断していたのである。

それゆえ、浜口と加藤軍令部長との対立は、よくいわれているような、財政的見地と軍事的観点との対立、政党と軍部の統帥権をめぐる対立であるのみならず、じつは安全保障の方法をめぐる対立でもあった。加藤の日米必戦論に対して、浜口は、総力戦的な観点からみて抑止効果をもちうる一定の軍備と国力を備えていれば、国際連盟および不戦条約などの多層的多重的な条約網によって、戦争は抑止可能であるし、抑止しなければならないとの認識と判断であった。いわば戦争抑止論の立場にたっていたのである。

それが日本のとるべき道だ、とするのが浜口の決意であったといえよう。

2、永田の連盟評価

これにたいして永田鉄山は、今後も戦争は不可避的なものと考えており、国際連盟の有効性について否定的な判断をもっていた。

まず、大戦後の実際のヨーロッパ情勢において、「戦争の原因」は、なお「除去されて居らぬ」と、永田はみていた。ドイツは、全面的な軍事的敗北によるというよりは、全面的な破滅から自国を救い、将来の再起を期すために講和を結んだ。その意味で「国家の生存発達に必要なる弾力」を保存しつつ、「大なる恨み」を残して平和の幕を迎えたといえる。ドイツの「軍国主義」「外発展主義［対外膨張主義］」などは、「民族固有のもの」もしくは新興国としての「国家の境遇に基づくもの」であり、またイギリスやアメリカの「自由主義」「平和主義」も、一面彼らの「国家的利己心に基づく主張態度」である。したがって将来なお久しきにわたって互いに「角逐抗争する」ことは免れない状況にあり、ヨーロッパでの「紛争の勃発」は、時期の問題はともかく、不可避的なものである。[47]

永田は、大戦後の欧米の国際情勢をこう捉えていた。

では、彼は国際連盟をどうみていたのであろうか。永田自身、連盟が「欧州大戦の恐るべき惨禍」の教訓から、戦争の防止、世界の平和維持のために創設された組織であることは充分認識していた。

永田はいう。国家間の「紛争を平和的に解決する」ため、国際連盟は組織された。連盟は、加盟国に「戦争回避の義務」を負わせるなど、諸国民間の協調を推進し、その協力によって、世界の「平和と安全とを保障」しようするものである。すなわち、連盟は、国際社会をいわば「力」の支配する世界から

「法」の支配する世界へと転換しようとする志向を含むものである。そのことは、理念として、国際社会における原則の転換をはかり、国際関係に規範性を導入しようとする試みだといいうる。永田は連盟をそのような意義をもつものと位置づけていた。

だが、永田のみるところ、問題は、連盟の定める「実行手段」が、果してその標榜する理念を達成しうるかどうかにあった。

これまでの国際公法や平和条約は、それを権威あらしめる制裁手段すなわち「力」を全く欠いていた。それに比して国際連盟は、「平和維持」のための「法の支配」を基本原則とし、法の擁護者としての「力」の行使をも認めている。したがって、連盟が、制裁手段として「協同の力」を認めた点は、従来の国際公法や平和条約などに比して「一歩を進めた」といえる。だが、にもかかわらず、その「力」は、大なる権威をもって加盟各国に連盟の決定を強制しうる性質のものではなく、その意味で国家をこえるような「超国家的なもの」ではない。連盟は「国際武力の設定」に至らず、紛争国にたいして、その主張を「枉《ま》げさせる」にたる権威をもたない。したがって、連盟の行使しうる戦争防止手段はその実効性と効果において大いに疑わしい。そのような超国家的権威をもたない連盟は、世界の平和維持の「完全な保障たり得ない」といわざるをえない。永田はそう考えていた。[48]

このように国家間における紛争の要因は、先の大戦によって取り除かれたとは思えないし、またそのような紛争が起こった場合、それを平和的に解決する手段や方法について根本的には解決されていない。したがって、今の平和は、むしろ「長期休戦」とみるのが安全な観察であって、「永久平和の端」などと考えるのは危険である。[49] こう永田は結論づけるのである。

さらに、永田は、一九世紀以降における日米英露独仏伊など「世界列強」九カ国の対外戦争についての検討から、戦争波動論ともいうべき特徴的な認識をもっていた。

すなわち、その検討から、「歴史は事実に於て、戦争と平和との頻繁な交錯に外ならない」とし、一九世紀以降、世界を通じて観察すれば、「平和時代と戦争時代とが、波をうつて居る」、すなわち戦争と平和が波動的に生起しているのが実情だというのである。永田によれば、各国平均の戦争間隔年数は約一二年、戦争継続年数は約一年八ヶ月であり、その期間はともかく、戦争の波動的生起にたいして、ある種の周期性、歴史的規則性が想定されていた。したがって今後も、戦争の波動的生起の可能性は充分にあると考えられていたのである。[50]

もちろん永田においても、戦争を積極的に欲していたわけではなく、平和が望ましく、永久平和の実現が理想であるとの見地に立っていた。だが、連盟の創設によっても、その実現は不可能で、前述した大戦後の国際情勢における戦争再発の可能性や、戦争の波動的生起にたいして歯止めをかけることはできず、その意味で「戦争は不可避」である。そう永田は考えていた。「全世界をしてあの惨禍に戦慄させた欧州大戦も、それを最後として地球上から戦争を根絶させるほどの役には立たなかつた」、というのである。[51]

したがって、内外での軍縮の動きについても、それが軍縮によって平和を促進しようとするものなら、「木に縁りて魚を求むる」たぐいの、目的にたいして方法を誤るものといわざるをえない、と永田はみていた。国際紛争の原因が除去され、国際関係が正義によって厳格に律せられる世界が現出しないかぎり、「平和目的の為に軍縮を策する」ことは、「順序の転倒」である、と。永田は、軍縮の実施によって、「財政的に利益を齎す」すなわち国家財政上の軍事負担を軽減することの意味は認めていたが、浜口のような、軍縮を平和促進に有意味的に位置づける考え方には、はっきりと否定的であった。[52]

このように永田は、大戦後における平和維持を希求する動きの高まりにもかかわらず、国際紛争の要因は除去されておらず、国際社会は今後も戦争を防止することは不可能と考え、いわば戦争不可避論の見方にたっていたのである。「崇高なる思念に立脚する平和運動」に対しては、「満腔の敬意」を払うに吝《やぶさ》かでないが、「国防軍備を軽視閑却するが如きは、断じてこれを排撃せねばならぬ」。[53]これが永田の姿勢であった。

第三節　中国認識

1、永田の中国論

このように永田は、戦争波動論的な認識と、連盟の実効性には根本的な問題があるとの判断から、戦争は不可避だとみており、そのための国家総動員の準備計画の必要性を主張していた。ただ、前述のように、日本の工業生産力は欧米に比して低位にあり、国際間の経済交流・技術交流によって工業生産力全体の上昇をはかる必要があると永田は考えていた。したがって平時においては、外交的には国際協調の方向が志向されていたのである。

しかし、永田にとって戦争は不可避的であり、戦争の現実的可能性が切迫してくれば、国家総動員の観点から各種軍需資源の自給体制が求められることとなる。だが永田のみるところ、帝国の版図内における国防資源は極めて貧弱であり、自国領の近辺において必要な資源を確保しておかなければならないとの判断をもっていた。この不足資源の供給先として、永田においては、満蒙をふくむ中国大陸の資源が強く念頭におかれていたのである。

永田は、主要な軍需不足資源のうち、特に「支那資源に関係深きもの」について検討をくわえた、『主要軍需不足資源と支那資源との関係一覧表』[54]を示している。その一覧表では、品目として、鉄鉱、鉄、鋼、鉛、錫、亜鉛、錦、水銀、アルミニウム、マグネシウム、石炭、石油、塩、羊毛、牛皮、綿花、馬匹、の一七品目の重要な軍需生産原料をとりあげ、それぞれについて、軍事用の用途、帝国内での生産の概況、「満蒙」「北支那」「中支那」の各地域で利用しうる概算量、それぞれの資源の需給にかんする観察、が記されている。ちなみに、この一七品目は重要な軍需資源をほとんど網羅している。

その内容をもう少し詳細にみてみよう。

まず、鉄鉱について。本土で七万トン、朝鮮で三五万トン産出し、百数十万トンを中国などから輸入している。満蒙において産額は多くはないが埋蔵量すこぶる多く、十万トンから数十万トンの生産計画がある。北支は産額相当にあり、中支もすこぶる多い。したがって観察として、「資源豊富にして且つ近き支那に之を求めざるべからず」としている。

銑鉄は、本土五七万トン、朝鮮一〇万トン産出。米英独などよりの輸入四〇万トン。鋼鉄は、百数十万トン産出。米英独などよりの輸入五〇万トン。外地では、銑鉄は満州の鞍山製鉄所、鋼鉄は朝鮮の兼二浦製鋼所を主とする。「満鮮に製銑・製鋼設備の新設拡張をなすことが極めて肝要」、との観察が記されている。

これら鉄鉱、銑鉄、鋼鉄の軍事上の用途は、武器・弾薬のほか各種器具・機械用である。

石炭は、三千数百万トン産出するが、優良炭に乏しい。輸出入量間での大差なく、中国・仏領インドシナなどよりの輸入量が大きい。満蒙、北支、中支ともに、産額すこぶる多く、優良炭は、北中支に多い。「戦時不足額は殆んど満蒙及北支那のみにて補足し得るが如し。優良炭の一部は中支那より取得するを要すべし」との観察である。石炭の用途は、動力・熱発生源で、毒ガス原料でもある。

この四者は、軍需資源としては最も需要かつ大量に必要とするもので、すべて満蒙、中国北中部での確保が考えられていることは、注意すべきである。

そのほか、鉱物資源としては他に、鉛・亜鉛・錫は中支那の湖南省、錫は南支那、水銀は中支那湖南省および南支那の貴州省、アルミニウム・マグネシウムは満州などが、供給可能地域として挙げられている。

石油についても、飛行機・自動車・船舶の燃料として、表中に記載されている。帝国内百数十万石産出で、七百万石が輸入され、米国よりの輸入が最大である。満蒙で撫順頁岩油八五万石生産予定の他は、北支・中支ともに多少の油田はあるが調査試験中で、「支那資源によるも目下供給著しく不足の状態にあり。速やかに燃料国策の樹立及之が実現を必要とする」、との観察が付されている。石油に関しては、中国資源によるとしながらも、必要分確保のはっきりした見通しが立てられていないといえよう。

その他の資源としては、塩は満州および北支那、綿花は満蒙、牛皮は北中支那および満蒙、馬匹は満蒙が、供給可能地域とされている。羊毛は満蒙・北中支那とも相当の産額があるが、なお供給不足で、代用品研究の必要性が指摘されている。

このように永田は、ほとんどの不足軍需資源について、満蒙および中国北中部からの供給によって確保可能と想定しており、またそこからの取得が必要だと考えていたのである。

そして、この一覧表について、次のような、文字通り暗示的なコメントを付している。


「これを子細に観察せば、帝国資源の現状に鑑みて官民の一致して向かふべき途、我国として満蒙に向かふべき態度などが不言不語の間に吾人に何らかの暗示を与ふるのを感じるであらう」[55]。

この表から、日本が今後向かうべき方向、満蒙にたいしてとるべき態度が、示されているというのである。[56]
すなわち、永田にとって、中国問題は基本的には国防資源確保の観点から考えられ、満蒙および華北・華中が、その供給先として重視されていた。とりわけ満蒙は、現実に日本の特殊権益が集積し、多くの重要資源の供給地であり、華北・華中への橋頭堡として、枢要な位置を占めるものであった。

では、これらの中国資源確保の方法として、どのような具体的な方策が考えられていたのであろうか。この点について永田は、平時においても、他国の圏内であっても「至近の土地」より確保できるようにしておくべきであるが、やむをえなければ「戦時之が供給の途を確保」する方法を立案しておかなければならないとするのみで、その方策の内容については、「国家の至高政策に属する」がゆえに「此が議論を避け」たいとして、これ以上の言及はしていない。[57]

ただ、鈴木貞一らが中心となって作られた若手陸軍幕僚の会合『木曜会』の昭和三年一月一九日の記録に、永田の次のような発言がある。

「将来戦の本質か形式か対手かの何れを先に研究するか

一、将来戦の本質

消耗戦［＝長期持久戦］

二、対手

英、米、露［＝敵国となる可能性のある国］

支那は無理に自分のものにする」[58]。

これは、討論のための一つの例示として永田が出したものだが、これまで検討した彼の議論からして、単なるモデル・ケースに止まらず、ある面、永田自身の意見の表出でもあると考えてよかろう。ここからは、永田においては、軍事的手段など一定の強制力による中国資源確保、すなわち満蒙・華北・華中をふくめた自給圏の形成が想定されていたことがうかがわれる。したがって、「国防線の延長は固有の領土乃至政治上の勢力範囲から割出したものに比し長大」[59]となる、と想定していた。

ちなみに、満州事変後の発言になるが、事変について永田は、「多年に亘る悖理《はいり》非道極まる排日侮日の行蔵に忍従し来たつた我国が、暴戻なる遼寧軍閥の挑発に余儀なくされて起こつて破邪顕正の利刃を揮」ったものだと主張し、「民族の生存権を確保し福利均分の主張を貫徹するに何の憚る所があらうぞ」と述べている。永田によれば、日露戦争にとって確立した満蒙権益は、その後外国の圧迫干渉をうけ、ことに一九二〇年の新四国借款団以来、権益の削弱を余儀なくされた。さらに、ワシントン会議、ロンドン会議などの圧迫によって、国防力は相対的に低下し、そのことが、「支那をして愈々増長せしめ、其の革命外交の進展に伴ひ、排日侮日の行為を逞うせしむる」要因をなし、「支那に乗ぜしむるの隙」を与えることとなった。したがって満州国承認後も、「之に対する支那の反抗は今後直接間接愈々熾烈となるであらう」。それにたいして軍内では、「暴戻支那を膺懲」すべしとの声も上がっている、というのである。[60]

すなわち、満蒙権益は日本民族の生存権とかかわるものであり、中国側の排日侮日の態度からして、今後中国側の反抗は熾烈になるだろうが、それには生存権確保の観点から断固対処する。それが永田の姿勢であったといえよう。永田のみるところ、中国国民革命は、排日侮日を引き起こし、張学良下の奉天軍閥の反日姿勢とともに、自給資源確保上橋頭堡的な意味をもつ満蒙の既得権益を危くするものであった。そのことからまた、戦時にむけての軍需資源全体の自給見通しの確保についても、通常の外交交渉による方法では極めて困難な状況に追い込まれつつあると判断されたことは容易に想像できよう。

ここからは中国大陸からの資源確保の具体的方策の方向性は、おのずと示されているといえよう。それが、永田にとっての満州事変であり、その後の華北分離工作であった。[61]

ちなみに、永田は中国資源を必要とするような国家総力戦となる可能性のある当面の敵として、ソ連を考えていたようである。すなわち中国資源獲得への考慮は、さしあたり対ソ戦準備を念頭においたものであった。[62]

2、浜口の中国論

これにたいして浜口の中国認識は、国民革命下にある「支那の正当なる国民的宿望に対しては、及ぶ限り之が実現に協力する」との立場であり、ことに、その「和平統一」のためには「十分の機会」をあたえるべきだとの姿勢であった。

そのような観点から浜口は、山東出兵や満州の治安維持に関する覚書（いわゆる五・一八覚書）など、奉天軍閥張作霖を温存し満蒙に国民政府の影響力が波及することを阻止しようとした田中義一政友会内閣の中国政策を批判し、国民政府による満蒙をふくめた中国統一を容認すべきだとの意見を一貫して主張した。

また、陸軍や政友会の一部などにある、満蒙に日本の実権掌握下での新たな独立政権を樹立しようとする動きにたいしても、「収拾すべからざる国際的紛糾の禍源」となり、世界における日本の信頼を失墜させるとして、あくまでも強硬に対決する姿勢であった。

浜口からみて、中国の和平統　は、中国自身にとって必要なことであるばかりでなく、日本にとっても、日中間の経済関係の発展をはかるために希望すべきものであった。中国の国民的統一などその「正当なる国民的宿望」にたいしては可能な限り協力し、日本の正当な権益の保全については、「合理的手段」によっておこないながら、日中関係を安定させ、通商・投資など経済上の相互関係を積極的に発展させるべきだと考えていた。[63]

　このような姿勢の背景には、日中関係の将来についての次のような考えがあった。

「将来外交の方針を定むるに当たりては、重きを経済上貿易上の利益増進に置かなければなりませぬ。従て帝国の対支外交は……支那全体、特に其の豊穣の中心地たる長江流域に対する貿易の伸長に力を尽し、以て両国共通の利益を増進せねばならぬと思ふのであります」[64]。

　すなわち、将来の中国との関係は、満蒙のみならず、中国全体ことに経済的に豊かな中国中央部との貿易の発展に重点を置かなければならない。対中国外交は、そのような観点から、満蒙の権益のみではなく、より視野を広げ中国全体との関係の緊密化をはかる必要がある。そのことは、日本のみならず中国にとっても国益にかなうことだというのである。

　中国が統一され、「平和と秩序を確立」すれば、原料資源の採取と工業生産の発展が本格的に緒につき、それらが展開する揚子江流域を中心に中国全体が日本の通商・投資の重要な市場となるであろう。「支那が繁栄に赴いて其の購買力を増加すれば、自《おのずか》ら我が対支貿易を有利に導く」。そのことはまた中国の産業発達と国民生活の向上に資することとなる。そして、将来の日中関係の安定的発展は、両国間の経済的な相互関係の緊密化、相互の貿易関係の深化・発展によって可能となるものであり、そのことが日中両国の共存共栄につながっていく。それには、何よりも中国全土に平和と秩序が確立されることが必要であり、そのことによってはじめて、中国の資源の開発と産業発展が進展し、その繁栄と進歩がもたらされる。そのことは、日本の経済発展と国民生活の安定化に寄与するであろう。なぜなら、日本は「工業発達の程度において支那に数歩を先んじて」おり、それゆえ、中国の産業がその初歩の発達を示すことは、むしろ日本の工業製品にたいする購買力を増加させ、日本の各種工業を振興させることとなる。中国に平和と秩序がもたらされ、日中関係が安定していれば、日本の工業にとって「無限の販路」が開かれることとなる。こう浜口は考えていたのである。[65]

このような方向は、浜口においては、中国との経済関係を日本が独占しようとするものではなく、対米英をふくめた国際協調の基本ラインを前提としたうえのことであった。それが、九カ国条約に示されたような、中国の門戸開放、機会均等下での、したがって多国間関係のなかでの日中関係の安定化による経済的関係の拡大、米英などとの経済レベルでの競争による通商・投資の拡大を意味することは、いうまでもないことであった。

したがって、このように浜口の観点からして決定的に重要な意味をもつ中国本土市場、とりわけ豊穣な揚子江流域を包含する中央部において、軍事的政略的プレッシャーによるのではなく、純粋に経済レベルでの競争によって通商・投資を拡大していかなければならなかった。そのためには、日中関係の安定を保つとともに、日本の国際的な経済競争力をさらに上昇させ、中国本土において欧米諸国と本格的に経済レベルで競合しうるだけの国際競争力をもつ国民経済の編成をつくりあげる必要がある。また国際的な経済活動を有利に展開しうる諸条件を整備しなければならない。浜口が政権獲得後にうちだす産業合理化政策や、金解禁による国際的金本位制への復帰政策、財政緊縮政策、ロンドン海軍軍縮条約の締結による財政負担の軽減などは、そのような狙いをもつものであった。

浜口は、組閣後、対中国関係の改善の観点から、日本の正当な権益は保全するとしつつも、中国にたいして「一切の侵略政策を排斥」し、「進んでその国民的宿望の達成に友好的協力を与へる」との声明を発表した。そしてその観点から、中国との新関税協定を締結して関税自主権回復を承認した。また、治外法権についても段階的撤廃をはかる方向で閣議決定された。[66]

満蒙問題については、田中内閣期に日中間の緊張の主要因となっていたことから、組閣直後は、ひとまず冷却期間をおき、まず関税自主権の承認など国民政府とのあいだで解決可能な事柄を処理し、両国間の感情を緩和して両国の関係を修復する方針をとった。その後、浜口をふくめ関係閣僚による満蒙政策についての協議がおこなわれ、日中間の関係改善の観点から、好意的態度により行き詰まり打開をはかるとの基本的な方向を定めた。[67]

それにもとづいて、外務省において、田中内閣時の借款鉄道新設を強要するような政策はとらず、むしろ中国側の自弁鉄道建設を積極的に認める。満鉄に大きな打撃を与えることが明らかな中国側路線の新設は防止するが、すでに敷設された満鉄平行線については、満鉄線との運輸連絡・運賃協定を締結するよう交渉をすすめる、などの方針が立てられた。[68]

このような浜口内閣の対中姿勢にたいして、中国国民政府は一定の評価を与え、田中内閣以来の排日運動も沈静化し、緊張していた日中関係は改善に向かうこととなった。だが、中原大戦などで中国国内が混乱し、日本側もロンドン海軍軍縮条約問題で忙殺され、それに世界恐慌が重なってくるなかで、浜口が銃弾に倒れるのである。

むすびに

以上のように、第一次大戦以降もし先進国間に戦争がおこれば、それは国家総力戦となるとの見方は、永田・浜口両者に共通する認識であった。だが大戦後創設された国際連盟の戦争防止機能について、浜口は積極的に評価し連盟を重視する姿勢であったのにたいして、永田は連盟によっては戦争を防止できないとして戦争不可避論の見方をとっていた。したがって、ワシントン海軍軍縮条約などの軍縮についても、浜口は財政的観点のみならず、世界の平和維持の観点からも有意味なものとして重視していたが、永田は財政的な意味はあるにしても平和維持には役立たないとの見解であった。

したがって永田にとっては次の戦争は不可避的なものであり、そのためには総力戦に備えるため国家総動員の計画を準備しておかなければならないと考えていた。そのような国家総動員の観点からすると、総力戦遂行に必要な原料資源の不足は深刻な問題であり、永田はその不足資源の確保を、中国大陸とりわけ満蒙・華北・華中に求めた。それが永田にとっての満州事変であり華北分離工作であった。

それに対して浜口は、連盟の存在と多層的多重的な条約網の形成によって戦争は抑止できるし、抑止しなければならないとする戦争抑止論の見地にたっていた。それがロンドン海軍軍縮条約締結を強硬に押し進めた背景であり、またそのことは彼の中国政策と関連していた。浜口は、おもに通商・投資の観点から中国の統一と安定を望んでおり、それには国際社会とりわけ東アジアの平和維持が不可欠であったからである。彼の全政策体系は国際的平和協調を前提として構想されており、そのような方向が長期的観点からも日本が進むべき道だと考えられていた。

このような両者の構想の相違は、国内政治体制についての見方とも連動していた。浜口は、あくまでも政党政治の方向を徹底させようとしていた。[69] だが永田は、「所謂為政家のみに委して之［政治経済社会に於ける幾多の欠陥］が芟除《せんじょ》を求むるも木に縁りて魚を求むるに等し。純正公明にして力を有する軍部が適当なる方法に依り為政者を督励するは現下不可欠の要事たるべし」[70]などとして、国家総動員論の観点から軍部の積極的な政治介入、軍部主導の政治運営を主張していたのである。

両者の構想の相剋は、その後の歴史的展開の枢要な一起点となるものであった。

これまで戦間期政党政治について、その内実は脆弱なものであり、一九三〇年代初頭に種々の困難に直面し簡単に自壊したとされてきた。しかし近年の研究で、じつはその体制はかなり強固なもので、内外関係をふくめ相当の安定性をもっていたことが明らかにされてきており、本章でも示したように、第一次大戦以後の安全保障や革命中国への対応などを含め、かなり明確な構想に裏づけられたものであった。だとすれば、陸軍を中心とする反対勢力は、どのようにしてそれを突き崩すことができたのであろうか。その解明には、満州事変前後以降の陸軍中央を主導していった、一夕会系の中堅幕僚層の動向と内外政策構想の検討が不可欠である。比較的強固でかつ安定した体制を突き崩すには、それに対抗しうるだけの独自の構想とその実現への周到な準備を必須とするからである。そのような観点からすれば、政党政治を最も徹底させたとされる浜口の構想と、一夕会の中心人物であった永田の構想との相克は、象徴的な意味をもつものであったといえよう。永田の国家総動員論をベースとする連盟批判、中国の位置づけなどは、政党政治的な方向への対抗構想ともいえるものであり、その構想が、満州事変以後の陸軍を主導する一つの重要な推進力となったと考えられるからである。

では、浜口と永田、どちらの認識にリアリティーがあったであろうか。現実には世界と日本は、第二次世界大戦、太平洋戦争へと進んでいった。その意味では、浜口的な方向は挫折し敗北したといえよう。[71] そのことは、永田的な方向にリアリティーがあったとの見方を、あるいは可能にするかもしれない。それが永田自身によって意識的に押し進められた道であり破滅への道であったとしても、事態はそのように動いていったのだとの判断も見方によってはありえよう。

だがより長期的なスパンでみればどうであろうか。現在、国際社会の協同の力によって対処しなければばならない枢要な問題は、多様な領域で現れてきている。戦争の防止や国際紛争の平和的解決のみならず、感染症対策、地球温暖化をはじめとする環境問題、国際テロ組織、人権侵害、そして深刻な貧困の問題など、その対応が喫緊の課題とされている。それらは、単に人道主義的な観点やポスト・コロニアルな視点から必要とされるだけでなく、日本のような自然的歴史的条件下にある国では、長期的なナショナル・インタレスト、国家理性の観点に立つとしても必須の事柄であろう。それには、二つの大戦の経験を経て創設された国際連合を中心に、各種の国際機関、ＮＧＯ、市民団体などの協同の力が要請されている。[72] その意味で、浜口的な方向は現在の課題につながるものを含んでいるといえよう。

もちろん浜口においても、植民地や租借地の存在は前提であり、その意味で帝国日本としての在り方を否定するものではなかった。しかし、アメリカの先制攻撃論や京都議定書離脱など、国連を中心とした国際協力の方向に逆行する近年の動き、それに対応する国内の動向を考える時、連盟を中心に国際社会の協同の力によって戦争を抑止しようとした浜口の方向と、戦争不可避論の見地からそれに対抗した永田の方向との相克は、我々にとっては現在なお単なる歴史的出来事以上の意味をもっているのではないだろうか。

注

1 拙著『激動昭和と浜口雄幸』（吉川弘文館、２００４年）、波多野勝『浜口雄幸』（中央公論社、一九九三年）、参照。

2 この事件の背景には、陸軍内での統制派と皇道派の派閥対立があるが、本稿ではその問題には立ち入らない。永田の伝記としては、永田鉄山刊行会編『秘録永田鉄山』（芙蓉書房、一九七二年）がある。

3 筒井清忠『昭和期日本の構造』（有斐閣、一九八四年）第四章、参照。

4 なお、浜口に関する研究は様々なかたちで近年かなり進展しているが、永田についての本格的な研究は現在までのところほとんどみられない（したがって、本稿で使用する永田関係資料もその一部を除いてほとんど検討されていない）。

5 永田鉄山『国家総動員』（大阪毎日新聞社、一九二八年）六頁、同「現代国防概論」遠藤二雄編『公民教育概論』（義済会、一九二七年）二五三頁、同「国家総動員の概説」『大日本国防義会々報』第九三号（一九二六年）一一頁。

6 永田鉄山「国防に関する欧州戦の教訓」『中等学校地理歴史科教員協議会議事及講演速記録』第四回（一九二〇年）三〇三―三〇七頁、三一〇頁、永田鉄山『新軍事講本』（青年教育普及会、一九三二年、元版一九二六年ただし付表は一九三二年追加）八五頁。

7 永田「現代国防概論」二五三頁。

8 同二五四頁。

9 永田『国家総動員』一五頁。

10 永田「現代国防概論」二五五頁、同「国家総動員準備施設と青少年訓練」沢本孟虎編『国家総動員の意義』（青山書店、一九二六年）一七七頁。

11 臨時軍事調査委員（永田鉄山執筆）『国家総動員に関する意見』（陸軍省、一九一〇年）八―四八頁、永田『国家総動員』一六―二八頁、同「現代国防概論」二六八―二八二頁。なお、永田の国家総動員論にふれた研究としては、黒沢文貴『大戦間期の日本陸軍』（みすず書房、二〇〇〇年）、纐纈厚『総力戦体制研究』（三一書房、一九八一年）などがあるが、なお一部の検討に止まっている。

12 永田「現代国防概論」二八二―二八七頁、同『国家総動員』四二―五五頁。
13 永田「国防に関する欧州戦の教訓」二九一頁。
14 同二九一―二九二頁、
15 同二九二頁。
16 永田『新軍事講本』六〇頁。
17 永田「国防に関する欧州戦の教訓」三〇四―三〇六頁、同『新軍事講本』一〇〇―一〇一頁。
また永田はいう。「後方から弾の続いて来ない沢山の兵隊を戦線に並べると云ふ事は無意味」であり、最新の兵器など編制・装備のうえで充分な備えがなければ、「新鋭なる火器の効力下に甚大の被害を受けて、而も戦果を挙げ得ないと云ふやうな、国防上悲しむべく懼（おそ）るべき情況」に陥ることになる、と（永田「国家総動員施設と青少年訓練」一九三頁、同「国防に関する欧州戦の教訓」三〇二頁）。
18 永田「国防に関する欧州戦の教訓」三一〇―三一一頁。
19 同三〇五頁、永田『新軍事講本』一〇一頁、一〇六頁、同付表「列国新兵器整備一覧（昭和七年一月調）」。
20 永田『国家総動員に関する意見』五四頁、同「国防に関する欧州戦の教訓」三一〇頁。
21 臨時軍事調査委員については、黒沢『大戦間期の日本陸軍』第一章、参照。
22 永田「国防に関する欧州戦の教訓」三一九頁、同『国家総動員に関する意見』五五―五六頁。
23 原敬「注意すべき重要問題」『政友』第二一八号三三頁、一九一八年。
24 『原敬日記』第五巻四〇頁、一九一八年。同第四巻三四二頁、一九一七年。
25 浜口「財政の余裕と其処分問題」『太陽』第二八巻第一号二四頁、一九二二年。
26 同右。
27 原敬「恒久平和の先決考案」『外交時報』第四〇五号、一九二一年、三一―三三頁、三七頁。同「東西文明の融合」『外交時報』第三八八号、一九二一年、二七―八頁、三四頁。同「帝国外交の近状」『外交時報』第三七四号、一九二〇年、四四頁。同「講和会議を一転機として」『公論』第一号、一九一九年、七頁。

28 W.Churchill, The World Crisis — The Aftermath — (London.1929). p456-457.

29 Frank Ninkovich, The Wilsonian Century : U.S. Foreign Policy since1900 (Chicago, The University Chicago Press,1999) p.75. George W Egerton, Great Britain and the creation of the League of Nations, (Scolar Press, London, 1979) p.35-6.

30 田畑茂二郎『国際法新講』下（東信堂、一九九一年）第三章。伊香俊哉『近代日本と戦争違法化体制』（吉川弘文館、二〇〇二年）序章、第一章。

31 F.S. Northedge, The League of Nations : its life and times 1920-1946 (Leicester : Leicester University Press, 1986) p.20-78.

32 拙著『原敬　転換期の構想』（未来社、一九九五年）、参照。

33 原「東西文明の融合」『外交時報』第三八八号二七頁、三四頁。同「調印を祝す」『時事新報』一九一九年七月一日。ただ、改めていうまでもないことであるが、原においても、連盟によって、一挙にあらゆる戦争をなくすることが目指されていたわけでも、またそのことが可能とも考えられたわけではなく、その主要目的は、次期大戦へとつながる可能性のある戦争、国際秩序の安定にとって脅威となる戦争を防止しようとするものであった（原「東西文明の融合」『外交時報』第三八八号二七頁）。

34 浜口雄幸「戦後の経済問題」『浜口雄幸集　論述・講演篇』（未来社、二〇〇〇年）三七五頁大正七年一一月二五日。同「第四四回帝国議会　衆議院本会議」『浜口雄幸集　議会演説篇』（未来社、二〇〇三年）二九〇頁、一九二一年一月二二日。『第四二回帝国議会衆議院予算委員会議録第一回』一九二一年一月二十六日、六頁。

35 拙稿「戦間期政党政治の国家構想と対中国政策——浜口雄幸を中心に」『思想』九三四号二〇〇二年、同「首相在任期浜口雄幸の内政構想と政治環境」『人間環境学研究』第二号二〇〇三年、参照。

36 「東洋の平和を確保し……現代人類の間に磅礴《ほうはく》たる平和愛好の精神を……我が外交政策の基調となし、以て世界の進運に貢献しながら洋々たる帝国の前途を開拓することは、実に吾人の大なる使命である」（「経済難局打開の使命」『浜口雄幸集　論述・講演篇』一八二頁、一九二九年一〇月一三日）。

37 「施政方針に関する首相声明」『浜口雄幸集　論述・講演篇』一三六頁、一九二九年七月九日。

38 「第五七回帝国議会衆議院本会議」『浜口雄幸集　議会演説篇』四〇頁、一九三〇年一月二一日。

39 「ロンドン海軍軍縮条約枢密院審査」『浜口雄幸集　議会演説篇』六六二―六六三頁、一九三〇年八月二三日。「減税案の主張」『浜口雄幸氏名演説集』一七九頁、一九二三年二月。

40 「ロンドン海軍軍縮条約批准に関する首相声明」『浜口雄幸集　論述・講演篇』二五八頁、一九三〇年一〇月二日。

41 『東京朝日新聞』一九二九年七月二五日）

42 なお、前年、田中内閣が国際協調の観点から条約締結を行ったにさい、条文中の「人民の名に於て」の文言が問題とされたことがよく知られているが、その時も条約内容そのものについては「満腔の賛意を表する」とするのが浜口ら民政党の姿勢であった。
ちなみに、一般には、原内閣や浜口内閣をふくめ当時の日本政府が、国際連盟に消極的ないし無関心であったとの見方が多い。時としてそのようにみえる姿勢をとっているのは確かである。だがそれは、連盟が植民地や満蒙その他の特殊権益に否定的な方向で介入してくるケースを警戒してのことであり、また、租界や租借地の実力回収の動きが実際に起こった場合、それへの対応のため、状況によっては防御的に軍事力を行使することの自由を確保しておきたいとの考慮からであった。そのような警戒や考慮はあったが、連盟の平和維持機能の重要性の認識は前提であり、少なくとも原や浜口においては、連盟重視の基本的態度は揺らいでいない。このような事情は不戦条約についても同様であった。

43 「第五八回特別帝国議会衆議院本会議」『浜口雄幸集　議会演説篇』五七頁、一九三〇年四月二五日。

44 「ロンドン海軍軍縮条約枢密院審査」『浜口雄幸集　議会演説篇』六六二頁、一九三〇年八月二三日。「ロンドン海軍軍縮条約批准に関する首相声明」『浜口雄幸集　論述・講演篇』二五八頁、一九三〇年一〇月二日。「軍縮放送演説」池井優他編『浜口雄幸　日記・随感録』（みすず書房、一九九一年）五二四頁、一九三〇年一〇月二七日。

45 なお、浜口も、連盟の戦争防止システムや制裁システムが必ずしも十全ではないことは、当時の議論状況からみて当然承知していたと思われるが、それは連盟の平和維持機能を補完する多層的多重的な条約網によってカバーできると判断していたと考えられる。ロンドン海軍軍縮条約締結も、財政負担の軽減や対英米協調のためだけでなく、連盟および戦争抑止にかかわる条約網の存在を前提とし、またその強化を意図するものであった。

46 ジョージ・ケナン『アメリカ外交50年』（岩波書店、一九九一年）八六頁以下。

47 永田「国防に関する欧州戦の教訓」二七九―二八五頁。

48 同二八五―二八七頁。永田「現代国防概論」二三八―二四〇頁。同『新軍事講本』一四三頁。
「この力は、連盟の命令支配の下に立つのではなく、依然連盟に加入して居る各国家の主権に従属して居る。従つて超国家的権威は固より欠けている。そこに目的達成上の根本的欠陥がある」（同「現代国防概論」二四〇頁）。

49 永田「国防に関する欧州戦の教訓」二八二頁、二八五―二八七頁、二八八頁。

50 永田「現代国防概論」二四一―二四四頁。
ちなみに、戦争の一般的な原因や誘因として、永田は、人口や生活資源の不均等な分布をめぐる国家間や民族間の利害対立、国家・民族内における社会的な階級対立、文化や歴史を異にすることによる民族間の感情的対立などをあげている（同二三三―二三六頁）。

51 永田「国防に関する欧州戦の教訓」二八五頁。同『新軍事講本』二八―二九頁。同「現代国防概論」二三七頁、二八九頁。

52 永田「現代国防概論」二四〇―二四一頁。
永田が宇垣軍縮に協力したのは、おもに軍の機械化を進めるための財政的な観点からであった（永田『国家総動員』九頁）。

53 同二四四頁。

54 永田「現代国防概論」別表（第六表）。

55 同二八四頁。

56 もちろん、以上のような中国資源への着目は、永田のみに特徴的なことではなく、たとえば、一九二二年（大正一一年）二月に参謀本部第一課で作成された一覧表『国軍兵力（約四十師団）と支那及沿海州資源との関係』においても、「満州、蒙古、沿海州、中北支那の資源」によって、鉄・石炭その他各種原料の「補給は概して支障を生ぜざるべし」、とされている。しかし、永田がこのような見地を、先の暗示的なコメントともに、あらためて公に表明していることは、その中国認識をうかがう上で軽視しえない意味をもっているといえよう。

57 永田「国防に関する欧州戦の教訓」三一二頁。『国家総動員に関する意見』八六―八七頁。

58 「木曜会記事」『鈴木貞一氏談話速記録』下（日本近代史料研究会、一九七四年）三七一頁。

59 永田「国防に関する欧州戦の教訓」二九二頁。なお、永田は、「他国の圏内に属するものと雖《いえども》、戦時之を利用」することも想定しておくべきだとしている（『国家総動員に関する意見』八二頁）。

60 永田「満蒙問題感懐の一端」『外交時報』第六六八号、一九三二年、三三七―三四四頁。

61 関寛治「満州事変前史」日本国際政治学会編『太平洋戦争への道』第一巻（朝日新聞社、一九六三年）、永井和「日本陸軍の華北占領統治計画について」『人文学報』第六四号（一九八九年）、江口圭一『日本帝国主義史研究』（青木書店、一九九八年）、「根本博中将回想録」『軍事史学』第一一号（一九六七年）、須磨弥吉郎「北支見聞録」『現代史資料』第七巻（みすず書房、一九六四年）など、参照。

62 「対蘇準備は不断に之を為しあるを要すべく、此準備のもっとも根底的なるものは対満、対支国策の遂行を最要事と致すと存じ候」（「昭和八年九月一〇日矢崎勘十宛永田書簡」『秘録永田鉄山』四〇三頁）。この点については、防衛庁防衛研究所戦史室『戦史叢書大本営陸軍部』第一巻（朝雲新聞社、一九六七年）第三章、北岡伸一「陸軍派閥対立（一九三一―三五）の再検討」『年報近代日本研究』第一巻（山川出版社、一九七九年）第二―三節、黒野耐『帝国国防方針の研究』（総和社、二〇〇〇年）第五章、など参照。

63 「行詰れる局面の展開と民政党の主張」『浜口雄幸集　論述・講演篇』九二―九四頁。

64 「政党内閣試練の時代」『浜口雄幸集　論述・講演篇』四五頁。

65 同四五―六頁。「暗黒政治打開の一戦」『浜口雄幸集　論述・講演篇』一二〇頁。

66 「施政方針に関する首相声明」『浜口雄幸集　論述・講演篇』一三六頁。『条約局第二課（極秘）条約局調書（第五十八回帝国議会参考資料）』昭和五年四月、一五四―六頁、外交史料館所蔵。

67　「浜口雄幸日記」『浜口雄幸　日記・随想録』二八五頁、二九二頁。

68　佐藤元英『近代日本の外交と軍事』（吉川弘文館、二〇〇〇年）第二部第六章。なお、浜口の中国認識の詳細については、拙稿「戦間期政党政治の国家構想と対中国政策――浜口雄幸を中心に」、参照。

69　拙著『激動昭和と浜口雄幸』、六四―七一頁、一三八―一三九頁、参照。

70　永田「国防の根本義」『真崎甚三郎文書』二〇五四―一二、国立国会図書館憲政資料室所蔵。

71　浜口的な方向が定着するには、第一に、世界恐慌に有効に対処すること、第二に、満州事変のような軍の独走を抑えうることが必要であった。だが、浜口自身は、それらについて充分に試されることなく銃弾に倒れたといえよう。このような浜口的な方向の現実的可能性の問題の立ち入った検討は、また別の機会におこないたいと思っている。

72　入江昭「二一世紀の米中日関係」『世界』一九九八年九月号。

付論一、浜口雄幸の井上準之助宛書簡について

浜口雄幸（一八七〇〜一九三一）は、昭和初期、第二七代内閣総理大臣となり、戦前政党政治の内外政策を最も推し進めたとされる浜口民政党内閣を率いた。井上準之助（一八六九〜一九三二）は、その浜口内閣において、大蔵大臣を務め、財政緊縮や金解禁を実施するなど、井上財政と呼ばれる財政金融政策を推進した。

この浜口民政党内閣期に浜口雄幸首相から井上準之助蔵相に宛てた四通の書簡が、「井上準之助関係文書」（東京大学大学院法学政治学研究科付属近代日本法政資料センター所蔵）に残されている。本稿は、その四通の書簡を紹介するものである。

まず、これらの書簡の背景となっている浜口内閣期の内外政策について、簡単にふれておこう。

一九二九年（昭和四年）七月に成立した浜口内閣は、外交政策として、ロンドン海軍軍縮会議への参加、中国関税自主権の承認など、対米英協調と中国内政不干渉を中心とする国際的な平和協調路線をおしすすめた。

それとともに、内政においては、金解禁や産業合理化政策によって、通商・投資環境の安定化と国民経済の国際競争力の一層の強化をはかり、さらなる産業発展を実現しようとした。またこれらの政策遂行のため財政再建（緊縮財政）に取り組んだ。それらによって、非軍事的なかたちでの、経済的レベル

での競争による市場拡大、とりわけ中国での通商・投資の拡大を進め、日本経済の発展と国民生活の安定をもたらそうとしたのである。

このような内外政策は、いわゆる幣原外交、井上財政として知られているが、首相就任以前からの浜口の考えでもあり、浜口はそのような自らの構想にしたがって、幣原・井上を外相・蔵相に起用したといえる。

また、このような方策を遂行し、それをベースに日本の長期的発展をはかっていくには、国際社会とりわけ東アジアにおける平和維持、そこをめぐる国際環境の安定が必須である。浜口内閣は、そのような観点から、米英および中国との協調関係とともに、国際連盟の役割を重視した。

さらに浜口らは、ロンドン海軍軍縮条約を締結することによって軍縮を推進し、それに反対しようとした枢密院を世論および元老西園寺らの支持を背景に力で屈伏させ、軍事費を削減して財政負担をおさえるとともに国際協調へのリーダーシップをとろうとする。枢密院は旧来の藩閥官僚勢力最後の砦であった。

こうして政党政治による国家システムの全体的なコントロールがほぼ可能となる体制ができあがってくる。そしてそれとともにこの時点で、日本はアメリカ、イギリスとならんで国際社会をリードしていく国の一つとなったのである。

また、金解禁や産業合理化など国民経済の再編過程が社会不安をもたらさないよう、浜口は、労働組合法や小作法の制定、失業対策など様々な社会政策を実施しようとした。そのことは一定の社会的広がりをもってきた労働運動や農民運動に対応し、普通選挙制のもとでの社会的支持基盤の拡大、強化をはかろうとするものでもあった。

しかし、このような浜口内閣の内外政策は、世界恐慌の直撃をうけ崩壊していく。国際的な経済関係の安定性が失われ、かつ日本経済自身が壊滅的な打撃をうけることとなったからである。また浜口自身も、一九三〇年（昭和五年）一一月、東京駅で狙撃され、翌一九三一年（昭和六年）四月、浜口内閣は総辞職。同年八月浜口は、容態が悪化し死亡する。満州事変勃発の約二〇日前であった。また井上も一九三二年二月、選挙遊説中に銃弾を受け死亡する。

四通の書簡は、この浜口内閣期のものと推定され、ことに、書簡③は、昭和六年度予算についての浜口の考えを述べたもので、興味深い内容をもっている。

〔書簡①〕

拝啓

其後不及拝顔

處第一之御清適

之御事と被存慶

賀之致ニ奉存候

扨此處ニ御高配

を煩し申度一事
有之曩ニ御心配
ニ依り成立相成居候
朝鮮土地改良
株式会社之々長ハ
荒井氏辞任以
来空位之儘と
被存候處若し今
尚後任未定ニも
候ハヽ、嘉納徳三郎
氏を御推挙相願
ハれ間敷之趣
御相談へ相試申候
如御承知嘉納氏ハ
多年無職之閑
地ニあり吾か友人として
寔ニ気之毒之

境遇ニ有り何處か
適所なきかと常々
念頭之掛り居候折
柄朝鮮ならハ元
之鮮銀副総裁
之経歴も有之
同地之事情之通
暁致居られ候ニ付
至極適任ニハ無之や
と被存候此か我何
卒御配慮を乞
ふ次第ニ御座候拝
芝之上御願
申上度と存候も其
閑を不得不得止以
書中内願
相成候宜敷御取

計希入候　草々謹言
十一月十日願
濱口雄幸
井上老臺侍史

〔書簡②〕
拝啓
予算問題の
御労苦察し節
例の海軍補充
費之問題ハ可成早く
取纏め候方利
益なるべし遷延せば
意外之故障
発生せざるなきを
保《やすん》し難しとの観

測も漸々耳ニ致し候
当海軍側之指示
案ニ對し最早只大蔵側要
望之数字を示して
可然時機ニあらずやとの
感想も被致申候
右為御参考迄
草々不尽
六日後五時半
浜口雄幸
井上蔵相閣下

［書簡③］
舌代
豫算ニ関スル件種々
思案するも無論名案

のあるべき筈もなく唯
念頭ニ浮びたる雑
感取り雑〔まじ〕へ単なる
御参考迄茶飲み話の
折の積りにて別紙試ニ
内密ニ御手許限り
差出申候勿論確信
のある訳ニもあらす唯御
聞き流し之程度ニ
願度

草々

濱口雄幸

井上蔵相閣下

別紙

一．六年度ノ案入過ハ相當餘
裕ヲ見積リ置クヲ要スヘシ

其理由ハ追加予算等?ノ財源ヲ要スヘキニ依ル成ルベク三千萬円位ヲ留保シ置キタキモノナリ

二．各省経費ノ節約ハ先日モ御内話アリタル通リ餘リ極端ニ押シ詰メル時ハ紛糾ヲ生スルノ虞アルヘシ其程度ハ考ヘモノナルヘシ

三．仍テ前後ノ腹案トシテ、萬已ムヲ得ザレバ、七年度以降ノ概計表ニハ多少ノ歳入不足ヲ現ハスコトモ仕方ナカルベキカ、而シテ其不足ハ七年度豫算編成ニ際シ

1．行政整理

2．税制整理

3. 借入金

ノ順序（?）ニテ補填スルヤウ

説明スベキヤ（従来ノ主張上非

常之困難ナルベク又非常ノ批難

ヲ豫期セサルヘカラス此處御互ニ

決心ヲ要ス）

四. 第一項トノ関係モアリ五年度

決算ニモ或ハ欠損ノ虞ナシ

トセザルベシ、就テハ来議会ニ

提出スルコトニ決意サレタル

各年度ノ決算上歳入ニ不

足の生シタル時ノ善後措置ニ

干スル法律案

ハ五年度ニモ適用アルガ如クスルノ

必要ナキヤ

五. 失業救済公債（直下ノ問題ニハ

アラザルモ）ハ必スシモ内務省所

管ニ止マル訳ニ行カザル場合アル
コトヲ考慮シ置キタシ、鉄道
省ニ於ケル自動車道路（?）
ノ如キ其例ナルヘシ

〔書簡④〕

拝啓
本状持参人ハ
我党福岡支
部長吉田磯吉
員ニ有之今回
鉱産税委譲
問題陳情之為
支部を代表して
単身上京せられ
たるものニ御座候
同員ハ北九州ニ

於ける一種獨
特之人格者にして
加藤総裁以来
特別ニ重きを置き
て待遇し来りたる人物
ニ候得ハ其御心尽を
以て御応接被成
下度願上仰候
先ハ右之記事迄
如此御座候草々頓首
五月朝
雄幸
井上蔵相閣下
［「井上準之助関係文書」（東京大学大学院法学政治学研究科付属　近代日本法政資料センター所蔵）より］

これらの書簡のうち、書簡①は、井上蔵相に対し、元朝鮮銀行副総裁嘉納徳三郎を、朝鮮土地改良株式会社の社長に推挙する内容のものである。嘉納は元専売局長官で、同じく専売局長官を務めたことのある浜口の知人であった。

書簡②は、次年度（昭和六年度）予算案について、ロンドン海軍軍縮条約締結にともなう海軍軍備補充問題を、なるべく早く取り纏めるよう促すものである。参考までにとしながら、海軍軍備補充問題が遷延すれば「意外の故障」が起こるかも知れないとの観測や、海軍案要求に対して大蔵省の要望する数字を示すべきとの見方があることを示している。

書簡④は、民政党福岡支部長吉田磯吉を井上に紹介するもので、吉田の浜口宛書簡を同封し、適切な「応援」を依頼している。なお、井上は大分生まれで、吉田と同じく九州出身であった。

書簡③は、前述のように、昭和六年度予算についての浜口の考えを述べたもので、「茶飲み話の折の積り」でとしながらも重要な示唆を含んでいる。

その内容は、昭和六年度予算について、当初から追加予算の財源として三〇〇〇万円程度の留保をしておきたいので、歳入に余裕を持たせておいてほしいとするものである。そのため、場合によっては昭和七年度以降に歳入不足となることが予想されるが、その対応として、昭和七年度予算編成の際には、行政整理や税制整理とともに、「借入金」による補填によることを説明すべきとしている。これは従来の財政緊縮の方針からして非常な非難をうけることが予想されるが、お互いに「決心を要する」と付記されている。また失業公債の発行方法についても言及している。

これらのことは、浜口が、世界恐慌の影響により厳しい状況に陥りつつある日本経済の現状から、「借入金」（国債など）をふくめた財政政策に転換せざるをえないとの考えを示したものである。昭和恐慌が本格化するなか、従来の緊縮財政・公債削減方針から、公債発行容認による恐慌対応方針への政策転換に踏み出そうとしていたことを示唆するものとして興味深い。

浜口内閣期、浜口も井上も、国債の増発を抑制し、物価の低下による為替相場の上昇を図るため、予算規模の縮小、財政緊縮を実施しようとしていた。

当時、国債発行の累積額は約六〇億円（国家予算の三倍超）に達しており、浜口らはこれ以上の国債発行は抑え、できれば累積国債額を減少させることによって、財政再建を図ろうとしていた。また、通商・投資の安定化のため、第一次世界大戦中に離脱していた世界金本位制への復帰（金解禁）を、旧平価で実現しようとしていた。それには、国債発行を抑え、旧平価より一〇パーセント程度下落している為替相場を旧平価にまで引き上げる必要があり、それらの観点から緊縮財政方針を採っていた。

しかし一九二九年一〇月のアメリカの株式大暴落から始まった世界恐慌は、翌一九三〇年（昭和五年）の夏から秋にかけて、日本にも本格的に波及し、昭和恐慌となっていく。

そのようななか、浜口は、従来の緊縮財政方針を転換して、昭和恐慌に対応するため、国債発行を含む新しい財政的対応を模索しようとしていたのである。だが、一一月一一日の昭和六年度予算案の閣議決定後まもなく、浜口は狙撃され重体となる。したがって、浜口自身の手になる追加補正予算は実現されなかった。

このような浜口の恐慌への財政的対応姿勢は、これまであまり知られておらず、本書簡は、極めて興味深い重要なものといえよう。

付論二、大正期の浜口雄幸

一　政治の世界へ

浜口雄幸は、昭和初期、浜口民政党内閣を率い、戦前政党政治の内外政策を最も推し進めた。その意味で、近代日本の代表的政党政治家として知られている。

本稿では、その浜口の、大正期における政治的軌跡をみていきたい。

浜口は、一八七〇年（明治三年）高知市近郊の五台山村唐谷に生まれ、一八九五年（明治二八年）東京帝国大学法科大学政治学科を卒業するとともに大蔵省に入省。大臣官房会計課長、熊本税務管理局長、専売局事業部長などをへて、一九〇七年（明治四〇年）専売局長官となった。

そして専売局長官在任中の一九一二年（大正元年）、第三次桂太郎内閣の逓相後藤新平の要請により逓信次官に就任、政界に転じた。浜口四三歳の時である。

後藤は、浜口が専売局第一部長時にも満鉄総裁として浜口に満鉄理事就任を懇請し、さらに第二次桂内閣成立時にも逓相として浜口に次官就任を要請した。その時は二度とも浜口は後藤の申し出を辞退している。浜口を後藤に紹介したのは、浜口と同じく高知出身であった鈴木商店の金子直吉だといわれている。[1]

なお、その間、住友財閥からも役員として就任要請を受けたが、それも断っている。

しかし、第三次桂内閣はいわゆる大正政変によって三ヶ月で総辞職し、浜口も後藤とともに職を去った。桂は辞職後かねてから計画していた新党立憲同志会を結成し、浜口も後藤の勧めでこれに加わった。同志会は、おもに加藤高明、若槻礼次郎、後藤新平ら桂系官僚と、大石正巳、河野広中、片岡直治らの国民党脱党グループが合流して組織されたが、まもなく桂が急逝し、その後の党運営をめぐる内紛で、後藤は脱党する。この時浜口は後藤と行動をともにしなかった。

これ以後浜口ははっきりと政党政治家の道を歩むこととなる。

二　第二次大隈内閣大蔵次官・衆議院議員となる

ここから浜口の本格的な政治活動が始まり、同志会、憲政会をへて民政党総裁、そして内閣総理大臣となる。以下、そのような政治的経歴の展開とその背景となっている内外政治状況のアウトラインをたどっていこう。浜口の外交・内政をふくめた国政への発言、その政治構想の展開は、ここから本格的に開始される。

さて、一九一三年（大正二年）立憲同志会は正式に結党式をあげ、加藤高明が党首となった。浜口はこの時、政務調査会副会長に選任され、これ以後、党の重要ポストを占めていく。

浜口が、同志会やその後の憲政会で、重要な地位につくことになった理由はいくつか考えられるが、これまでにふれてきたことと関係することからあげれば、一つは、同志会内での重要な潮流の一つである国民党脱党組の大石正巳ら土佐系グループとつながりがあったことである。大石は浜口の長兄義清と交友があり、国民党脱党組の有力メンバー片岡直温、富田幸次郎、仙石貢なども土佐出身である。

また、党首加藤高明は、よく知られているように三菱当主の岩崎家の女婿で、岩崎三菱と密接な関係にあったが、浜口も大学入学時の保証人が三菱総理事木村久寿弥太であり、その後の浜口の官界での経歴からして、土佐系の岩崎三菱と何らかの接触をもっていたと思われる。そのことは、三菱が同志会の有力な支援者であったことからして、浜口の党内地位に影響があったものと考えられる。後述するように、浜口の初立候補においても土佐出身の三菱有力者豊川良平がバックアップしている。なお大石もかつて三菱岩崎家の家庭教師をしおり、仙石も豊川ときわめて親しい関係にあった。

しかしやはり軽視しえないのは、事実上党内ナンバー・ツーの位置にあり、大蔵省時代から浜口を高く評価していた若槻の存在である。若槻は、第三次桂内閣の蔵相に就任したさい当初浜口を大蔵次官に起用しようと考えていた。それが桂の意向で困難となり、浜口は後藤の要請で逓信次官となったのである。若槻と浜口はかねてから近い関係にあり、若槻は、初の蔵相就任時その次官に浜口を望んだほど、浜口の力量と人柄を評価していたのである。若槻とはこれ以後も政界での歩みをともにすることになる。

さらに、その若槻からの働きかけがあったとおもわれるが、党首加藤高明による、かなり詳細にわたる直接面談がおこなわれ、それを契機に徐々に加藤自身から信頼をえてきていたことも、重要な要因であると思われる。これ以降、浜口は、若槻、江木翼、安達謙造とならんで、同志会・憲政会の最高幹部の一人となっていく。

さて、浜口はその後、第一次世界大戦直前、一九一四年（大正三年）に同志会をおもな与党として成立した第二次大隈重信内閣において、若槻蔵相のもとで大蔵次官についた。また翌年おこなわれた第一二回衆議院総選挙では、高知市から立候補し初当選をはたした。このとき、三菱当主岩崎弥太郎の従兄弟で三菱の実力者であった土佐出身の豊川良平が、浜口の立候補において重要な役割をはたし、浜口の推薦人ともなっている。

当選後、浜口は新設の大蔵省参政官（のちの政務次官）に任命されるが、直後に、議員買収問題での大浦兼武内相辞任事件がおこり、内閣総辞職を主張して辞任した外相加藤高明、蔵相若槻らと行動をともにし、浜口も職を退いた。だが大隈内閣そのものは内閣改造のうえで留任し、同志会も一応与党にとどまっている。こののち浜口は、党内で政務調査会長、院内総務などのポストについている。なお、大隈内閣時、原敬を党首とし衆議院で多数をしめる政友会と、犬養毅ひきいる国民党が野党の立場をとっており、したがって同志会はいわば少数与党であった。

この時期、高知市での選挙民を対象とした立候補演説など、浜口の一般の人々を対象とした発言がいくつか残されている。それらをみると、選挙民の地方的利害関心にうったえるよりは、もっぱら自らの政治家としての政策構想、国家構想を語ろうとしており、そのような国の基本的方向をめぐる議論によって選挙民の判断を仰ごうとする浜口の姿勢があらわれている。

大隈内閣は、よく知られているように、第一次世界大戦参戦後、対華二一カ条要求、反袁世凱政策（いわゆる排袁政策）など、アグレッシブな大陸政策をおこなっている。浜口自身も、このころは対中国政策において、民政党総裁・浜口内閣時とは異なり、そのような方向にそれほど違和感をもっていなかったようである（ただ、大隈内閣の大陸政策に関する当時の浜口の発言は、管見のかぎりでは、ほとんど残されていない）。それが、なぜ、どのような経緯で変化していったのかは興味深い問題であるが、それについては後にふれるので、ここでは立ち入らない。

ちなみに、中国では、一九一二年、辛亥革命によって中華民国が成立し袁世凱が大総統となったが、その後、袁政府の北方派と孫文らの南方派が対立し、国内は混乱状態に陥っていた。そのようななかで、上記のようなアグレッシブな大陸政策がとられたのである。

三　憲政会の結成と総選挙での落選・再選

一九一六年（大正五年）、大隈内閣総辞職とともに、それまで与党を形成していた同志会や中正会などが合同して憲政会を結成し、加藤高明が総裁となった。

そのとき浜口は合同の交渉委員を務め、憲政会で、若槻、安達謙造、片岡直治らとともに、総裁につぐ党内ポストである七人の総務の一人に任命された。また、憲政会創設時の基本政策の草案を起草している。浜口は党内で、加藤、若槻、江木翼などの元官僚系に属していたが、仙石貢や片岡、富田など土佐系の党人派とのつながりももっていた。なお、大石正巳はこのころすでに政界を引退していた。また仙石貢は豊川良平とのつながりで三菱との関係が深く、のちに政治資金の面で浜口をささえていくこととなる。

しかし、大隈内閣辞職後に成立した寺内正毅内閣下の総選挙（一九一七年四月）で浜口は落選する。このとき後藤新平が内務大臣であった。後藤は浜口を鉄道院副総裁に迎えようとしたが、浜口は断っている。[2] 寺内内閣は政党員を入れない山県系の藩閥官僚内閣で、憲政会は政府に敵対する姿勢を明らかにしていた。

このころ浜口は、寺内内閣の外交政策への批判との関連で、大隈内閣時の対華二一ヶ条要求や排袁政策にかかわる問題に言及している。対華二一ヶ条要求は、周知のように、満蒙の既得権益を維持・強化するとともに、長城以南の中国本土に日本の影響力を拡大しようとするものであった。それは、中国南北両勢力から強い抵抗をうけるとともに、中国中央部に権益をもつイギリス、中国の門戸開放とそこでの機会均等を主張するアメリカからも厳しく批判された。

その二一ヶ条にふくまれていた「満蒙の利権保護」について浜口は、当時の加藤高明外相による交渉によって、満蒙に「無形の地位」をえたことは「非常の成功」だとしている。また、鄭家屯《ていかとん》事件の処理にかかわって、大隈内閣が要求していた、「満蒙の警察権」を獲得することや、「支那軍隊に日本の軍事顧問を入れる」ことを、寺内内閣が交渉項目から取り下げたことに浜口はこだわりをみせており、それらの要求について必ずしも否定的な文脈では語っていない。鄭家屯事件とは、大隈内閣末期に東部内蒙古で日中両軍が衝突したもので、大隈内閣が中国側にしめした先のような要求は、かつて二一ヶ条にもふくまれていたものであった。

さらに、排袁政策の一環として大隈内閣がおこなった袁世凱への帝政延期勧告についても、これは英仏露と共同で勧告したものだとして、列国協調のもとでおこなわれたことを強調している。また、この件は在留邦人の生命財産を安全ならしめ、東洋の平和を確保するため、「好意的の勧告」に及んだものであり、これには中国も「満足」しているとの認識であった。この時点では浜口もなお、対華二一ヶ条要求的なスタンスから抜け切れていなかったといえよう。

ただ、寺内内閣が中国全土に日本の影響力を拡大しようとした援段政策には、中国民衆が日本に「深き怨恨をいだく」結果となり、「世界の列国をして日本の支那にたいする政策を疑わしむる」ことになった、として批判的であった。また、寺内内閣が実施したシベリア全面出兵についても、「シベリアは帝国の領土にあらず」として基本的には反対の姿勢であった。しかしその場合でも、北部満州における東支鉄道の管理権などについて、アメリカが日本より優越した立場になるとすれば「外交の失敗」ではないかとして、アメリカへの対抗意識を示している。[3]

さて、総選挙落選後も、依然として浜口は政党事務員の徽章をつけて議会に通い、議事の傍聴などを続けていた。

だが、浜口は、寺内内閣後に成立した原敬政友会内閣下での衆議院高知市補欠選挙（一九一九年三月）

で再び当選する。落選から約二年後であった。こののち、憲政会、民政党、政友会などの官僚出身者の多くが、爵位をえて貴族院議員となったのにたいして、浜口は終生衆議院に議席をおいた。そこには浜口自身の次のような意志が働いていた。

「自分はかねて政党生活をする以上は衆議院に議席をおくのが正当なりと確信しているもので、かつて逓信次官になったさいから、内閣更迭のさいは必ず政党生活にはいり、五十歳にして衆議院に入らんことを期していた」[4]。

ちなみに、政党内閣の時代においても、高橋是清、加藤高明、若槻礼次郎、田中義一などほとんどの首相が貴族院議員であった。浜口の首相就任までは、原敬と浜口のみが衆議院に議席をもつにとどまっていた（その後、犬養毅も衆議院議員として首相となるが、五・一五事件で暗殺される）。

一九一八年（大正七年）、第一次世界大戦終結の直前に成立した原内閣は、陸海軍・外務大臣をのぞく全閣僚を政友会党員から起用した、近代日本はじめての本格的な政党内閣であった。憲政会は、そのこと自体は「憲政前途のため祝賀すべき」（加藤高明）との見解であったが、対抗政党として野党の立場にたった。

原内閣は、中国内政不干渉と国際的な平和協調へと外交政策を転換するとともに、内政においては、いわゆる戦後経営として、教育の改善、交通の整備、産業の振興、国防の充実という四大政綱をうちだし、それを実行に移した。また、郡制の廃止、植民地長官の武官専任制の廃止、選挙権の拡大、小選挙区制への移行などをおこなっている。選挙権の問題については、憲政会は浜口もふくめ男子普通選挙制を主張したが、政友会の時期尚早との反対によって実現しなかった。また原内閣は国際協調と財政負担の軽減の観点から、海軍軍縮などを主題とするワシントン会議への参加を決定した。

四　大正期政党政治と浜口の政治的立場

浜口は、原内閣にたいして野党の立場から多くの批判的発言をおこなっているが、浜口のこの時期の考え方の特徴がうかがわれるものを少し紹介しておこう。

原内閣は、パリ講和会議開催中の一九一九年（大正八年）五月、アメリカから提起されていた中国にたいする新四国借款団への加入を閣議決定した。アメリカは、寺内内閣末期、日本の援段政策を抑制するため、中国への全借款を掌握する新たな国際的借款団の結成を英日仏によびかけていた。原は対米英協調の観点から、原則的にこの新四国借款団に加わる方向で調整を進め、閣僚の同意をえたのである。

これにたいし浜口は、列国との協調は重視すべきであるが、新借款団は中国における日本の自由な投資活動を制約し、これまでの日中間の「特殊関係」を崩してしまうとして慎重な姿勢であった。したがって、満蒙のみならず山東半島の権益を借款団の適用範囲から除外すべきこと、また既得権益を借款団に提供するかどうかは各国の自由意思によることなどを主張している。

この背景のひとつには、次のような浜口の見方があったと思われる。すなわち、中国には豊富な天然資源があるが資金や人材が不足し、逆に日本には資金や人材があるが資源が不足している。したがって日本の資金と人材で中国の資源を開発することが必要だ、としている。それがこの時点での浜口における日中「特殊関係」認識の一つの内容であった。すでにみたような後の日中関係認識と比較して、日本からの資金投資、借款付与の面をより重視する姿勢であった。その観点から、基本的には国際協調の立場にたちながらも、それを列強諸国からの制約とみる面がなお強く、それが新四国借款団の消極的評価に表れているといえよう。[5]

同時期、政友会の財政金融通であった高橋是清も、日中提携強化の観点から、中国への大規模な資本投下を考えていたが、それは、浜口とは異なり、新四国借款団の存在を積極的に肯定したうえでのことであった。

また、原は基本方針としてはシベリア撤兵の方向であったが、参謀本部の抵抗などの事情から原内閣期はなおシベリア駐留を続けていた。

これについて浜口は、「すみやかに撤兵して罪を上下に謝すべし」との態度であった。[6] しかし先にふれたように、アメリカとの対抗意識などから、なお北部満州東支鉄道の管理権へのこだわりをみせている。この時期の浜口は、国際協調や中国内政不干渉という点においては原とくらべても不徹底で、大隈内閣期の姿勢から民政党総裁期の見地への過渡期にあったと思われる。

そのほか、原内閣の公債発行による積極財政にたいして、浜口は行財政整理の方向を対置し、また政府の社会政策は不十分だとして、より進んだ「社会的立法」の必要を主張している。[7] このころ憲政会は、労働組合法案、疾病保険法案、失業保険法案などを作成し、社会政策の推進を強調していた。また、普通選挙問題についても、この時期浜口は「普選は国論なり」との談話を発表し、その実現に本格的に踏み出している。

原は、一九二一年（大正一〇年）東京駅で暗殺され、高橋是清政友会内閣があとをつぐが、高橋内閣辞職後も、薩摩閥で海軍の加藤友三郎、同じく海軍薩摩閥の山本権兵衛、山県系枢密院顧問官の清浦奎吾が相次いで首相に任命され、憲政会は一貫して野党の立場に身を置くこととなる。

この間、原内閣時、第一次大戦が終結し、一九二〇年国際連盟が発足、日本は英仏伊とともに常任理事国となった。また、一九二二年、高橋内閣下で、ワシントン海軍軍縮条約、中国の領土保全・門戸開放に関する九カ国条約、太平洋の平和維持に関する四カ国条約などが締結され、それにともなって日英同盟が解消された。

その後、加藤友三郎内閣下で、シベリア撤兵、山東問題の決着、陸軍山梨軍縮などがなされ、山本内閣期には関東大震災がおこっている。また、清浦内閣への対応をめぐって政友会が分裂し、清浦支持の床次竹二郎ら脱党グループによって新たに政友本党が結成された。

なお、浜口は、パリ講和会議時に次のように述べている。

「日本将来の態度いかんと考うるも、……やはり英米両国と歩調をともにするが肝要であると思う。

……日本の方針はよろしく英米に親しむべしである。……英米を友とせよというのが我々の主張である。[8]」

このように、第一次大戦終結後、対英米協調の方向を意識的にとるようになったことが、彼の中国政策が変化していく一つの要因になったと思われる。

また、大戦後設立された国際連盟について、浜口はその意味を重視している。第一次大戦は「全世界の人類に未曾有の惨禍」をもたらし、その教訓から、国際連盟が「人類永久の平和を目的」とする「世界人類最初の試み」の機関として創設されたとの認識をもっていた。したがって、もしそれが機能しなくなれば、「世界をあげて一大修羅場たらしめ、人類の不幸はこのうえもないことになる」可能性があると考えていた。[9] そのように浜口は連盟について、世界の安全保障システムとして次期大戦防止のため重要な役割を担っており、国際社会の安定にとって枢要なものとして位置づけていたのである。

欧米列強諸国にとっても次期大戦の防止は切実な課題であった。大戦の経験から、ふたたび同様な世界戦争が起きれば、前回をはるかに超えるレベルで、新鋭の大量破壊兵器を大規模に使用する長期の総力戦となり、それは、これまで欧米社会が築き上げてきた文明を根底から破壊する可能性があると予想されていた。

国際連盟は、そのような次期大戦の防止を最優先の課題とする、史上初めて創設された集団的安全保障のための国際機関であった。連盟規約は、国際紛争の平和的解決を加盟国に義務づけ、そのような規定に反する戦争を原則的に禁止するとともに、その違反にたいしては共同の制裁処置（経済封鎖とそれにともなう軍事力の行使を含む）を定めた。それは、大戦の教訓から、連盟による一定の法的規制力によって、国際紛争の平和的解決をはかり、国家間の戦争を防止しようとするものであった。

浜口にとって、このような目的と役割をもつ連盟の存在は、国際社会なかんずく東アジアの安定の維持の観点から、重要な意味をもつものであった。

英米日仏伊のあいだで主力艦の保有制限を定めたワシントン海軍軍縮条約についても、浜口は、基本的には、「世界全体のため、ことに我が国前途のため、まことに天来の福音ともいうべく、吾人は双手をあげてこれに賛成せざるべからず」としている。[10] かねてから、大戦後も列国同様に軍備を拡張していくことは、「とうてい国力の許さざるところ」だとの認識をもっていたからである。

したがって、軍縮協定は、「平和の確立」に資するとともに、軍備という「不生産的の事柄」に注ぎ込むべき経費を節減し、これを生産的ならびに文化的な方面に振り向けることができ、国民の「過重なる負担」を軽減することとなる。それゆえに浜口は、「すみやかに軍縮協定が円満に成立して世界平和のもとに文化的生産的の発展を世界とともに享有するに至らんことを切望する」、というのである。[11]

なお、浜口は、陸軍についても、「世界の大勢」を考え、「帝国の四囲の状況」に鑑みてみれば、必ずしも現状を維持する必要はなく、「相当の整理縮小を加えてしかるべき」として、軍縮を主張している。[12]

五　憲政会「苦節の時代」と浜口

ところで、加藤・若槻・浜口ら憲政会にとって、大隈内閣総辞職後の党創設より政権から離れること永く、加藤高明護憲三派成立までの約一〇年は「苦節の時代」であったとされている。その点、浜口個人にとってはどうだったのだろうか。ここで、少し横道にそれるが、浜口自身の苦節時代をみておこう。

浜口は、ロンドン軍縮会議のさいの激しい政治抗争や東京駅での遭難などのイメージが強いが、それまでは歴史上著名な政治家のなかでは、比較的波乱の少ない生涯を送った人物だといえる。

したがって、とりわけ苦節の時期といえるものは、他の政治家とくらべて、それほど深刻なものではない。浜口自身もおそらくそう考えていたであろう。しかし彼の周りのものからみると、それなりの苦節時代はあった。一度目は、大蔵官僚として地方勤務が比較的長引いたとき。二度目は、衆議院議員選挙に落選したときである。この時期はいわゆる憲政会苦節一〇年の時期と重なる。

浜口は東京帝国大学を卒業後、大蔵省に入省し、山形県収税長をへて、大臣官房会計課長となった。しかし、当時の渡辺国武蔵相の秘書官早川千吉郎と対立し、名古屋税務管理局勤務、松山税務管理局長、熊本税務管理局長と、約四年間の地方勤務が続いた。これは同期入省のあいだでは異例に長期のものであった。

だが、法制局にいた友人の下岡忠治（第三高等中学校同期）が大蔵省主税局内国税課長であった若槻礼次郎に働きかけ、東京税務監察局長への転任が実現する。その後、専売局第一部長から専売局長官に就任。そこから後藤新平逓相の要請で逓信次官に転じ、辞職後、立憲同志会に入党。第二次大隈内閣下で大蔵次官となり衆議院議員に立候補、初当選を果たした。

しかし、一九一七年（大正六年）、同志会を継承した憲政会が野党となった寺内内閣下の総選挙で落選する。この時がいわば第二の苦節時代といえる。

だが浜口自身は意気軒昂で、議会開会中は政党事務員として審議を傍聴し、毎日憲政会本部に出向いて政務調査会の活動に精力的に取り組み、積極的に地方遊説にも出かけた。この頃、真夏の暑い盛りに、新潟県の県議会選挙で毎回三時間づつ三〇回の応援演説をおこなったりなどしている。

一九一九年（大正八年）、落選から二年二ヶ月後、原政友会内閣下での衆議院高知市補欠選挙で、浜口は再び当選する。こののち浜口は議席を確保し続けている。

この間、憲政会は結党から約八年間在野時代が続き、党としては苦節の時代であったとされている。だが、落選時の二年間を除き、党人としてはともかく、浜口個人にとっては、政治家としてむしろ充実したものであり、それほど苦節の時期とは感じていなかったのではないだろうか。

六　加藤高明護憲三派内閣の成立と入閣

さて、一九二四年（大正一三年）、貴族院を基盤にした清浦内閣にたいして、第二次憲政擁護運動がおこり、総選挙で憲政会が第一党となるとともに、憲政会、政友会、革新倶楽部（国民党の後身）の三派による加藤高明護憲三派内閣が成立する。浜口は第二次護憲運動時には党の筆頭総務となっており、加藤三派内閣において大蔵大臣に就任、初入閣をはたした。憲政会内では、副総理格の若槻内相につぐ地位であった。

この時の浜口蔵相任命の経緯について、当時加藤の側近であった江木翼内閣書記官長の回想によれば、当初加藤は浜口を閣僚中最重要ポストとされている内相にと考えていたが、政策的には大蔵が重要との江木の意見などによって蔵相となったとされている。ただ、加藤はかねてから大蔵大臣として若槻か浜口を想定していたようである。

なお、海軍主力艦の軍縮を定めたワシントン条約後、日本海軍は補助艦の建造に力を入れていたが、この加藤三派内閣時、補助艦建造費をめぐって、財政整理の観点からその繰り延べを求める浜口蔵相と財部彪海相とが対立した。結局加藤総理の仲介で、海軍費の一部削減の条件で、繰り延べは見送られることとなった。この時、海軍は軍縮にともなう造船会社に対する損害補償を要求したが、浜口は「資本家保護」の色彩があるとして同意しなかった。この補助艦増強を要求する海軍と、国力とのバランスから財政の健全性を重視する浜口との対立は、のちに第二次加藤内閣でも再出し、そのさいも加藤首相や幣原外相の仲介で妥協がはかられた。[13]

一方、政友会においては、三派内閣途中で、原死後総裁の地位にあった高橋是清がしりぞき、田中義一が政友会総裁に就任する。それとともに犬養らの革新倶楽部が政友会に合流した。これによって政友会は、衆議院において憲政会に拮抗する勢力となった。

そして、蔵相浜口の主管する税制整理問題で憲政会と政友会が衝突。それまでの両党の提携は破れ、内閣はいったん総辞職し、第二次加藤高明憲政会単独内閣となる（一九二五年）。そこでも浜口は引き続き大蔵大臣をつとめた。

だが、加藤が在職中に病死し、若槻礼次郎が憲政会総裁をついで、浜口をふくめ全閣僚留任のまま若槻憲政会内閣を組織する。まもなく、若槻は内閣を改造、浜口が内務大臣となった。当時内相は閣僚中最も重要なポストと考えられており、浜口は党内において総裁につぐ位置を占めることとなったのである。

しかし、一九二七年（昭和二年）三月、金融恐慌が起こり、それへの対処の一環として政府が提出した台湾銀行救済緊急勅令案が枢密院で否決され、同年四月、若槻内閣は総辞職、浜口もその職をしりぞいた。

この間、加藤護憲三派内閣によって男子普通選挙制が実現され、宇垣陸相による陸軍軍縮もおこなわれたが、一方で、治安維持法が制定されている。また、普選実現にともなって、労働農民党、社会民衆党、日本労農党などの無産政党が結成された。さらに、遊郭移転をめぐる収賄で政友会・憲政会・政友本党関係者が連座した松島遊郭疑獄事件、田中義一政友会総裁の陸軍機密費流用問題、大逆罪で死刑判決をうけた朴烈の怪写真事件なども起こっている。

対外関係では、護憲三派内閣から若槻内閣まで、一貫して幣原喜重郎が外務大臣をつとめ、国際的な平和協調と中国内政不干渉を基軸とする、いわゆる幣原外交が展開された。

中国では、さきにもふれたように、辛亥革命後まもなく、大きくは北京政府の北方派とそれに対抗する南方派に分裂し、事実上内戦状態に陥っていたが、幣原は極力介入をひかえ、のちの南京事件やその後の列強諸国からの出兵要請にも容易に応じなかった。

また、第二次加藤内閣時の一九二五年（大正一四年）に成立した広東国民政府が、翌年（若槻内閣時）に北伐を開始。将介石ひきいる国民革命軍が北上するなかで、漢口九江事件、南京事件、蒋介石の上海クーデターなど歴史上重要な事件が続発している。漢口九江事件は、中国ナショナリズムの高揚のなか、国民党によって漢口九江のイギリス租界が実力で回収された出来事。南京事件は、一部国民革命軍による南京居住の外国人（日本人をふくむ）への暴行掠奪などが発生し、それにたいして英米艦による南京市街砲撃がおこなわれた事案である。この英米の南京砲撃には日本は加わっておらず、その前後のイギリスからの共同出兵の申し入れにも、幣原外相は中国内政不干渉、国民党との関係重視の観点から同意しなかった。

一方、一九二五年から翌年にかけて、中国の関税問題その他をめぐって列国間で北京関税特別会議が開かれたが、列国間の意見の調整がつかず、その足並みの乱れが表面化したが、大きな枠組みでは、なお日米英間の協調は保たれていた。そのような状況から、第二章でみたような田中内閣期の外交に展開していくのである。

これら護憲三派内閣以降の重要な歴史的出来事について、浜口がどのように考えていたかは興味深いところである。だが、当時の記録からうかがわれる限りでは、彼自身は財政金融など蔵相・内相としての仕事に全力を尽くす姿勢で、これらについての立ち入ったコメントは、残念ながらほとんどみあたらない。

蔵相の職務として浜口は、行財政整理に精力を注ぎ、陸海軍の整理削減、鉄道予算の整理などを実施。国家財政の基礎を強固にして「財界の疲弊を一掃」し、それによって、さらなる産業・経済の発展をはかろうとした。また、広く「社会政策を実行」し、「無産階級の福祉」をできうるかぎり「増進」することに務めたいとのスタンスであった。そのような観点から、内相時には、郡役所の廃止、地方自治体財政の整理緊縮のほか、労働組合の活動を厳しく制限していた治安警察法一七条の撤廃、労働争議調停法、健康保険法などを実現し、さらに労働組合法制定への研究意欲もみせていた。

だが、前述のように、金融恐慌が起こり、それへの対応のため政府が提出した緊急勅令案が枢密院で否決され、若槻内閣は総辞職。浜口もその職を辞した。

ところで、金融恐慌下、第一次若槻礼次郎憲政会内閣による震災手形整理二法案（一九二七年）が公布されるが、その成立には、震災の影響で大打撃を受けた鈴木商店の金子直吉が関わっていたと言われている。金子は加藤高明憲政会前内閣のころからたびたび浜口蔵相を訪ね、関東大震災で打撃を受けた鈴木商店救済を依頼し、浜口もついに折れ、銀行局長に善後策を講じさせた。若槻内閣で浜口が内相に転じると後任の片岡直治蔵相（高知出身）にも金子は援助を要請し、浜口からも片岡に働けかけるよう依頼したとのことである。[14]

なお、緊急勅令問題で若槻内閣が崩壊する少し前、政友会と政友本党から内閣不信任案が提出された。そのさい、若槻は田中政友会総裁、床次政友本党総裁といわゆる三党首会談をおこない、予想される不信任案可決にたいして、解散を避け妥協によって不信任案を撤回させた。浜口は当時体調を崩し静養していたが、そのような手法には不満をもっていたようである。

一九二七年（昭和二年）四月、若槻憲政会内閣総辞職後、田中義一政友会内閣が成立。同年六月、憲政会と政友本党の合同がおこなわれ、立憲民政党が誕生。浜口が初代総裁に選出された。

浜口は、若槻内閣の内相途中より、風邪から気管支炎・肺炎を併発、一年近く体調を崩していた。その間、四ヶ月ほど逓相安達謙蔵が内相臨時代理を兼任せざるをえないほどの病状で、この時もなお健康が完全には回復せず、断続的に転地療養をくりかえしていた。そのこともあって当初総裁就任を強く固辞していたが、若槻や幣原などを含めさまざまな説得をうけ、ついに受諾したのである。こうして浜口は初代総裁として民政党を率いることとなった。

張作霖爆殺事件の処理問題をきっかけとする田中政友会内閣総辞職後、一九二九年（昭和四年）七月、浜口は第二七代内閣総理大臣となり民政党内閣を組織した。

首相在任中、金解禁、中国関税自主権の承認、ロンドン海軍軍縮条約の締結など、重要な課題に取り組んだ。ことに、ロンドン海軍軍縮条約問題は、内閣、政党、軍部、貴族院、枢密院、民間右翼など当時の主要な政治勢力を巻き込んで、近代日本最大の政治抗争となった。しかも、同時に日本は世界恐慌の直撃を受け、深刻な昭和恐慌となっていく。そのような中、一九三〇年（昭和五年）一一月、浜口は東京駅で銃弾に倒れ、九ヶ月後その生涯を終えた。満州事変の約三週間前であった。

注

1 駄場裕司『後藤新平をめぐる権力構造の研究』（南窓社、二〇〇七年）一〇三頁。
2 同一三二頁。
3 川田稔編『浜口雄幸集　論述・講演編』（未来社、二〇〇〇年）三四七―三四九頁、三八九―三九一頁。
4 『東京朝日新聞』一九一五年三月七日。
5 『浜口雄幸集　論述・講演編』三五〇頁、三九二―三九四頁。
6 『憲政』第三巻四号一九頁。
7 『浜口雄幸名演説集』（春江堂、一九三〇年）一九二頁。
8 浜口「敵よりも味方の利害」『日本及日本人』七四五号五一頁。
9 浜口雄幸「戦後の経済問題」『浜口雄幸集　論述・講演篇』（未来社、二〇〇〇年）三七五頁。同「第四四回帝国議会　衆議院本会議」川田稔編『浜口雄幸集　議会演説篇』（未来社、二〇〇三年）二九〇頁。『第四二回帝国議会衆議院予算委員会議録第一回』六頁。
10 『憲政』第四巻二号二五頁。
11 『浜口雄幸名演説集』一八一頁。
12 『浜口雄幸名演説集』一五八頁。
13 奈良岡聰智『加藤高明と政党政治』（山川出版社、二〇〇六年）三〇〇―一頁。三七八―九頁。
14 駄場『後藤新平をめぐる権力構造の研究』一六六頁。

あとがき

本書は、これまで筆者が浜口雄幸に関して発表した雑誌論文をまとめたものである。

序、各章、付論の初出は次の通り。


序………「戦間期政党政治の再評価」『学士会会報』第八四二号、二〇〇三年。

第一章……「戦間期政党政治と議会制的君主制の構想」『思想』第九九六号、二〇〇七年。

第二章……「戦間期政党政治の国家構想と対中国政策――浜口雄幸を中心に――」『思想』第九三四号、二〇〇二年。

第三章……「浜口雄幸の内政構想と政治環境」『人間環境学研究』創刊号、二〇〇三年。

第四章……「首相在任期浜口雄幸の内政構想と政治環境」『人間環境学研究』第二号、二〇〇三年。

第五章……「浜口雄幸とロンドン海軍軍縮条約」『人間環境学研究』第三号、二〇〇四年。

第六章……「総力戦・国際連盟・中国――永田鉄山と浜口雄幸――」『思想』第九八一号、二〇〇六年。

付論一……「浜口雄幸の井上準之助宛書簡」『人間環境学研究』第九巻二号、二〇一一年（溝口常俊、服部亜由美、石川寛との共著）。

付論二……「大正期の浜口雄幸」『土佐史談』第二五一号、二〇一二年。

いずれも本書収録にあたり多かれ少なかれ加筆した。

各章（序、付論も含め）は、それぞれほぼ独立しているので、ご関心に沿って、どの章から読んでいただいても理解していただけると思う。

なお、筆者は浜口についていて、すでに一般向けの論考をいくつか発表している。それらは少なからず本書所収の論文を下敷きにしている。ご承知おきいただきたい。

また、付論一の初出「浜口雄幸の井上準之助宛書簡」の本書収録を御承諾いただいた共著者の溝口さん、服部さん、石川さんには、改めて感謝の意を表したい。

本書の出版については、風媒社編集長の劉永昇さんに担当していただいた。以前、風媒社から『二〇世紀の日米関係とアジア』（伊藤之雄さんとの共編、二〇〇二年）を刊行して以来のお付き合いで、今回もさまざまなかたちでご尽力いただいた。心からお礼を申し上げたい。

二〇二一年春

川田　稔

[著者略歴]
川田　稔（かわだ・みのる）
1947年、高知県生まれ。1978年、名古屋大学大学院法学研究科博士課程単位取得退学。法学博士。専門は政治外交史、政治思想史。名古屋大学大学院教授を経て、名古屋大学名誉教授、日本福祉大学名誉教授。
［著書］
『浜口雄幸』（ミネルヴァ書房、2007年）、『浜口雄幸と永田鉄山』（講談社、2009年）、『昭和陸軍の軌跡』（山本七平賞。中公新書、2011年）、『昭和陸軍全史』1〜3（講談社現代新書、2014年）『柳田国男－知と社会構想の全貌』（ちくま新書、2016年）他多数

装幀◎澤口環

昭和初期　浜口雄幸の政治構想

2021年12月20日　第1刷発行　（定価はカバーに表示してあります）

著　者　川田　稔

発行者　山口　章

発行所　名古屋市中区大須1-16-29
振替 00880-5-5616 電話 052-218-7808
http://www.fubaisha.com/
風媒社

＊印刷・製本／モリモト印刷　乱丁本・落丁本はお取り替えいたします。
ISBN978-4-8331-0592-7